智能财务研究系列丛书·财务管理新世界系列

赵燕锡
刘勤
刘丹彤 等·著

新一代
财务共享平台

财务中台

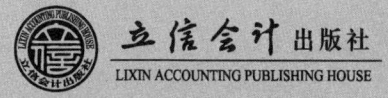
立信会计出版社
LIXIN ACCOUNTING PUBLISHING HOUSE

图书在版编目(CIP)数据

财务中台：新一代财务共享平台 / 赵燕锡等著.
上海：立信会计出版社，2025.1. -- ISBN 978-7-5429-
7797-7
Ⅰ.F275-39
中国国家版本馆CIP数据核字第20245BZ960号

策划编辑　　张巧玲　胡　越
责任编辑　　胡　越
美术编辑　　北京任燕飞工作室

财务中台：新一代财务共享平台
CAIWU ZHONGTAI XINYIDAI CAIWU GONGXIANG PINGTAI

出版发行	立信会计出版社		
地　　址	上海市中山西路2230号	邮政编码	200235
电　　话	(021)64411389	传　　真	(021)64411325
网　　址	www.lixinaph.com	电子邮箱	lixinaph2019@126.com
网上书店	http://lixin.jd.com		http://lxkjcbs.tmall.com
经　　销	各地新华书店		
印　　刷	上海颛辉印刷厂有限公司		
开　　本	710毫米×1000毫米　1/16		
印　　张	21.25	插　　页	1
字　　数	286千字		
版　　次	2025年1月第1版		
印　　次	2025年1月第1次		
书　　号	ISBN 978-7-5429-7797-7/F		
定　　价	76.00元		

如有印订差错，请与本社联系调换

本书编委会

联席主任 赵燕锡　刘　勤

副 主 任 罗庆干　邱　天　曾爱辉　张鄂豫　宛　涛
　　　　　　王　韵　张田彤　陈张伟　柳忠阳　刘丹彤

委　　员（按姓氏拼音顺序）
　　　　　　陈　丛　陈　艳　方首宇　何　花　何　晶
　　　　　　何　婷　侯单单　黄大松　姜　达　鞠平平
　　　　　　李　勇　李玉环　廖　柯　刘　莉　刘心馨
　　　　　　骆　佳　褥源标　宋凤阳　覃美灵　王　坚
　　　　　　王小元　肖远明　谢文艺　徐慧妍　许美芬
　　　　　　薛　原　於笑泉　岳昭旻　张　锦　张利敏
　　　　　　郑惠军　钟华燕　周琨荻

推荐序

我在2007年写了一本书叫作《ERP改变中国》，通过回顾金蝶公司的成长过程，分析了信息技术如何推动与影响企业管理的变革。从那个时候起，我一直在思考技术变革、企业管理和管理软件之间的相互影响及其发展趋势，发表了一些观点，也通过带领金蝶公司经历四次转型，持续进行着实践上的探索。我认为中国的企业要有属于自己的领导力模式、经营模式、管理模式，等等。我曾提出要让中国管理软件在全球崛起，如今，这个目标变得越来越清晰了，信心也越来越坚定了，因为中国企业正在崛起。在数字化新浪潮中，结合场景应用、新技术和企业管理新方法，中国企业一定能创造出新的管理模式。

近年来，许多新技术，如云计算、大数据、人工智能等集中爆发。这些技术被应用到企业的方方面面，标志着我们正进入AI时代，智能化大潮已经渗透到了各个角落。每一个企业的财务、供应链、生产制造管理，要跟整个产业链进行拉通，创新管理模式也成为当下最重要的主题。

那么行动上怎么进行管理模式的创新？《道德经》中有一句话说得好，叫作"不破不立，大破大立"。2014年到2022年，我们针对传统管理模式的缺陷进行了长期的跟踪，以及每年"砸"一个"烟囱"（缺陷），这些缺陷主要源于传统的架构和思维模式。2020年被我们砸掉的"烟囱"，就是企业传统的信息化孤岛，它导致信息系统"大、笨、重"，形成"数据壶",在这种情况下,企业容易陷入"守旧而非创新""管控而非赋能""占有而非链接"的局面,最终形成"管理者自我束缚"的困境。从技术上来说,近年来,为了应对外部 VUCA(volatility、uncertainty、complexity、ambiguity,易变性、不确定性、复杂性、模糊性)的环境,企业越来越需要一些快速应变的能力,这些能力一方面可以通过技术平台来从底层构建,比如,金蝶云·苍穹提供了一种应变力,它的 PaaS 平台的低代码等能力可以让客户因业务需求变化快速实现模式重构;另一方面也可以通过组件化的业务能力在应用层快速组装来构建业务体系,比如,我们在 2018 年和 Gartner 公司联合发布并每年迭代的《EBC 白皮书》中提出了组装式应用架构,为企业通过业务能力的应用组装实现大多数场景下的业务创新提供了可行的方法体系和工具。

在企业财务管理领域更是如此。2021 年我应刘勤院长邀请,前往上海国家会计学院,在和央企总会计师们交流时提到了"财务管理新世界"的话题,当时我们通过调研发现,超过一半的财务人员期待新的财务管理模式。于是我们向刘勤院长的研究团队提出希望进一步开展这方面的研究,对财务管理新世界进行全新的探索与展望。在刘勤院长的亲自指导下,我们于 2023 年一起发布了《财务数字员工白皮书》。紧接着基于财务中台思想,我们共同对财务管理新世界的基础性架构进行了全面系统的研究和实证,并形成了我在这里向大家推荐的著作《财务中台:新一代财务共享平台》。上述工作也让我们在财务管理新世界的具体探索上迈出了坚实的第一步。

需要指出的是,尽管本书引用了大量的管理学思想和概念,以及很多管理软件领域特有的技术词汇,但如果读者能从下面的三个视角出发来阅读,就会发现本书既通俗易懂又值得回味。

第一个视角是企业发展。本书将现代企业诞生以来,技术变革、企业管理和财务管理之间的相互影响进行了全面系统的梳理,总结出不同的技术变革时代下企业财务工作的使命，尤其是在当下的数字化时代，财务工作的新使命是可持续发展，并且与前两个时代使命共同形成了"三浪叠加"，为财务中台的实践意义提供了坚实的理论支撑。

第二个视角是财务管理转型。我们知道，以互联网和人工智能技术为代表的数字化技术对财务管理的冲击很大，我受邀在2024年的世界人工智能大会上做了主题为"AI时代下财务管理的变和不变"的报告，引起较大的反响。在报告中，我提出了AI将引起企业财务管理的价值模型由陀螺型向沙漏型转变，业务和财务将并肩战斗，共同为企业发展创造价值。在企业的支撑体系中，"AI＋"财务智能平台将不断得到强化并发挥越来越重要的作用。本书所谈的财务中台，实际上就是"AI＋"财务智能平台中的一个重要部分。作者将中台这个起源于技术侧的概念扩展到管理侧，本着技术为管理服务的朴素思想，创新性地融合生成式人工智能、组装式等新一代数字化技术，提出了财务服务能力共享平台的定义，并和之前的财务共享平台进行了应用场景上的区别，也为财务中台的落地提出了前瞻性的企业架构设想。

第三个视角是企业实践。尽管本书已经较为慎重地将财务中台的意义定位于财务共享平台的优化升级，但毕竟往管理侧迈出了一小步，在企业实践中依然会因为管理模式、企业文化、组织人员等各种错综复杂的因素，而表现出不同的实现路径，呈现出不同的实现效果。难能可贵的是，本书并没有回避实践和设想之间的差异，反而选择了四家颇具代表性的企业，尽量全面客观地展示这些企业应用财务中台的背景和实践过程的细节，让读者可以更加真实地去感受财务中台在企业落地时的诸多微妙。在不确定性加剧的当下，相信这种形式也可以对广大的企业财务工作者起到更有效的参考作用。

最后，我也很高兴地看到，金蝶公司产品研发部门的很多同事都积极自发地参与到本书的写作，背后也源于大家内心一直存在的强大使命感和动力,那就是要通过软件改变世界,我们要为行业、为中国、为世界做出贡献。本书对于财务管理新世界的探索可能只是一次很小的创新,但我坚信,在一个企业里面,每一次创新、每一次改革都会成功,即使当下看似的不成功也会为未来的成功打下坚实的基础。做企业就是要能聚集一帮优秀人才,并且把他们的内心力量极大地激发出来,那这个企业就一定会有美好的未来。

  财务管理新世界犹如浩瀚苍穹,我认为对其的探索将无远弗届。本书还只是一个开始,是为序。

徐少春
2024 年 12 月

前　言

1999 年，中国社会主义会计制度的奠基人之一、著名会计理论家杨纪琬先生对会计学的发展做了一个预言，他指出："在 IT 环境下，会计学作为一门独立的学科将逐步向边缘学科转化。会计学作为管理学的分支，其内容将不断地扩大、延伸，其独立性相对地缩小，而更体现出它与其他经济管理学科相互依赖、相互渗透、相互支持、相互影响、相互制约的关系。"

彼时，中国每 1 000 人中仅有 11 人拥有个人电脑，中国企业的会计信息化刚刚迈入初步应用阶段，美国麻省理工学院的 Auto-ID 中心刚提出物联网概念，人工智能技术主要还集中在逻辑推理相关算法的研究和开发上，智能财务应用所需要的关键技术和管理思想尚未明确。我们由衷佩服杨纪琬先生的治学视野，作为管理活动论的提出者之一，他能跳出自己的思维框架，开创性地站在会计、管理和技术三门学科相互融合的视角去思考会计的发展，可以说在企业财务的研究领域是前无古人的。

这一研究视角也成为本书的两个关键要素之一，我们想通过这个视角让读者对财务转型和财务中台有更为深入和全面的认知。当然，本书的另外一个关键要素是实践性，在行文过程中我们坚持用现象和案例作为阐述的基础，基于现象归纳认知，用认知指导系统实践，并以系统实践案例验证认知。这也是本书在结构上分为基础篇、系统篇和实践篇三个部分的初衷。

基础篇的目的是为读者理解财务中台的价值提供充分的认知基础。尽管本书的标题使用了平台这样的技术性术语，但在基础篇中我们并没有一味从技术侧去阐述相关思想和观点，而是分为三章，从相关的视角进行了全面的论证。在第一章中，我们基于历史发展视角，从技术变革、企业管理思想和会计理论相生相伴的时间线出发，循序归纳了企业管理在三个技术变革时代，也就是电气时代、信息时代和数字时代的核心思想变化。这些思想既是时代的共识，也在相当程度上赋予了企业财务管理的时代使命。不过和所有的人类认知相似，财务管理的使命既带有时代的标签，又表现出绵延赓续的特点，因此当前时代下的企业财务管理实际上面临了统一会计、体系优先和可持续发展使命的"三浪叠加"态势。在第二章中，我们从当前时代的一些代表性企业的实践视角，通过现象总结出财务转型的新方向，那就是在标准化的财务报告和规范化的财务管理体系之外，财务管理不得不通过探索新的机制来应对企业发展实践中不断加剧的经营不确定性，以及不断加速的业务和管理迭代要求，最终需要有效提升财务管理在敏捷服务和规范管控之间的平衡能力。对于中国企业来说，财务管理思想从管控向服务转变的成功实践典范始于2004年的财务共享。这一机制的核心，是基于财务人员的资源共享，由于在提升会计事务类工作效率、深化业财融合、加强财务管控等方面卓有成效，该机制在近年成为集团企业财务转型的热门选择，"财务转型，始于共享"的观点也得到广泛认同。不过，当我们以可持续发展的视角来审视财务共享在当下的意义时，会发现其核心机制需要从资源共享突破到能力共享，这也就是财务中台得以出现和发展的根本思想基础。本书的第三章中，我们围绕能力共享，将财务中台定义为企业级财务能力共享平台，并对企业级、财务能力、共享这三个概念进行了详细的解析。基于这个定义，本书针对关键的实践性问题,如财务中台和中台战略、数据中台、原有财务共享平台的关系也进行了全面辨析。至此我们也完成了认知基础的构筑。

财务中台既是一种新型的财务管理思想,也决定了新一代财务共享平台的信息化架构。在**系统篇**中,我们依据企业架构的框架来阐述财务中台的系统实现关键。系统实现从广义上来说,一般会涉及业务、应用、数据和技术四个方面。财务中台只是财务管理体系中的一部分,在业务场景、数据范围方面从属于整个财务管理体系。为了更有效地与认知篇呼应,并且与市场上诸多介绍财务信息化或财务数字化的书籍区别开来,我们将围绕企业级财务能力共享思想,聚焦应用架构和技术架构两个方面,分五章来对财务中台在系统实现环节所涉及的关键、差异化思路与创新技术进行具体说明。为便于直观理解,系统篇采用国内领先的财务中台软件及相应的技术平台作为实例,并结合了企业的具体实务场景和管理诉求。本书的第四章对财务中台应用架构进行了总体说明,我们将财务中台分为三层,底层是业财数据底座,解决事项法思想下会计对业务数据的采集以及业财数据的整合。中层是能力中心层,解决将财务能力抽象为会计事务规则、数据算法和分析模型。对于准确率和可靠性得到充分验证的财务能力,则进一步封装为财务数字员工的技能。上层是应用服务中心层,解决将财务能力服务包和相关系统中需要调用财务服务的流程或功能界面进行组装的问题,最终形成用户看得见、可操作的应用。这三层应用中,能力中心最为复杂,且需要通过具体的场景来加以阐述。为此我们将其分为财务管理服务能力、财务数据服务能力和财务数字员工技能三个部分,在第五、第六、第七章中,具体结合十多个业务场景做了展开描述。因为财务中台在技术实现上涉及敏捷服务、数据中台、人工智能、组装式等新型技术,在当前数字化时代也与应用的可靠性和安全性息息相关,我们单独在第八章中对财务中台的技术架构做了扼要介绍。

财务中台是一种新型的财务管理思想，其在企业中落地的趋势也呈现出渐进、曲折和复杂的特征，很多企业财务中台建设案例还不能说是对财务中台的全面落地，而更多是实现了财务中台的一个部分。这些企业的财务共享服务中心在展开常态化运作时，随着其价值被企业管理层和业务部门逐步认同，以及在逐渐具备了一定的端到端流程建设和业财数据整合能力后，往往被公司寄予厚望，要求加速建设业财数据底座、细化场景化数据服务、加快对业务变化的响应等，实现渐进式的中台化升级。因此我们在**实践篇**中，根据大量的案例归纳了企业现阶段建设财务中台时通常采用的三种模式，即能力共享中台、业财中台、"资源共享＋数据服务"模式，并以四个典型的企业为例，力图阐述这些企业如何基于自身的行业环境变化、管理模式、发展水平和战略转型等发展要素差异，通过明确财务中台策略探索财务数字化转型并实现财务共享升级。为了让读者有更全面深入的判断和思考，我们尽量详尽地说明了上述企业财务中台的建设过程和主要场景，也尊重案例企业的意见，隐藏了部分企业的名称。

在本书的写作过程中，我们得到了来自高校和企业很多大咖的指导和帮助，尤其要衷心感谢徐玉德副院长、周卫华所长、杨寅教授、刘梅玲副教授等专家对于本书的悉心指导和大力支持，你们的专业和实干精神让本书拥有了灵魂和自信！

赵燕锡、刘勤、刘丹彤
2024 年 10 月

目　　录

基础篇：财务转型与财务中台

第一章　财务使命的时代变化 ··· 003
　　效率至上的电气时代：统一会计 ··· 003
　　体系优先的信息时代：管理活动 ··· 008
　　价值共生的数字时代：可持续发展 ··· 016

第二章　财务转型的新方向 ··· 023
　　企业实践给财务管理带来挑战 ··· 023
　　当前财务转型的瓶颈 ··· 028
　　从资源共享到能力共享 ··· 037

第三章　财务中台的定义 ··· 041
　　中台的由来和发展 ··· 041
　　财务中台是什么 ··· 050
　　财务中台实践辨析 ··· 055

系统篇：财务中台的系统实现

第四章　财务中台的应用架构 ··· 069
　　财务中台应用蓝图 ··· 070

业财数据底座 …………………………………………………… 072
　　应用服务中心 …………………………………………………… 081

第五章　能力中心：财务管理服务能力 ……………………………… 087
　　会计引擎 ………………………………………………………… 087
　　成本引擎 ………………………………………………………… 093
　　对账引擎 ………………………………………………………… 100
　　预算执行监控引擎 ……………………………………………… 104
　　税务引擎 ………………………………………………………… 114
　　资金结算服务 …………………………………………………… 123
　　结账驾驶舱 ……………………………………………………… 129
　　共享运营服务 …………………………………………………… 141

第六章　能力中心：财务数据服务能力 ……………………………… 150
　　模型和算法的定义 ……………………………………………… 150
　　财务分析模型 …………………………………………………… 152
　　基于财务大模型的 GPT 分析 …………………………………… 161

第七章　能力中心：财务数字员工技能 ……………………………… 166
　　数字员工的定义 ………………………………………………… 166
　　财务数字员工的技能管理 ……………………………………… 170
　　财务数字员工的通用技能 ……………………………………… 174
　　财务数字员工的专业技能 ……………………………………… 177
　　财务数字员工的应用场景 ……………………………………… 178
　　财务数字员工的伦理安全防控 ………………………………… 183

第八章　财务中台的技术架构 ······ 191
　　总体架构 ······ 192
　　技术能力的可靠性 ······ 194
　　管理服务的敏捷性 ······ 200
　　数据中台的轻量化 ······ 205
　　智能服务的平台化 ······ 213
　　财务能力可组装 ······ 220
　　平台的安全合规 ······ 226

实践篇：财务中台建设实践

第九章　H 集团：基于能力共享的财务中台模式 ······ 238
　　智慧新生活的引领者 ······ 238
　　政策及行业形势变化，加速数字化转型 ······ 240
　　积极拥抱数字化浪潮，打造数字战斗力 ······ 243
　　变局时代，从 ERP 到 EBC 以应对挑战 ······ 245
　　财务共享升级，新理念、新技术、新管理 ······ 248
　　中台驱动，向管理要效益 ······ 256

第十章　重药集团：财务共享升级下的财务能力中台化探索 ······ 261
　　财务共享升级动机 ······ 261
　　财务共享升级方案设计 ······ 262
　　以财务能力中台化，赋能企业经营 ······ 268
　　财务共享升级成效 ······ 284
　　财务中台化展望 ······ 286

第十一章　金地集团：基于业财中台建设财务能力中心 …………… 287
  数字化转型的挑战和需求 ……………………………………… 287
  数字化转型的目标和举措 ……………………………………… 288
  业财中台解决方案：业财一体、价值创造 …………………… 290
  业财中台建设价值 ……………………………………………… 302

第十二章　Z集团："资源共享＋数据服务"模式 …………………… 304
  数字化转型框架 ………………………………………………… 305
  财税数字化转型 ………………………………………………… 306
  "财务共享"到"财务中台"的进化之路 ……………………… 307
  数字化转型创新及成果 ………………………………………… 313

结语和展望 …………………………………………………………… 316

主要参考文献 ………………………………………………………… 318

基础篇：
财务转型与财务中台

数字化时代是机遇与挑战并存的新时代，企业的商业逻辑从"求赢"的竞争逻辑转变为"寻找生长空间"的共生逻辑，企业发展的关键在于"加速度"。我们可以将数字化时代下企业加速发展的趋势称为数字化加速。

尽管数字化加速是一个令创业者和企业家兴奋不已的话题，但对于企业 CFO 来说，数字化加速在当下就如同那只扇动翅膀的蝴蝶，本书有必要就其可能引发的财务变革在两个问题上给予深入的认知和判断。

第一个问题是财务管理的使命和价值定位会不会发生变化。

数字化技术在推动产业数字化、数字产业化的同时，加剧了商业环境的不确定性。同时我们也观察到，数字化先行企业的战略、组织和管理的迭代速度在明显地加快，企业经营管理的不确定性也在加剧。实际上，在数字化加速的影响下，企业不管有没有着手数字化，或者数字化程度如何,只要企业发展这一内在动因没有根本变化,都不可避免会面临着这两种不确定性的挑战。也就是说,财务管理的使命和价值定位必然会发生变化,财务管理当前面临的首要挑战就是需要结合数字化加速对于企业经营管理的影响,来明确相关变化的关键逻辑。

第二个问题是当前的财务转型路径是否会受到挑战。

从近十年国内企业的财务管理实践情况来看,财务转型已经从一个热门话题发展为普遍的行为。对于大型企业来说,主流的财务转型路径是以财务共享为切入点,构建以共享财务、业务财务、战略财务为核心的财务三支柱模式,并结合数字和智能技术的应用,逐步探索扩大财务共享的职责范围以及和业务融合的深度,大财务、全面共享、数据整合中心等话题也在这两年开始被提及。但我们也看到一些已经实施财务共享多年的企业开始反思原有财务共享的意义,并实践新的财务共享模式和财务转型路径。归根结底,这一反思更多还是由不确定性加剧引发的。从这个角度来看,即便大多数企业的财务转型已经走在了其自身整体数字化转型的前面,既有的转型路径依然会受到数字化加速的不断挑战。

如果我们把价值创造作为财务管理不断进化的终极方向,那么数字化加速无疑会把加速度这一微分形式的元素注入财务管理的转型之路中,并因此带来财务转型在节奏和路径上的变化,这也必然让人们得以看到CFO和财务人员更为矫健的身姿。

第一章

财务使命的时代变化

数字化加速反映了技术变革与企业发展在时间维度上的关系,一方面,时间维度在以往的财务管理转型研究和实践中是较少关注的角度,但在数字化时代又是关键的变数;另一方面,作为一门社会性学科,财务管理本身的变化更多会遵循历史发展的逻辑,但正如以色列历史学家尤瓦尔·赫拉利所说,我们之所以研究历史,不是为了要知道未来,而是要拓宽视野,要了解现在的种种绝非"自然",也并非无可避免。未来的可能性远超我们的想象。因此,今天如果要探索数字化加速下的财务转型新趋势,有必要从企业发展的视角来回顾技术变革对企业管理的影响,进而总结企业发展的要素以及财务管理使命的相应变化。

尽管企业的诞生可以追溯到18世纪工业革命前后,但对企业发展和管理产生显著影响且自身也在快速迭代的技术变革主要开始于电气时代,我们的回顾也基于这个时代展开。

效率至上的电气时代:统一会计

19世纪中期,工业革命发展到了电气时代,科学开始成为所有大工业生产的一个组成部分。人类利用电并发明了内燃机,通信联络也因无线电的发明而得到改造,针对石油、煤炭、铁矿等能源和矿物的化学工业得到了巨大的发展。工业研究的实验室装备着昂贵的仪器、配备着对指定问题进行系统研究的训练有素的科学家,这些取代了孤独的发明者的阁楼和作坊。这不仅为大规模生产型企业的出现奠定了基础,而且也帮助我们从这场由技术推动的企业管理变革中,看到了影响企业发展的管理要素逐渐形成脉络。

直到20世纪初,现代企业管理才蹒跚起步。亨利·法约尔在19世纪与20世纪之交提出14条"管理的一般原则"。发明家弗雷德里克·温斯洛·泰勒在1911年提出科学管理思想(有序、可衡量和效率至上),这也是典型的将技术物化为企业管理的思想。1913年4月,当时被称为世界奇观的福特公司高地公园厂区开始实践生产线管理(见图1-1),并在一年内将劳动生产率提升了10倍,4年后其主打车型T型车的销量占据全球汽车市场份额的50%。尽管生产线管理的思想仍然是科学管理,但在效率之外,福特公司增加了技术领先和成本驱动两个元素,从而让工业革命的价值得以切实地融入企业的变革浪潮,生产线也因此成为当时乃至当今主流的企业形象。

图1-1 福特公司T型车的一条生产线

到了20世纪20年代,组织问题以变革的姿态进入企业管理的视野。德国社会学家马克斯·韦伯在1920年提出工业时代下个人屈服于组织是现实,官僚体制是工业新世界里组织的终极形式,官僚模型建立在不容置疑的忠诚、服从和臃肿的层级体系之上,并成为企业组织效法的榜样。切斯特·巴纳德首次将理性决策提到管理职业核心的地位,为企业管理引入了道德元素。通用汽车公司的第八任总裁艾尔弗雷德·P. 斯隆在20世纪20年代把企业管理变成了一套高效可靠如同机械般的流程,并在1922年左右提出了分权经营和集中政策控制相结合的组织模式,把通用公司分成了8个事业部,其中5个汽车事业部、3个零配件事业部,每个汽车事业部都成了独立品牌。趁着福特公司在T型车上故步自封的时候,通用汽车在汽车的用途、驾乘体验、性能、可靠性和制造技术上取得了无数的进步,并在1927年销量首次超过福特汽车。组织管理仅用10年的时间就替代了稳定固化的生产线,成为企业发展新的焦点。多事业部组织模式造就了大型组织分权化的趋势,1955年,《财富》杂志世界500强企业里约有20%实行分权制,到1970年,这一比例已上升至80%。

1927—1932年,有企业在实践中观察到引入大规模生产和科学管理技术后,工人士气反而降低。美国哈佛大学教授埃尔顿·梅奥团队接受洛克菲勒基金会的委托,在西方电气公司伊利诺伊州西塞罗市的霍桑工厂进行了著名的霍桑实验,这个实验推动了企业管理思想开始关注"人"的问题。梅奥教授指出:"只要企业管理方法还不曾考虑到人类本性和社会动机,工业发展就摆脱不了罢工和怠工行为。"事实上,整个20世纪30年代成立的企业,都在商业实践里体现了这种新的人道精神。1939年,比尔·休利特和戴维·帕卡德在加利福尼亚州帕洛阿尔托的车库里开办了惠普公司,这个车库就是美国硅谷的发源地,也是人性化和责任化管理的诞生之处。

第二次世界大战(1939—1945年)是管理实践和理论演进历程中

最重要的事件之一,它把初生的人际关系理论和此前40年业已成熟的大规模生产技术结合了起来。发明生产控制图的沃尔特·休哈特认为,企业向前发展的最有效途径是生产的变数要最小化,人际合作要最大化。1946年,马吉尔在日本电气公司运用了休哈特的质量控制理论。1947年起,美国联邦统计局的统计学家W.爱德华兹·戴明为日本企业家举办了一系列的质量管理讲座,日本科学技术联盟用培训所得设立了戴明奖,以奖励优秀的全面质量控制项目。戴明更加强调管理的缺陷,认为提高质量必须由管理层来领导,并提出了戴明环(见图1-2),用以指导企业实施质量管理。

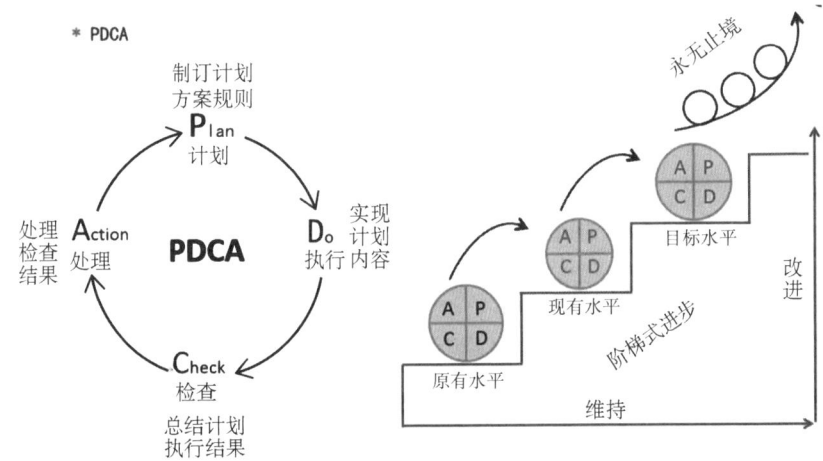

图1-2 戴明环

20世纪前半程,尽管有两次世界大战和经济危机的严重影响,全球GDP仍然从1.97万亿国际元增加到5.33万亿国际元,人均GDP从1262国际元增加到2110国际元(以1990年国际元核算),同期中国GDP占比从11%下降到5%。

在会计领域,以成本计量为核心的传统管理会计开始萌芽,但随着公司和国家经济的快速发展,企业经营信息的真实性对于以资本为纽带的资源配置变得更加重要。20世纪初各经济发达国家开始试图通过制定全国统一的会计规范来解决传统簿记体系下会计事项处理中的随意性问题,以保证会计信息的真实可靠。法兰克·布朗于1912年提出了杜邦分析法并从20世纪20年代起在美国杜邦公司开始应用。美国会计师协会在1909年便尝试研究会计中的一些重要概念,以统一会计界对基本会计问题的认识,并在1917年接受美国联邦贸易委员会和美国联邦储备委员会(简称美联储)的委托研究标准会计报表及其编制问题,同年在《联邦储备公报》上发表了"统一会计"的基本方案,可以说这是美国会计进行标准化改革的序幕。1921年美国颁布了《预算与会计法案》,在会计规范化管理方面迈出了关键性的一步,1929年美联储发布标准化会计处理程序。但直到这时,美国的会计工作依然处于有法不依的状态中。真正的转机是1929年至1933年的美国经济大危机,尽管导致危机的原因是多方面的,但那时的企业财务报表严重失真也确实是引起证券市场崩溃的潜在导因之一。美国政府、投资者以及会计界都发出共同的呼吁,必须结束放任型、松散型会计和审计的历史。美国会计师协会在1932年发布了《会计基本准则》,把美国发起的"统一会计"运动推进到一个新的阶段——根据会计实务处理规律制定准则的阶段。这也是美国会计体系在全球范围内取代传统簿记体系的开始。

可以看到,在电气时代,企业管理先是花费了40多年的时间来消化技术创新所带来的生产力提升红利,并将企业发展的依托聚焦在以生产线和机器设备为载体的科学管理上。直到更多的企业和人从社会层面接受并适应了快速涌现的技术创新后,管理的重心才转移到人和组织之间的协作上。在此期间,企业发展的要素主要是效率至上。10多年后,政府和企业的管理者开始普遍认同会计从信息披露角度给企业发展带来的资源配置价值,并赋予了企业财务以"统一会计"的时代使命。投资者主要借助企业基于会计准则编制并披露的会计信息，来决定手中资金的流向。这也奠定了会计信息相关性对于会计工作、会计工作对于企业管理的价值定位。

体系优先的信息时代：管理活动

1946年，世界上第一台通用电子计算机在美国宾夕法尼亚大学诞生，这也意味着工业革命开始进入信息时代。半导体、集成电路、计算机遵循摩尔定律的飞跃式发展，以及数字通信、卫星通信的发展，共同形成了新兴的电子信息技术，使人类利用信息的手段发生了质的飞跃。互联网从最初的电子邮件和网页，到后来的社交媒体和在线商务，改变了传统商业模式，创造了新的经济增长点。无线网络的普及和移动设备的发展，使人们能够随时随地进行语音通话、信息传递和互联网访问，实现了全球范围内的即时沟通。

20世纪50年代是美国企业公司化发展最快的十年，并造就了一个以消费为主的时代。这期间企业管理重点聚焦在营销和人性两个方面的探索和突破。彼得·德鲁克从时代的繁荣表象中敏锐地抓住了企业发展的一个新要素，他在1954年发表的《管理的实践》中，把客户放在了前所未有的中心地位，他说："企业的目的，只有一个有效定义——创造客户。"1960年，E.杰罗姆·麦卡锡提出了营销组合的概念，即产品（product）、价格（price）、渠道（place）、促销（promotion）。品牌不再是企业的装饰品，而成了商业的驱动力，麦当劳、美国运通、假日酒店、本田、雅马哈等许多知名品牌纷纷兴起。1943年，亚伯拉罕·马斯洛提出了需求层次理论，为企业的员工激励建立了合理的框架。1956年，威廉·怀特让"组织人"的说法变得家喻户晓。同年，通用电气公司在克罗顿维尔办起了管理发展学院，帮助公司把企业文化灌输到一代代的管理者当中。1959年，弗雷德里克·赫茨伯格提出了双因素理论，将工作中影响员工绩效的主要因素分为了保健因素和激励因素。1960年，道格拉斯·麦格雷戈提出了X理论和Y理论这两个走向不同极端但很实用的组织理论。被誉为"企业文化理论之父"的埃德加·沙因在20世纪60年代针对人性的管理提出了"心理契约"的假设，即公司人的事业隐含着一种默契的协议：忠诚和稳定的绩效能带来就业保障。

尽管德鲁克在《管理的实践》中就提出了目标管理的概念（Management by Objectives，MBO），但人们对此的重视始于20世纪60年代。随着企业的平稳发展，企业管理也开始关注战略管理。1962年，阿尔弗雷德·钱德勒把战略定义为"制定企业的长期目标，并为实现这些目标采取行动，分配必要资源"。1964年，德鲁克出版《成果管理》，从战略角度提出企业存在的目的是在外部、在市场上和经济体中创造成果。企业要以创造成果为导向，抓住关键机会，投入所有资源。麦格雷戈提出了Z理论，把组织和个人义务融合到了一起。1965年，H.伊戈尔·安索夫认为美国企业正面临不确定性加剧的冲击，技术如洪水般奔涌向前，市场结构的全球性不断变化，以及美国许多主要产业的需求饱和。他担心电子、医药、塑料和航空航天等行业变化太快，公司需要不断调研产品和市场环境才能抓到新机会，并认定没有哪家企业"能说自己不受产品过时、需求饱和的威胁"。基于上述观点，安索夫提出了一套战略和规划决策的理性模型，这套模型关注企业的扩张和多元化。企业战略管理的兴起也催生了职业经理人、分析师等职业及教育的蓬勃发展。MBA就起源于这一时期。

20世纪70年代初，西方各国的企业管理实现了巨大飞跃，管理者成了人们普遍接受的职业，公司也架设起了错综复杂的层级结构。在此期间也出现了不少很有影响力的反思。阿尔文·托夫勒认为不断加剧的变化和不确定性，将成为企业未来的特征，企业自身也会反复重组。亨利·明茨伯格发现管理者很少花时间考虑长期问题，而是受限于眼前的问题，在不同的任务中换来换去，一通电话就能让他们改变工作重点。1973年石油危机爆发，管理大师的担忧和预言成为现实，原来确定的以标准化、流程、组织、质量和激励为基础的管理体系开始被怀疑，美国管理模式第一次被迫转向从其他地方寻找灵感。1976年，来自麦肯锡公司的咨询顾问汤姆·彼得斯在收集欧洲管理实践的基础上提出了三项"实践"，试图揭示战略、结构和管理有效性之间的关系，他认为团队协作和工业民主能更有效地带来企业的持续增长。同年，参与冰川实验的研究员埃里奥特·杰奎斯提出工作价值理论，为了用决策的长期影响来衡量管理者，他主张企业管理层级的建立取决于他们做出的决策经过多长时间可以得到检验。雷格·瑞文斯提出了行动学习理论，他认为员工团队成功的终极力量不在于团队里单个成员的才华，而在于集体能力的相互交流。E. F. 舒马赫的《小即是美》成了20世纪70年代"社团主义"风格的解毒剂，他认为："小意味着顺从，你必须争取理解彼此的问题，并通过在小团队里合作培养起一种对彼此的责任感。"塔维斯托克研究所基于在英国煤矿开展的研究，认为组织是由社会和技术双重系统所组成的，前者是劳动分工、工作协调方式、工作满意度等，后者是将生产输入转换成生产输出所需的工具和技术，两套系统之间的关系是企业成功的关键。在受石油危机冲击最大的汽车行业，沃尔沃集团开始尝试新的作业方式，公司在卡尔马的新汽车厂应用了创新生产流程实验，其核心是专门为方便工人开展小团队合作设计了创新工厂。

20世纪80年代初的普遍共识是西方的工业已经没落了。罗伯特·海耶斯和比尔·安波那斯在1980年指出："在从业者自以为最新最好的管理原则的指引下，美国的管理者们却愈发偏离了关注重心，这些新的原则选择冷漠地分析，抛开来自一手经验的洞察力；着眼于削减短期成本,而不是发展长期的技术竞争力。"他们进而认为,以客户为导向是逆转这股趋势的最关键的环节。1980年,迈克尔·波特提出了竞争战略的"五力模型",指出新竞争者、替代品、客户和供应商的议价、现有竞争这五种力量的合力,决定了一个行业内企业的赚钱能力。这也可以理解为一个行业的游戏规则,如果企业想在特定的市场产生影响,就必须改变和挑战这些规则。在波特看来,差异化、成本领先和聚焦等三条通用战略是应对竞争力的可行方法。此外,美国的企业管理学者和职业经理人采纳了戴明的建议,把找寻解决之道的眼光投向了日本。1981年,威廉·大内发现Z理论提出的诸多观点在日本企业都得以实践,如终身就业、关心员工、非正式控制、协商决策、缓慢晋升、借助中层管理者的帮助实现公司上下信息的畅通流动、对企业的责任心、对质量的高度重视等。同年理查德·帕斯卡和安东尼·阿索斯确定日本企业管理的关键要素之一是愿景,他们认为这是西方企业最为缺乏的东西。大前研一于1982年指出客户是日本企业战略方法的核心,构思任何企业战略的时候都必须考虑到公司自身、客户和竞争对手三个主要要素,也就是"战略三角",用日式方法制定的战略是非线性的,不求理性。20世纪80年代在人性管理上可以用重新发现来做归纳,1982年,汤姆·彼得斯和罗伯特·沃特曼在其《追求卓越》一书中提醒管理者:成功往往来自把寻常的事情做得超乎寻常的好。但更大的奥妙是向管理人员传递了积极的信息,充满了乐观精神。1983年,罗莎贝斯·莫斯·坎特从企业活动的细致观察入手,描绘出了一个更加以人为本的未来企业世界,她认为企业发展和持续创新的关键在于采用"一体化方法",不能靠"割裂式方法",并指出为了实现在这种一体化的刺激创新环境下的有效管理,需要三类新的领导者技能,第一类技能是"职力技能",也就是在"企业家"发起的新行动中,说服他人投入信息、支持和资源的技能;第二类技能是加大团队及员工参与度并处理相关问题的能力;第三类技能是能够理解如何在组织里设计、构建变革的能力。师从麦格雷戈的沃伦·本尼斯从1985年起把主要的时间和精力放在了领导力的研究上,他曾以90位风格迥异的美国领导人为对象做过一次著名的领导力研究,并确定了四种常见的能力:引导注意力、把握意义、赢得信任和自我管理。领导力对于企业管理发展的意义在于,当企业发展遇到瓶颈时,企业管理不用沉溺于框架、矩阵去解决积重难返的沉疴,而是以人的方式去迎接挑战。

企业管理在20世纪80年代的发展创新还有一条隐藏在管理实践当中但对技术浪潮下的企业发展有深远影响的主线,那就是信息技术及结构化思维对于管理框架和工具的影响。迈克尔·波特在1985年提出了"价值链分析法",把企业内外价值增加的活动分为基本活动和支持性活动,基本活动涉及企业进料后勤、生产、发货后勤、销售、售后服务,支持性活动涉及财务、计划、人力资源管理、研究与开发、采购等,基本活动和支持性活动构成了企业的价值链(见图1-3)。约翰·扎科曼在1987年创立了全球第一个企业架构理论,从信息、流程、网络、人员、时间、基本原理六个透视角度来分析企业,也提供了与这些视角对

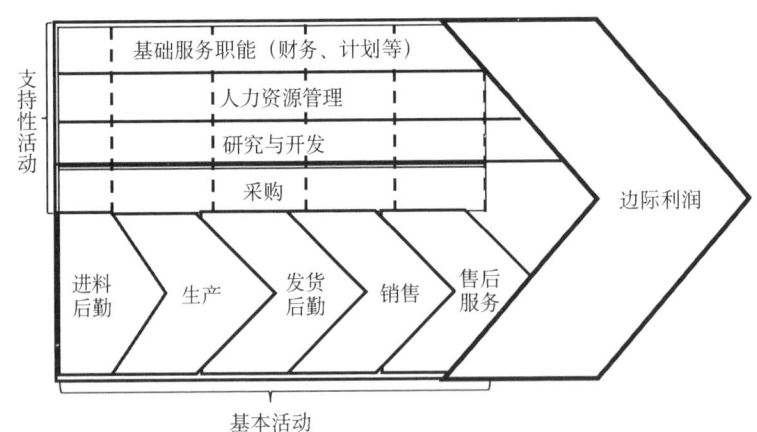

图1-3 波特价值链

应的模型,包括语义、概念、逻辑、物理、构件和功能,其开创性的工作成果也成为其他企业架构框架的源泉。

进入20世纪90年代后,随着技术的迅速进步,企业发展再次成为企业管理的焦点问题。詹姆斯·钱皮和迈克尔·哈默在20世纪90年代初最先提出了企业再造的概念,即(企业需要)从根本上重新思考业务流程并加以设计,以实现成本、质量、服务和速度等关键绩效指标上的显著改善。这个概念包含了全面质量管理、即时生产(Just In Time,JIT)、客户服务、时基竞争和精益生产等思想。组织问题也成了20世纪90年代企业管理面临的主要问题之一,汤姆·彼得斯在1992年跳出按职能划分公司结构的传统概念,基于CNN(Cable News Network,美国有线电视新闻网)、ABB(Asea Brown Boveri Ltd.,瑞士电器公司)等企业高度灵活而蓬勃发展的组织架构实践的影响,他提出了未来企业"似是而非"的结构:自由流动、无法解释、没有组织结构图、既简单又复杂。新型企业结构的关键是与客户、供应商,以及所有能为企业提供帮助的人建立起网络,企业规模由市场力量来权衡,它是企业外延群体的存在时间函数,而不仅仅是企业本身直接拥有或控制的组织。正是观察到当时的摩尔定律,彼得斯还强调新模式的组织行动非常快并且还会不断地快速变化。1990年,美国计算机技术咨询和评估机构Gartner提出了ERP(Enterprise Resource Planning,企业资源计划)理念,ERP既是一种供应链管理思想,也是指建立在信息技术基础上,进行物质资源、资金资源和信息资源集成一体化管理的企业信息管理平台。借助互联网和信息技术传播效率高的特点,ERP系统的应用在全球从制造行业迅速扩展到了零售业、服务业、银行业、电信业等行业。

在实践中,全新类型的组织、管理、经营和商业模式也浮出水面。ABB公司在20世纪90年代已经发展成为一家在150个国家拥有

1 300多家子企业、21万余名员工、35个业务领域的巨无霸全球化企业。当时的CEO珀西·巴涅维克引入了复杂的矩阵结构,以实现"集中条件下的分权"。公司由执行委员会领导,下面按商业领域、公司及利润中心、国家机构来划分组织,这么做的目的是既利用大型组织的优势,也不放弃小型组织的长处。通用电气公司在1981年就在全球拥有44万名员工,却采用了不断颠覆自我的管理模式。杰克·韦尔奇任CEO后,通过大刀阔斧般的企业再造,重建以"群策群力"为核心的适合21世纪的公司,基于重新定义的质量责任大范围开展质量运动,通用电气公司得到重塑,变得更精简、更敏捷了。到1997年,通用电气的总资产增加到3 040亿美元,总收入为908.4亿美元,收益为82亿美元,员工总数令人吃惊地减少了17万,公司市值达到3 000亿美元,为当时全球第一。丰田公司从20世纪70年代开始决定将戴明质量管理理念应用于生产经营过程的实践,采用实时生产、质量责任和价值流三大原则,并形成精益生产模式。1997年,凯美瑞成为美国最畅销的汽车。戴尔公司凭借组织和管理发挥了计算机制造和销售的最大技术潜力,实现了计算机行业按订单组装和直销模式的创新,20世纪90年代营收年均增速97%,净利润年均增速166%。在1999年《财富》杂志美国最受尊敬的公司排行榜上,戴尔公司排名第四,仅次于通用电气、可口可乐和微软。

20世纪后半程,全球GDP从5.33万亿国际元增加到37.15万亿国际元,人均GDP从2 110国际元增加到6 041国际元(以1990年国际元核算),同期中国GDP占比从5%提升到12%。阿里·德赫斯甚至指出,这个时期日本和欧洲企业的平均寿命仅为12.5岁,20世纪70年代的《财富》杂志世界500强企业到1983年时已消失了1/3。

在信息时代,财务的使命变化主要体现在两个方面。一方面,从20世纪70年代开始,以国际贸易和跨国企业为标志的经济全球化开始发展，来自美国、澳大利亚、英国、日本等 16 个国家的职业会计团体于 1973 年 6 月在英国伦敦成立了国际会计准则委员会（International Accounting Standards Committee，IASC），并随着各国资本市场在 20 世纪 80 年代至 90 年代初的逐渐开放，将"全球会计"作为了委员会的发展目标，以帮助投资者可以根据准则趋同的企业对外披露的会计信息决定资本在全球的配置。这是"统一会计"使命在信息时代的延续。另一方面，1954 年，美国通用电气公司利用计算机计算职工薪金的举动被普遍认为开启了会计电算化时代。但随之而来的是西方国家和中国会计学界对于会计本质的观点分歧，1966 年，美国会计学会专门发表了"基本会计理论报告"，提出"在本质上会计是一个信息系统"。1969 年，乔治·H.索特提出应以"事项法"来构筑会计理论，认为会计的功能或目标是提供与各种可能的决策模型相关的事项信息，这些信息应尽量以其原始的形式保存。这个观点尽管对会计信息归集的价值法传统思想提出了挑战，但客观上进一步支持了会计的信息系统论。20 世纪 70 年代后，信息系统论逐渐成为西方会计理论界的主流观点。

而在中国，对于会计的本质却有长期的争论，主流观点分别是信息系统论和管理活动论。余绪缨教授、葛家澍教授等主张会计是旨在提高企业和各单位活动的经济效益、加强经济管理而建立的一个以提供财务信息为主的经济信息系统。他们认为，会计在本质上是个信息系统，它一端与信息源联系着，另一端与信息宿联系着，并包含着信息获取、信息传输、信息贮存、信号处理、特征提取、分类判断、反馈控制、测量显示等环节。在此期间，中国电算化会计市场的迅速发展为这一观点提供了有力的支撑。不过在 1980 年中国会计学会成立大会上，杨纪琬教授和阎达五教授主张把会计看成是人们管理生产过程的一种社会活动，从原始阶段"单式记账"下简单的计量、核查、比较，到工业革命后"复式记账阶段"下的反映和监督，"计算机会计"时代的预测、计划、决策、控制、分析，会计无不体现它的管理本质。会计管理就是人们对"生产过程的控制和观念总结"，管理的内容是对"劳动时间的调节和社会劳动在各类不同生产之间的分配"。在信息时代，管理会计发展到现代管理会计，并逐渐由执行型阶段跨入决策型阶段的趋势也佐证了这一观点。无独有偶，1982年井尻雄士提出"三式记账法"，他基于复式记账法推导出时间三式记账法（预算＝财富＝资本）和微分三式记账法（财富＝资本＝动力）。三式记账法表面上只是扩大了会计信息的处理和应用范围，但如果要付诸实践的话，需要将管理会计和财务会计进行融合，从而不可避免地会将会计推向一种管理活动。

总的来说，在信息时代，企业管理创新对技术红利的消化时滞缩短到十年内，甚至从企业再造角度开始前瞻性地思考如何应对技术变革对企业发展带来的深层次影响，并从营销、战略、价值链、领导力和人性管理等方面入手，构建了直到今天仍被大多数企业奉为圭臬的管理思想和方法论体系，以至于管理体系成了人们对企业发展能力进行评价的关键要素。在此期间由于技术变革与生产力发展互动加快的影响，企业管理者开始感受到持续发展的压力，并期待会计能在"统一会计"全球化使命延续的基础上，进一步管理企业的各项经济活动，积极发挥监督和控制的作用。

价值共生的数字时代：可持续发展

关于数字时代的起始，主流的观点认为是以1999年美国Auto-ID中心提出"物联网"概念，以及2000年3G技术和相应的智能手机商用为标志的。随后互联网技术进入以用户为中心的Web2.0时代（2004）并快速升级到去中心化基层自治组织的Web3.0时代（2014）。2013年8月，中国工程院邬贺铨院士在中国互联网大会上首次提出"大智移云"技术(主要包含大数据、人工智能、物联网、移动互联网和云计算)成为网络应用技术变革的核心技术。另外,以 5G、星链为标志的移动通信技术,以 3D 打印、新材料、新能源为标志的先进制造技术,以基因编辑为标志的生命健康技术,以量子计算为标志的信息技术,以星舰为标志的空间技术等也取得迅猛发展。从大多数企业发展的情况来看,影响最大的技术还是网络应用技术。

现在就来总结数字时代企业的发展要素似乎还早了一些,但我们认为自 21 世纪以来一些基于互联网思维的管理思想探索和创新实践,正在帮助我们揭开未来企业以及管理的面纱。互联网给社会带来的最大变化是个体主权意识的崛起,这给长期以来企业管理形成的科层体系和价值链分析方法带来了巨大的冲击。提出公司核心竞争力概念的加里·哈默在 2008 年认为互联网不只是技术手段那么简单,在不久的将来,"网络将彻底改写我们从前的管理模式",并提出了员工能力金字塔模型,其中激情、想象力和积极性将是员工带给企业的礼物(见图 1-4)。2018 年 11 月,他在《哈佛商业评论》全球版发表了名为《科层制的终结》的封面文章,主要以海尔的"人单合一"管理实践为研究对象,判断了企业科层制的终结趋势。

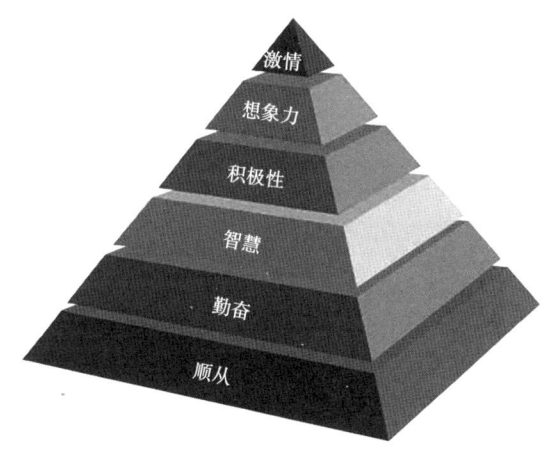

图 1-4　哈默员工能力金字塔

杰奥夫雷·G.帕克等在2016年指出,可以把传统商业模式下企业价值创造过程比作"管道",而平台模式下供应商、顾客以及平台本身都进入了一个多变的关系网中,价值在不同的地点以不同的形式被创造、改变、交换和使用。随着互联网技术的发展,平台模式开发了价值创造的新来源,借助规模化消除了"守门人"(Gate keeper),并借助基于数据的工具创造了社群反馈回路。平台公司最重要的价值是由社群用户创造的,平台商业必须将它的工作中心从内部活动转向外部活动。在这个过程中,公司运作模式发生了根本性颠倒——从市场营销开始拉动信息科技、运营、战略等,更关注业务外部的人、资源和功能,用于补充或替代存在于传统商业模式之内的要素。丹娜·左哈尔认为21世纪是竞争激烈的年代,无论是商界还是其他领域的领导者,都需要从根本上重构思维方式,以应对充满复杂性和不确定性的未来。她在2016年提出企业管理的量子思维,认为今后我们不能用牛顿世界观(静态),而应用量子世界观(动态)。动态关系是企业存在的基础,企业的价值是通过相互的、创造性的对话来实现的。国内有学者在2018年提出"共生型组织",她认为数字时代的企业主要面临三个变化:一是绩效由组织外部因素决定;二是企业能不能与相关要素形成一个命运共同体,不仅仅是分享,更多的是要去协同;三是企业面对的根本性挑战是持续的不确定性、无法判断的未来以及万物互联的影响。因此企业组织的新形态将是共生型组织,这类组织开始有一个跨领域的价值网,所有的网络成员必须互为主体、资源互通、价值共享、利益共享,进而创造单个组织无法实现的高水平的发展。曹仰锋把21世纪企业管理的变化总结为第四次管理革命,他在2019年指出传统的组织模式正在被平台模式、生态模式所颠覆,数字时代下的企业管理以价值共生为核心,"人的价值第一"将成为设计组织模式、管理模式、商业模式的基石。价值共生将聚焦战略生态、平台赋能和价值共创。

2005年，海尔集团开始践行"人单合一"模式，把科层制组织、金字塔组织砸掉。去掉1.2万名中层管理者之后，全公司80 000多人变成4 000个"小微"，"小微"拥有决策权、用人权、分配权，并通过一卡（人单合一计分卡）一表（共赢增值表）使用户主张落地，实现目标引领、链群合约和价值成果三个成功要素间的自洽，员工创造价值和分享价值的融合，以及"小微"自主和企业目标的同一性。到2020年8月底，海尔为"小微"搭建的海创汇平台上已经有4 000多个孵化项目、4家上市公司、5家独角兽企业、23家瞪羚企业。海尔经验的可贵之处在于从一家非常成功的传统制造企业主动从思维、模式、组织、运营、个体能力上转向数字化企业。全球知名的游戏公司超级细胞（Supercell）从成立之初就采用不同于科层制组织的"超级小团队"（又叫团队型）领导模式，在公司发展过程中，联合创始人和CEO埃卡·潘纳宁一直坚守三个信仰和四个管理原则。三个信仰：最好的团队做出最好的游戏；小型独立单元；从失败中学习。四个原则：每一个游戏都有一个独立专业的团队；公司的所有管理层都是服务于这些团队的资源；所有关于游戏的决策，包括是否继续发行，都由团队决定；质量至上。超级细胞公司的员工人数仅300多人，每一个游戏的开发团队一般在5人以内，最多不超过15人。一方面，其产品淘汰率非常高，有将近70%的游戏产品在样品阶段就停止开发了，然后在测试阶段再淘汰20%的产品，累计成功上市的产品到目前还没有超过10个。另一方面，公司2019年的收入达到了15.6亿美元，税前利润为5.77亿美元，收入和全球游戏巨头育碧（Ubisoft）基本持平，但后者员工规模接近15 000人。

　　2003年，IBM正式发布了领导力模型BLM，为企业基于发展愿景、价值观、企业文化和战略意图做出领先的战略规划和选择提供了方法。徐少春在2015年提出企业转型塔，建议企业从运营、产品和服务、商业模式、管理和文化四个层次着手数字化转型。2019年，国际标准权威组织 The Open Group(TOG)正式发布《TOGAF 系列指南：商业模式》，为组织提供了一个从战略愿景、商业决策到最终落地的一致性架构。Gartner 公司和金蝶公司在 2019 年联合发布了《EBC 白皮书》，提出了新一代 ERP 管理思想是 EBC。后者是指企业业务能力(Enterprise Business Capability)，主要指数据和智能、连接客户、连接伙伴、连接万物和连接员工这五项能力。

截至 2022 年，全球 GDP 从 33.62 万亿美元增加到 100.19 万亿美元[①]。我们与《财富》杂志世界 500 强企业历史数据进行比较，2000 年上榜的 500 强企业，到 2022 年时已消失了 24%。更为重要的是，这个时代企业发展加速的现象日益明显了。

数字时代对于财务使命的冲击是前所未有的，厦门国家会计学院黄世忠教授在 2020 年指出商业模式在很大程度上影响了财务报表要素的分类、确认、计量和财务信息的列报，但财务报告概念框架和会计准则迄今尚未对商业模式的影响给予应有的重视。以平台经济为例，平台经济就是一种典型的新商业模式，而且已经取得了巨大的成功。微信、微博、淘宝、京东、滴滴等各种各样的数字平台占据了我们的生活，对社会文化和经济发展产生了深远的影响。然而数字平台这一新商业模式的价值在会计上却几乎毫无反映。这是会计信息相关性恶化的明显例证。上海财经大学副校长陈信元在 2022 年指出，互联网时代使得会计面临着前所未有的挑战，投资者信息来源多，会计信息的价值相关性下降。从美国的数据来看，21 世纪以来，企业以会计盈余与股东权益来解释股票价格的能力已从 20 世纪 90% 以上下降到 50% 以下。德勤、上海国家会计学院等在 2017 年联合发布了第四张报表，该报表围绕用户、产品、渠道三个维度建立了相对全面的评价体系和分析指标，重点选择与企业价值密切相关的数据来生成企业的价值画像，这

---

① 国际货币基金(IMF)数据，未按 1990 年国际元进行折算。

些数据更多的是业务数据而非财务数据。这个思路尽管满足了投资者对企业发展的全面了解,但似乎背离了"统一会计"运动的初衷,为信息披露的公正性带来了新的不确定。可持续发展会计准则委员会(Sustainability Accounting Standards Board,SASB)于2018年11月发布了一整套全球可适用的77个行业的特定标准(SASB标准),其中的可持续发展会计信息反映了公司对因生产商品和提供服务而产生的环境和社会影响的治理和管理,以及对创造长期价值所必需的环境和社会资本的治理和管理,还包括可持续性挑战对组织创新、业务模式和公司治理的影响。SASB标准中覆盖的可持续性主题包括环境、社会资本、人力资本、商业模式与创新、领导与治理五个维度。2021年,SASB和国际综合报告委员会(International Integrated Reporting Committee,IIRC)合并成立价值报告基金会(Virtual Routing Forwarding,VRF)。同年,国际财务报告准则基金会(International Financial Reporting Standards,IFRS)合并气候披露准则理事会(Climate Disclosure Standards Board,CDSB)和VRF,正式成立国际可持续发展准则理事会(International Sustainability Standards Board,ISSB),为建立可持续披露标准"全球基线"奠定了基础,并在2023年正式发布了两项信息披露准则:《国际财务报告可持续披露准则第1号——可持续相关财务信息披露一般要求》和《国际财务报告可持续披露准则第2号——气候相关披露》。准则要求在财务报表中披露与可持续相关的风险和机遇等重大信息,以满足投资者的信息需求。其遵循了气候相关财务信息披露工作组(Task Force on Climate-related Financial Disclosures,TCFD)建议的四大支柱,即治理、战略、风险管理、指标和目标。ISSB的进展正在改变全球可持续报告的操作规则,并得到包含中国在内的二十国集团、国际证监会组织(International Organization of Securities Commissions,IOSCO)和金融稳定委员会(Financial Stability Board,

FSB)等机构的认可和支持。

就目前的情况来看,数字时代下企业管理越来越重视如何激发员工个体的创造力以及如何和外部客户、伙伴构建良好的生态协同关系,并基于价值共生思想将这两个方面进行动态融合。财务的使命也逐渐向支撑企业可持续发展的新定位演进,尽管ISSB目前发布的信息披露准则更多关注企业与环境、社会和治理的关系,但我们认为,沿着上述准则所遵循的战略和风险管理支柱,可持续发展使命还将要求财务更加关注企业面对社会环境变化时在业务创新和基业长青战略之间的平衡,以及一系列资源配置的提前布局。另外,我们也不能忽视电气时代和信息时代中统一会计和管理活动使命依然会对企业发展起到的作用。因此,我们认为数字时代下企业财务管理使命的演进之路将会是长期的、渐进的,至少在当前阶段,财务管理的实际工作还需要兼顾被三个时代所赋予的三大使命。这就使得企业财务管理的发展一方面要借助会计信息系统对统一会计和管理活动进行进一步的融合并且体系化,另一方面还需要借助不断发展的先进数字化技术,增加对企业发展过程中日趋明显的不确定性进行敏捷应变的能力,无论是在商业模式,还是战略或业务模式等方面。

第二章

财务转型的新方向

数字时代下财务转型对中国的 CFO 来说已经是一个非常熟悉的话题了，从 2005 年开始逐渐在大型企业普及的"财务转型始于共享"，到 2018 年逐渐受到关注并迅速实践的"智能财务是一种新型的财务管理模式"，再到 2022 年由国务院国有资产监督管理委员会（简称国资委）直接倡导的"建设世界一流财务管理体系"，企业的财务转型不断自我挑战，不断深化。但一方面越来越多的位列世界或中国 500 强的国内企业实践已经对财务管理提出了更大的挑战，这些挑战直接指向了"统一会计"相关的会计假设；另一方面理论界和实务界对数字时代下企业管理发展重点和财务管理使命的认知还更多停留在体系优先和管理活动阶段，导致目前的财务转型实践都离不开以资源共享为核心思想的原有财务共享服务建设，从而难以承接可持续发展的新使命。企业财务的数字化转型迫切需要新的方向。

企业实践给财务管理带来挑战

大多数财务人员对于企业持续经营的主要认知：一是企业战略侧重中长期发展规划，战略调整往往"牵一发而动全身"，并意味着在企业管理的变革中，企业战略周期一般以 5 年为宜；二是企业的组织架构根据战略变化来做调整,因此为了保证企业的稳定经营,组织的迭代周期往往需要和战略周期保持一致,也就是在5年左右,对于支撑性部门如人力资源、财务等部门来说则更不会轻易进行变更;三是企业是持续经营的,即企业的生产经营活动将按照既定的目标持续下去,在可以预见的将来,不会面临清算。投资者更为关注根据企业当前财务状况与过去经营成果进行同期比较,来预测其未来的财务状况与经营成果,据以做出投资决策。这也成为当前大多数企业做财务分析的主要内容。当然,一旦会计人员有证据证明企业将要破产清算,持续经营的基本前提或假设便不再成立。这三个认知从根本上决定了企业财务管理的工作方式,由于企业战略、业务组织相对稳定,预算管理和责任中心会计等管理会计得以从体系建设、流程优化和数据标准化等关键环节着手推动,财务分析也得以从历史比较的角度来揭示企业发展的问题和不足,公司治理和企业内控也就有了问题定义的依据和执行标准。

但是,我们根据公开资料对中国部分世界500强企业自2018年以来的发展情况进行了跟踪,发现这三个认知在实践中已经发生了重大偏差。为了说明这个情况的普遍性,我们选取了如下一些企业进行了比较,它们是原生的数字企业阿里巴巴集团控股有限公司(简称阿里)、新能源汽车制造商比亚迪股份有限公司(简称比亚迪)、传统制造向数字企业转型的企业美的集团股份有限公司(简称美的)、数字化和制造结合的科技企业小米科技有限责任公司(简称小米)。

截至2022年,阿里在世界500强企业排名第55位,员工总人数达25.5万人,主营业务收入7173亿元人民币,归母净利润1503亿元人民币。阿里在2012年设立7大事业群,2013年就大幅调整业务布局,并将7大事业群拆分为25个事业部。2015年年底,阿里提出"大中台、小前台"战略,成立集团中台事业群。2021年,设立"中国数字商业"和"海外数字商业"两大板块。自2018年以来,阿里的企业级战略周期从

5年缩短到3年,并且每年要对组织进行1~3次调整。即便这样,阿里从2019年到2022年的营收增速高达353%。

截至2022年,比亚迪在世界500强企业排名第229位,员工总人数接近57万人,主营业务收入4241亿元人民币,归母净利润166亿元人民币。比亚迪在2014年发布"5-4-2"战略,重新出发并加速新能源汽车发展,沿着"技术引进—市场跟随—多元化—全球领先"的路径不断调整战略。2020年,比亚迪发布刀片电池和新款车型"汉",成为品牌高端化的基石,在全国新能源汽车发展浪潮中,"王朝网"和"海洋网"产品矩阵快速丰富,同时DM-i超级混动奠定比亚迪在混动市场的王者地位。2023年1月,比亚迪发布百万级品牌"仰望",搭载"易四方"四电机独立驱动技术。2017年,比亚迪进行了一次大规模的组织结构改革,打造"事业群+事业部"的组织架构,让各团队发挥协同发展和专业专攻的优势,找到新的盈利点,培育新的增长点。2023年,比亚迪计划推行汽车品牌独立运营,推出独立品牌研究院,整合智能驾驶业务。比亚迪自2017年以后,组织调整频次至少每年1次。从2019年到2022年,比亚迪的营收增速为232%。

截至2022年,美的在世界500强企业排名第245位,员工总人数16.6万人,主营业务收入3434亿元人民币,归母净利润286亿元人民币。美的自1997年以来经历了三次战略转型及升级。1997年是集权到分权的分水岭,下设5大事业部,各事业部独立核算、独立经营。2012年进行了重大变革,从小集团改组为大事业部,取消二级产业集团,大幅缩减总部职能部门,实施了业界闻名的"789工程",即将整个集团的组织架构调整为8个总部职能、9个事业部和7个业务平台。2020年开始重构产业战略,重新定义了新的5大业务板块,即智能家居、机电、暖通与楼宇、机器人与自动化事业部及数字化创新业务。美的组织调整的频次在1990年以后缩短至5年1次,2015年后缩短至两年1次，2018年后更是1年1次。美的从2019年到2022年的营收增速为42%。

截至2022年，小米在世界500强企业排名第266位，员工总人数3.34万人，主营业务收入3 283亿元人民币，归母净利润193亿元人民币。小米在2018年9月新设参谋部和组织部，并将电视部、生态链部、MIUI部和互娱部改组为10个业务部。2020年年底，小米又新设互联网一级部门，即软件与体验部、互联网业务部、业务中台部。2022年年中，新设收集产品部，原小米产品部和红米产品部合并。近年小米的企业级战略周期缩短到1年，组织调整频次在2019年为9次，近两年每年调整更是高达10次以上。令人惊讶的是，小米从2019年到2022年的营收增速为187%。

而2019年到2022年同期，中国GDP的增速为22.1%。我们不难看到，上述企业在战略和组织快速迭代的同时，也取得了超过一般企业的增速。这里面固然有商业模式创新的积极影响，但我们不禁会产生疑问：数字化时代下企业实践是否给财务管理带来了挑战？如果答案是肯定的，这些挑战又是什么？

我们认为数字化必然会大幅缩短企业的战略周期，甚至会不断出现企业的自我颠覆，并进一步带来商业模式、管理模式和业务流程的频繁调整，团队协同模式更加动态，组织架构也会不断被打散重组。进一步分析，这些新常态从战略、组织方面将对企业的财务管理乃至当前的财务转型带来巨大的挑战。

在战略管理方面，企业将涌现新的范式，强调以企业架构为基础，以顾客需求为核心，通过业务的快速试错和迭代影响公司战略部署和组织、流程的迭代。战略管理作为迭代过程的一个环节，不再是位于金字塔顶端、自上而下引领管理变革的驱动原点。我们将这一新范式定义为熵减范式（见图2-1）。熵减概念在企业管理领域的提出者是华为技术有限公司(简称华为),其认为企业做大后组织懈怠、流程僵化、技术创新乏力、业务固守成规,个人也容易贪婪懒惰、安逸享乐、缺乏使命感、没有责任感,使企业和个人的熵不断增加。华为通过远离平衡和开放性的耗散结构两个方面来对抗熵增,实现熵减。

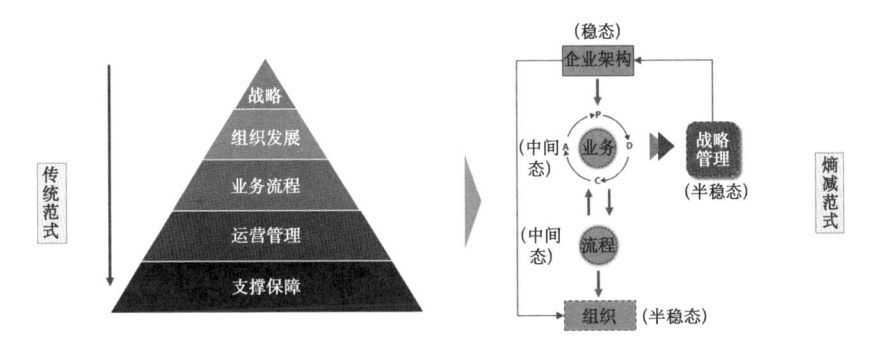

图 2-1 数字企业的战略管理新范式

在新的战略管理范式下,一方面企业经验积累与发展预期的相关性在不断减小;另一方面,由于目前的会计计量范围并没有覆盖企业客户的潜在需求和企业的潜在客户。因此它给以战略规划支持和战略目标执行为导向的战略财务带来了巨大挑战,从根本上会要求战略财务将引起战略变化的顾客和企业业务能力做为更本原的支点。

在组织管理方面,越来越多的企业将打破以科层制为代表,推崇自上而下标准化管控的传统组织架构,采用自驱、敏捷组织架构等新的范式,强调灵活、快速和持续变革。自驱组织崇尚人人都是 CEO,依托内部交易市场化机制,拥抱个体创新给企业业务带来的灵活变化与主动改进。敏捷组织更加强调高效推动组织变革的能力,常见的实例是前中后台组织(见图 2-2)。

在新的组织管理范式下,企业从组织布局到业务能力布局的调整频率均大大加快,同时也给目前的财务共享带来了两方面的挑战:首先,加大了业财融合的难度,现有的共享财务与业务的融合是基于流程

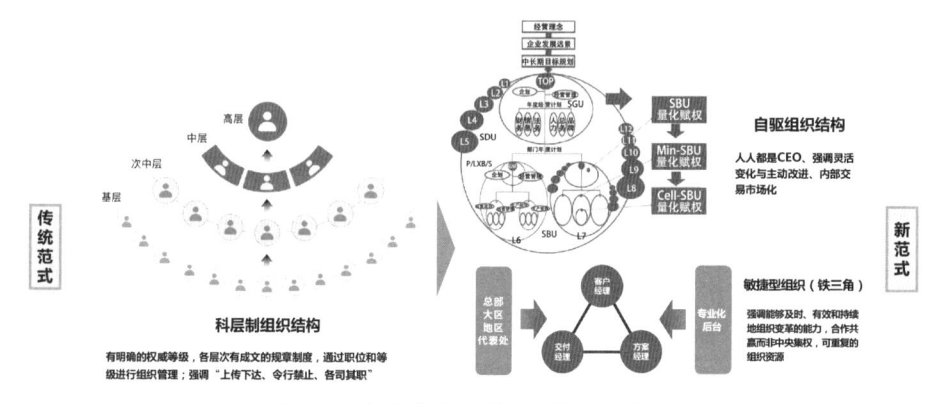

图 2-2 数字化企业的组织管理新范式

驱动的,通过端到端流程的打通,将财务控制点前移到业务,业务一旦变化或者场景本身就是多变的情况下,流程建设和变更频繁,难度和投入都会大大增加;其次,削弱了会计数据的有效性,现有的共享服务通过标准化的共享审核和集约化的会计事务处理,规范了会计数据的一致性,但组织一旦调整,历史的会计数据将不能直接用来评价调整后的组织业绩,对于企业的决策者和管理人员来说,会计数据的相关性被大大削弱了。

当前财务转型的瓶颈

当前的财务转型实践其实都与财务共享体系的建设密不可分,智能财务在会计事务自动化方面的实践更多是基于各大业务循环端到端流程在共享环节的审核、对账、结算、核算等作业场景展开的,国资委关于建设世界一流财务管理体系的指导意见中也强调"积极探索依托财务共享实现财务数字化转型的有效路径,推进共享模式、流程和技术创新,从核算共享向多领域共享延伸,从账务集中处理中心向企业数据中心演进,不断提高共享效率、拓展共享边界"。可以说我们在前面看到的企业近年发展对财务转型的巨大挑战,更多就是针对原有财务共享模式的挑战。所以我们可以从财务共享的运作逻辑与其在国内企业的价值定位之间的冲突,以及现有财务系统架构与企业发展对财务管理要求变化之间的差距这两个角度,来揭示当前财务转型的发展瓶颈。

一、原有财务共享的运营瓶颈

福特公司于20世纪80年代在欧洲建立了全球第一个财务共享服务中心,目的是将其下属公司共同的、简单的、重复的、标准化的事务性功能(会计账务处理、员工工资福利发放等)都集中到该中心来操作,以达到规模效应,降低企业运营成本。其本质是通过将流水线作业模式引入财务工作中,以财务人员机械化为代价,实现了操作集中或者人员集中办公。1993年,耿氏公司(Gunn Partner)的创始人罗伯特·W.耿氏等人提出共享服务实质上是企业组织结构的变革,在提供服务的同时共享组织的资源。陈虎在2020年提出财务共享服务实现了财务基础业务的专业化、标准化、流程化和信息化,使得财务的工作流程、组织和系统打破地域、空间的限制,是财务的一场"工业化革命"。国际财务共享服务管理协会(International Financial Shared Service Association,IFSS)在2021年对财务共享服务中心进行了定义,即以流程化处理财务业务为基础,依托于信息技术,其目的是实现以市场视角为内外客户提供专业化财务信息服务的管理模式,是网络经济与企业管理共享思想在财务领域的最新应用。不难看出,原有财务共享从根本上是基于规模效应和分工协同理论、独立的财务人员组织,通过标准化和流程再造,为企业内外不同的分子公司和业务部门提供更高效的财务事务服务。原有财务共享服务既是一种管理模式创新,也是以财务共享中心成员为对象的资源共享。财务共享与业务衔接的相关流程再造、数据标准、处理规则、组织再造、人员再造、系统平台、服务水平协议及运营管理都是围绕财务共享服务中心来建设的。

财务共享被引入中国后,由于其管理上的创新和标准化的运作机制,表面上看似能解决分散在企业下属各单位信息系统内部的会计数据分散、数据口径不统一、会计事务处理滞后、会计数据相关性差等问题,其价值定位也在实践中逐步提升,从降本增效扩展到管控强化,并衍生出业财融合和价值创造。安永中国在2019年通过调研指出,中国企业选择建立共享的初衷是支持业务的快速扩张、提高风险管控能力,而并非单纯追求成本的降低。一些专家在2021年提出,通过将管理会计思想融入财务共享,财务共享中心在业务范围、职能范围上都具备了更大、更多的可能。财务共享中心将不仅仅是一个全面的财务业务处理中心,还将职能向管理会计延伸,成为控制策略管理中心、多维核算报告中心和业财融合数据中心。

我们认为,基于资源共享的运作逻辑是难以实现中国企业对财务共享服务在价值定位上的高期望的。如果面向的是数字化时代下的企业,其在落地上还存在巨大瓶颈。我们结合为数千家中国企业提供财务共享服务信息化建设的经验,通过分析一个高度概括但具有普适性的多元化集团企业财务共享中心会计事务处理和信息流机制,来说明这个瓶颈的症结所在(见图2-3)。

在实践中,中国的集团企业普遍会结合业务板块或地域的因素,采用一个集团级的财务共享服务中心加多个板块级的财务共享服务中心的建设思路,来平衡集团统一管理的主张和下属多元化业务板块的业务模式、管理水平和发展阶段差异之间的冲突。对国有企业来说,往往还需要考虑将下属单位原有的财务人员集中所可能面临的阻力。在实施路径上,企业首先会将下属多个板块中业务模式差异不大、标准化可行性高的领域如费用报销、对公报账等集中到一个共享中心,通过和这些板块中已经统一建设或者应用成熟的差旅、费报、OA、合同等前端系

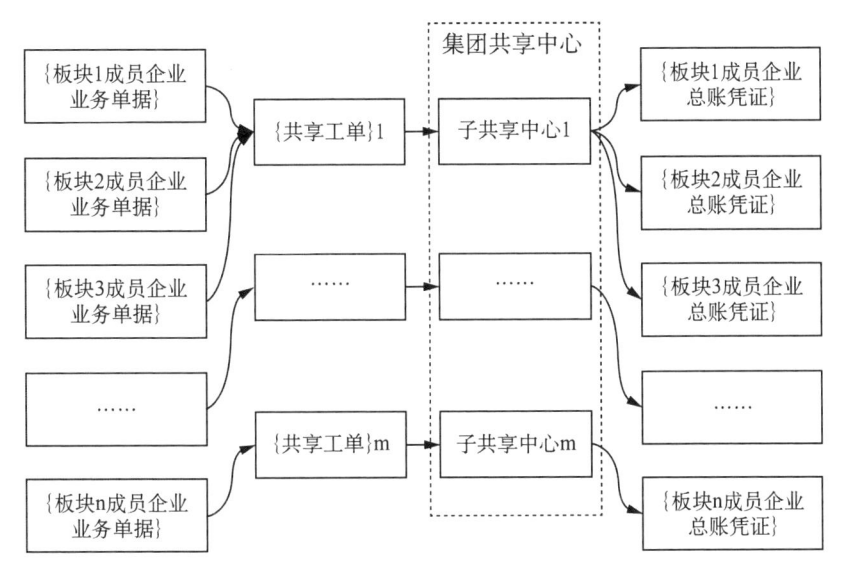

图 2-3　基于资源共享的财务共享服务中心运作逻辑

统集成,将相关的业务单据拉取到财务共享平台中供共享人员集中审核。为了提高审单效率,现有的财务共享平台中需要做两个关键处理:

一是将不同前端系统中的业务单据信息统一到共享工单,后者的界面设计、应用习惯、字段安排更符合共享人员的高效处理,例如,突出重点审核内容、由机器人帮助自动预审并列示结果、便于根据报销事项和影像进行实时比对等。但因此也会将一些关系不大的业务信息隐藏甚至忽略掉,例如,关注合同执行风险和预算更多于项目实际进度,关注发票合规更多于产品服务的满意度等。

二是为了保证审单之后记账、编制报表过程中相关数据的一致性,财务共享中心还会在共享工单上导入数据标准化机制,通常的做法是要求业务部门在填报业务单据时补充填写财务相关的关键字段如费用类型、收款账号等,高阶的做法是除此之外,还会建立数据治理相关的规章制度和流程等。针对下属板块中业务模式差异大、标准化可行性低的领域如发票开具、收付款认领、三单匹配、成本核算等领域,则按板块分别成立共享服务中心,便于统一板块内的数据标准和事务处理规范。如果下属单位有上市公司,也会参照证券交易所发布的相关自律监管条例,成立单独的共享服务中心。在这些共享服务中心内,处理机制与分板块的财务共享平台是类似的,都是便于共享人员提高效率的共享工单设计,以及提升数据标准化程度的相关治理制度和流程。

随着财务共享服务在我国企业的应用发展,很多企业也把可以集中化处理的会计事务划入了共享服务的范围,如集中账务处理、集中资金结算、集中报税、集中编制报表等,这些集中化的会计事务需要把共享工单上的财务相关字段信息如费用类型做进一步转换,常见的有科目对照、报表项目对照、结算方式对照、税收项目对照等,使得财务人员接触到的业务信息被进一步收敛。

基于资源共享的运作逻辑会给财务数字化转型带来三个瓶颈:

一是"单单1对1"让财务难以成为全息数据中心,一类业务单据对接一类共享工单的集成约束会造成共享工单对业务的变化应对滞后。工单的设计思想侧重财务人员熟悉的记账、报表等准则框架下的需求,核心是价值法思想,业财融合的落地过程中财大于业。基于工单信息沉淀的数据依然侧重财务。

二是"单证1对1"让财务报告仍然不能全面实时反映业务,一类共享工单生成一类总账凭证,技术上依然是通过单据转换来实现,转换效率和可靠性都不能承载业务端数据规模大、数据标准变化快的压力。另外,单据转换方法实际上绕不开科目对照,许多与企业价值共生和财务可持续发展相关的业务信息会被丢失,如潜在客户的需求、商业模式的价值、组织和资产的业务能力等。这也导致最终生成的财务报告仍然不能全面实时地反映业务。

三是企业"1+n"的共享中心架构也会让财务缺乏敏捷应变能力,这个架构往往是在对企业多元化业务模式和能力缺乏精确认知时,由管理人员和专家等在综合考虑变革方向和变革路径等因素后达成的共识，但后续一旦固化为组织和流程，并将各下属单位的财务人员集中起来办公后，就会进一步固化基于资源共享的组织和管理体系，带来新的信息孤岛现象。当前端业务变化导致业务流程以及业财衔接方式和内容发生变化时，这种孤岛现象尤其明显。

二、现有财务管理系统的架构瓶颈

从现有财务管理系统的主流架构来看，集团企业一般仍然习惯于将多元化业务板块的不同财务功能的模块组织在一起，作为统一的应用进行集中部署，通过权限控制和参数分层供不同层级的用户使用，也就是单体架构。对于需要与业务深度融合的财务功能，如企业绩效管理、费用管理、成本管理、责任中心会计、应收、应付等，企业往往还习惯于将这些功能和业务领域的模块组织在一起，在构建业务模块时就需要在其中预置并固化财务管理采集数据和内部控制相关的要求、规则和标准，例如，成本物料清单（Bill of Materials，BOM）、成本费用项目的归集类型和结算方式、成本费用对象的委托和责任组织等。单体架构尽管有部署简单、开发效率高、便于维护的优点，但在数字时代集团企业各业务板块差异扩大、商业和业务模式迭代加速、战略周期不断缩短的发展趋势下，单体架构在扩展性、可维护性和迭代成本方面的缺点日益突出，因而难以支撑财务管理系统功能对企业可持续发展的管理要求。这不仅导致财务三支柱模式在业务财务和战略财务方面难以落地，也会为财务共享平台与企业繁杂的业务系统之间的衔接带来巨大的瓶颈。

随着企业财务管理系统上云的兴起，很多集团企业也基于统一架构的云基础设施，在财务管理各功能模块应用层采用微服务架构进行快速迭代和升级，这一架构的核心思想是将软件应用程序划分为一系列小型的、松耦合的服务模块,每个模块运行在它自己的进程中,通过轻量级的通信机制相互通信,从而组合成一个完整的应用系统。这些服务模块可以独立部署、独立伸缩,并且不同模块可以由采用不同语言和技术栈的团队来开发维护,从而使得应用系统变得更加灵活、可靠和可开展。微服务架构对于多元化集团企业来说,主要有四个优点:一是模块化和组件化的设计,允许企业针对不同业务板块或功能领域进行独立开发或更新服务,而不需要全面升级整个集团的财务系统,从而影响其他板块或功能领域的正常使用;二是基于轻量级通信协议和应用程序接口(Application Programming Interface,API),允许各个服务之间相互协作,提高系统的整体性能和可扩展性;三是高度的可靠性和鲁棒性,某个服务出现故障不会影响整个系统正常运行;四是更加灵活的部署和伸缩能力,可以快速响应变化的业务需求。但对于业务复杂、管理层级较多的企业来说,微服务架构在实际应用中也会面临如下挑战和问题:

(1)高复杂性:微服务架构涉及将应用程序分解为多个独立的服务,这增加了系统的复杂性和管理的难度。

(2)高运维成本:随着微服务数量的增多,运维工作也会相应增加,从而提高了整体的运维成本。

(3)分布式系统问题:微服务架构依赖于分布式的系统设计,这意味着它需要解决诸如数据一致性、网络延迟和异步通信等一系列问题。

(4)更多通信开销:由于微服务间的通信通常是通过网络进行的,这种通信方式会带来额外的通信开销,影响系统的性能。

(5)技术栈多样性:每个微服务可以使用不同的技术栈,这不仅增加了系统的复杂度和学习成本,还可能导致跨团队协作时的沟通障碍。

(6)数据一致性的挑战:异步通信可能导致数据在不同服务中不一致,这是微服务架构中的一个常见问题。

（7）有限的同步能力：当结合微服务和分布式系统概念时，可能会出现所谓的版本控制和管理问题，这会影响开发的同步性和效率。

（8）成本问题：除开发和部署的成本外，还需要投入更多的人力物力来协调和管理多个服务，这会增加工作的复杂性。

对于基于微服务架构构建全新财务系统的企业IT团队来说，微服务架构面临的上述挑战本质上是对应用的颗粒度划分过于细小且缺乏统一的业务模式解析和应用架构标准。实践中，在业务快速迭代的场景下，这两类标准也很难被明确并快速地定义。另外，统一会计和管理活动的财务管理使命也使得即便对于数字化的企业，在构建财务管理的应用功能时，也需要兼顾固化的财务应用（如总账、财务报告等）和可能需要快速迭代的财务应用（如管理会计、经营会计等）之间的颗粒度差异。这也是微服务架构在财务领域落地所面临的另一个现实的挑战。

2019年，Gartner提出了一种新的应用架构模型——组装式应用架构，它是基于现代化技术架构模型网格应用和服务架构（Mesh Application and Service Architecture，MASA）的最佳实践。在这种架构中，应用程序的核心组件称为封装的业务能力（Packaged Business Capability，PBC），它封装了具备独立业务能力的用户界面、数据、逻辑和流程，并区分为应用、数据、流程、分析等类型。不同的PBC可以通过低代码应用组装平台自由组合成用户所需要的业务应用程序套件（见图2-4）。

组装式应用架构的最小单位是应用PBC，它在设计上采用以业务为中心的模块化、自治、可编排和可发现原则，其中模块化是指被划分为一组内聚的组件；自治是指自给自足，依赖性最小，以确保组合的灵活性；可编排是指打包并通过API、事件通道或其他技术手段组装事件流或复杂事务；可发现是指语义清晰且经济化，可供业务和技术设计

财务中台：新一代财务共享平台

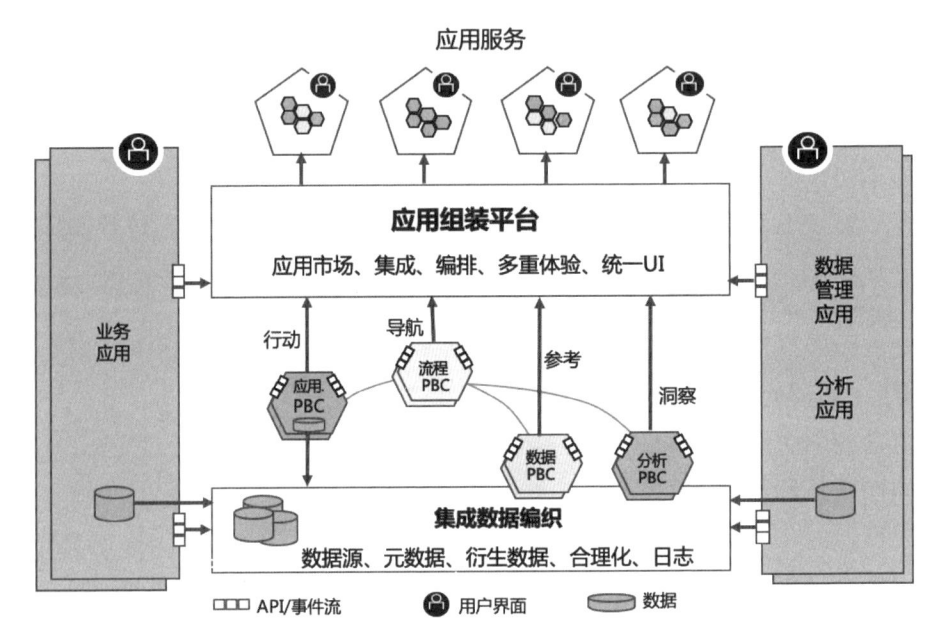

图 2-4 组装式业务应用架构

师、开发者和其他应用访问。组装式应用往往由一个或多个微服务构成，且颗粒度一般比单体架构下的功能模块更小，因此组装式应用架构能够更高效地适应稳定和变化之间的平衡。

以战略财务应用面临的挑战为例，过去企业通常采用以财务为中心的综合财务规划系统（Integrated Financial Planning，IFP）。平台和架构的不断发展又创造了以前不曾存在的企业绩效管理机会，企业需要考虑将财务规划、业务规划（如营销、销售、供应链、人力资源等规划）和 IT 规划等进行融合。我们将这种涉及多领域的规划及分析称为综合规划及分析（extended Planning & Analysis，xP&A）。

以组装式思维构建的 xP&A 是一种以平台为中心的企业规划及绩效管理工具，通过添加可组合的常驻运营应用程序，如添加销售自动化应用来实现销售激励管理，将传统的财务规划及分析（Finance Planning & Analysis，FP&A）应用扩展到财务之外。xP&A 扩展了

FP&A 与业务规划保持一致的能力，并要求包括财务共享在内的财务管理平台进行四个方面的重大升级：一是通过平台架构升级来支持更高的可组合性，进一步讲是要通过智能、引导式的规划建模工具和改进性能，处理财务和业务规划程序所需的更大的数据量和更细的颗粒度；二是要通过构建人工智能服务平台，从而能够快速识别大量整合的财务和业务数据的关键数据模式和异常；三是通过新建应用组装平台，便于企业基于自身已有的业务能力组装，快速响应业务的变化，并有效管理业务能力的运营和组装过程；四是不断沉淀业务能力库和组装方法，便于企业在平台上快速构建自己的运营规划模型和应用程序。

从资源共享到能力共享

既然以资源为共享对象的原有财务共享平台并不能很好地满足企业数字化的发展需求，也不能妥善地解决企业价值共生目标和可持续发展使命在财务环节的落地，那么，现有的财务共享应该向什么方向演进呢？

张庆龙教授在 2020 年就指出，看上去很完美的财务共享服务中心仍存在诸多问题，无法充分发挥管理会计的价值。业务财务与战略财务则处于尴尬的境地，由于无法充分利用来自财务共享服务的数据，很多企业集团的业务财务与战略财务又回到原来的老路。为此他提出可以将财务共享服务数据中心视为企业的大数据中心，至少是管理会计的数据决策中心。如何运用连接、共生、协同、平台等理念，针对来自企业内外部的大量、完整、多类型、异构的数据，运用数据采集、数据加工、数据挖掘、算法、模型等方法进行数据的加工与管理，并进行数据的可视化展示，推动企业数据中台与财务智能化，成为财务共享服务中心第二次演进的目标。

也有专家认为财务共享服务提升了财务的数据采集能力和数据处理能力,财务共享中心的功能不仅是交易处理,而且正在成为企业的数据中心。基于共享服务模式,企业的财务组织也会转型,形成"四位一体"的财经管理模式,包括公司层面制定规则和政策的战略财务、全价值链提供财务管理支持的业务财务、作为高效交易处理中心的财务共享服务,以及财务核心能力的专家团队,基于此,就在集团内部形成了"数据—信息—知识—智慧"不断转化的良性循环。未来企业的多财务共享服务中心将会进一步集中。财务共享服务中心未来可以向多职能中心拓展,将人力、IT等职能都纳入共享服务中心的范围,借助共享服务中心的平台,进行内外部资源整合,促进核心运营能力的标准化,形成业务中台。财务共享服务中心有能力整合公司的多维经营数据,实现业务和财务数据全面、广泛的连接,形成宝贵的数据资产。

尽管财务共享服务升级的必要性已经得到越来越多的共识,但在升级路径上却仍然有诸多分歧和模糊之处,概括起来主要体现在三个方向上。

首先是数据中台方向。很多人认为现有的财务共享服务已经具备和企业前端业务系统的全面整合能力,并且借助 RPA、规则引擎、视觉识别、数据智能、集成服务等数字化技术,财务共享平台已经具备全面采集业务数据的能力,这就让财务部门成为企业数据的整合中心具备了可能性,在此基础上利用数据中台技术就可以让更多的数据服务能力转化为财务共享的服务能力,应用于业务动因分析、战略决策支持等高价值的管理场景,使得全面数据整合和数据中台化后的财务共享服务平台能够真正发挥业财融合、价值创造的作用。这一观点的模糊之处在于财务作为整合数据中心的职能定位与诸如企业发展部、运营管理部等全局型管理部门的职责划分还缺乏权威的厘清,财务共享平台整合数据的能力也无法和成熟的 ERP 系统对业务和数据的整合能力相提并论。因此从信息技术和数据技术角度，企业会倾向于直接建设数据中台并应用数据智能技术统一形成企业的数据治理和数据服务能力，为业务部门、决策部门及财务部门等提供各自所需的数据服务。这样，财务共享的升级将变得多此一举。

其次是业务中台方向。有不少人提到财务共享服务中心从组织架构上将进一步集中，共享服务的职能范围也会扩大到人力资源、采购等领域，从而向业务中台方向发展，其思路是形成可复用的能力，不过这里的能力更多的是指财务共享的运营能力，从实践上就是财务共享的运营系统。这一观点的模糊之处在于财务中台的价值定位侧重财务共享运营效率的提升，而非业务中台最初的价值定位，后者由阿里引进并在国内首先进行探索实践，目的是解决对业务变化的敏捷响应而非仅仅是中台自身的运营提效，如对创新业务的资源配置支持、对管理者审核业务过程中的数据支持等。

最后是双中台方向。一些观点基于"让数据用起来"的思想，认为财务共享的发展方向是数据中台和业务中台的结合，但对两者的关系以及如何协同语焉不详，更像是对数据中台方向和业务中台方向两种观点的简单综合。

我们同样认为数字时代下财务共享必然会进行重大升级，在升级路径上虽然存在管理模式和平台模式两个选择方向，但一方面由于财务共享在服务模式上的创新，已经让财务人员在管理上构建起了主动服务业务的体系，在这个体系完善并发挥最大价值之前，这个升级在近期内还不会被颠覆，即不会出现另外一种新的财务管理模式。另一方面，我们认为更具有实践意义的升级是财务共享平台的重大升级，不过平台升级的关键不仅仅只是数字化技术和数据的进一步应用，如前所述，更重要的是财务共享服务的核心思想将不再聚焦于以财务人员为对象的资源共享。业财之间虽然是企业经营活动的一体两面关系，但是先有业再有财，现有的业财融合需要打破资源共享的框架，以财务共享的服务模式为基础，往业务侧方面多靠一些，我们理应将财务共享的升级目标聚焦在如何赋能业务方面。

从这个角度，我们认为赋能业务就是在确保相关会计事务对业务提供高效服务的同时，理应更多地将财务对业务发展的判断能力、对业务经营的分析能力和对资源要素的配置能力共享给业务前端，以更有效地支持后者快速地创新，甚至这种共享方式是去流程去中心化的，业务部门和人员可以在无需感知到部门壁垒的情况下就可以方便实时地使用到财务的这些能力。业务从无到有、再到发展壮大的时候如此，业务固化到持续稳定的时候如此，业务衰退甚至停止运营的时候亦如此。按照这个目标愿景，我们主张将财务共享的对象从资源共享升级到能力共享，并打造新一代财务共享平台。

由于这个平台的背景和定位是为了更敏捷高效地支撑灵活多变的前端业务的发展，并且不会改变在"统一会计"使命下依据会计准则进行的总账、合并报表等稳定合规的后台类会计事务的运作，我们将这个新一代财务共享平台定位为"财务中台"。

第三章

财务中台的定义

实践中财务中台并不是一个新名词，自阿里在2015年提出"中台战略"并成立财务中台部门以来，财务中台概念就应运而生，但从此这个概念就被淹没在业务中台、数据中台和技术中台等术语中，谈技术、功能和建设策略方法的多，但几乎没有一个明确的定义，更没有把财务中台的价值定位和数字化加速下企业管理和财务使命的变化结合起来。我们认为需要在财务中台已有的实践和认知基础上，结合我们对数字时代下企业可持续发展的趋势总结，来对财务中台做一个定义和辨析。

鉴于财务中台和阿里中台战略之间千丝万缕的渊源，我们不妨从后者的初衷和发展过程中形成的财务中台相关实践和思考出发，并沿着数字时代下财务共享服务平台升级的方向，对财务中台的价值定位和运作逻辑进行特征归纳，进而给出明确的定义，以及辨析中台实践中容易混淆的关键问题。

中台的由来和发展

从中国企业管理实践的角度，中台概念始于阿里在2015年提出的"中台战略"。据阿里原中间件首席架构师钟华介绍，这一战略的基础是阿里从2009年开始建设的共享事业部,主要成员来自淘宝技术团队,在组织架构上与淘宝、天猫同级别,集团希望以这样的方式更好地让技术团队同时支持淘宝和天猫业务,并将两套电商业务做了梳理和沉淀,把两个平台中公共的、通用的业务功能如交易、支付、物流等沉淀到共享事业部,避免功能的重复建设和维护,更合理地利用技术资源。2010年,集团要求淘宝、天猫和1688三大电商平台通过共享事业部和聚划算平台对接,共享事业部因此成了阿里的核心业务平台,也为阿里的架构转型奠定了基础。2015年年底,阿里宣布全面启动"中台战略",构建符合数字时代的"大中台、小前台"组织机制和业务机制:作为前台的一线业务会更敏捷、更快速地适应瞬息万变的市场;中台将集合整个集团的运营数据能力、产品技术能力,对各前台业务进行强力的支撑。

2019年,阿里中间件架构总监谢纯良指出,中台是为适应需求的快速迭代而产生的。具体来讲,中台提炼各个业务条线的共性需求,将系统的通用能力进行打包整合,并形成可以调用的接口提供给前台各业务部门使用,使产品在更新迭代、创新拓展的过程中研发更灵活、业务更敏捷,从而达到快速支持业务发展的目的。在这里面,"快"是中台诞生的核心原因:快速满足需求,快速响应,快速迭代。因此,为了支持前台不断满足瞬息万变的消费者需求,中台需要使用产品管理的方式不停地迭代更新,适应业务的需求,而不是等业务来提需求。这一点是中台与后台最大的区别。中台是一个组织业务能力的总称,它在一个大的IT平台上快速响应新业务需求,即提供敏捷性服务,同时能够稳定地提供服务,使得所有的数据一致、互通,并且业务化,提升业务的智能性。

随着中台建设的不断推进,阿里已经拥有了业务中台、数据中台、技术中台和算法中台。业务中台更多的是支持在线业务;数据中台提供了基础数据处理能力以及给业务方的数据产品；技术中台主要负责基础服务、基础组件、存储体系、云平台、运维相关技术支撑；算法中台主要用于提供各种算法服务，这些服务与企业的业务紧密相关，能够支持各种在线业务需求。业务中台、数据中台、技术中台、算法中台等一起提供对上层业务的支撑。对于阿里来说，中台是一个基础的理念和构架，一切基础服务都要放到中台里进行建设，同时利用中台进行联通，共同支持前台的业务。前台业务需要的资源，如搜索、共享组件、数据技术等模块，不需要每次都去改动底层进行研发，而是可以像选购一个开箱即用的产品一样，在更丰富灵活的"大中台"基础上获取支持，从而使得"小前台"更加灵活敏捷。

图3-1是阿里业务中台架构图，我们据此说明一下阿里"大中台、小前台"的组织架构。前台（见图3-1顶部）是系统的前端平台，是直接与终端用户进行交互的业务应用。例如，我们日常使用的商城、支付、网银等都是前台的业务应用。这些业务应用在手机App、H5端、PC端以及小程序平台为中端用户提供服务。后台（见图3-1底部）是指系统的后端平台，如平台即服务（Platform as a Service，PaaS）和基础设施即服务（Infrastructure as a Service，IaaS）。终端用户感知不到后台的存在，后台的价值是存储和计算企业的核心数据。例如，供应链管理系统存储商品及库存数据、客户管理系统存储用户信息。阿里的业务中台（见图3-1中部）总共有400多名员工，整合了阿里的基础业务服务，如短信中心、用户中心（会员）、支付中心、交易中心（商品、交易、营销和结算）、搜索服务等。

业务中台把上述所有的系统打通连接好，将所有的基础服务整合成一个产品为整个电商业务提供服务。各个业务需求可以在统一的业务服务界面找到整体解决方案，省去了每一个项目重复开发的过程。而在没有业务中台的时候，业务方需要按照系统独立地对接各个任务，

财务中台：新一代财务共享平台

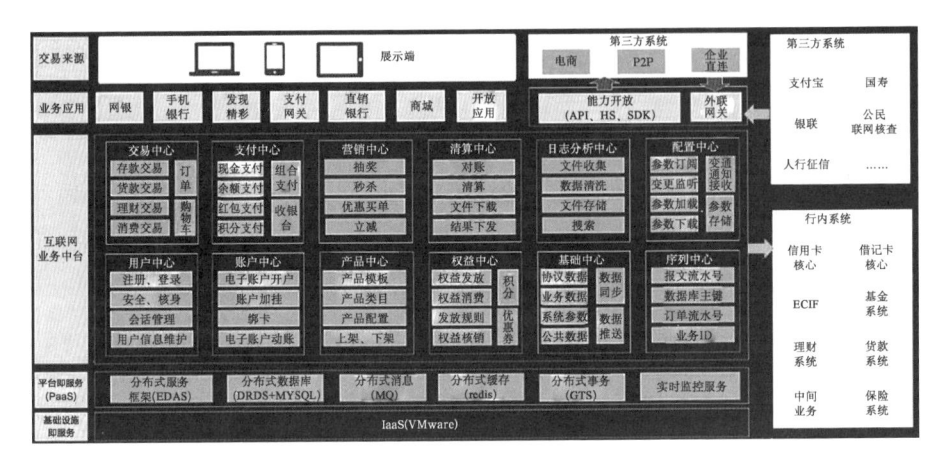

图 3-1 阿里业务中台架构

很多时候需要单独开发一个功能，并安排人员提供支持。虽然多个系统用到相似的功能，但是各个系统有相关需求时，都需要重新开发。这会导致"重复造轮子"、产品迭代周期长等问题。

在阿里实施中台战略后，国内的互联网巨头，如腾讯、百度、京东、美团、滴滴等，都开始了组织架构的调整，进行中台的探索。滴滴出行高级技术专家何修峰在 2019 年指出，滴滴在 2016 年建设了出行中台，并在 2019 年年初演进成了公司级的业务中台。滴滴的大部分业务场景都在使用业务中台，已经构建了用户中心、Passport、计价中心、订单中心、支付中心、触达平台六大能力。搭建业务中台不应完全从技术的层面来看，因为业务中台最终要看到的是如何快速支撑业务。滴滴本身也有技术中台，用来提供一些基础的设施，像云基础设施、MQ、NOSQL 存储、监控平台等。滴滴也有规模庞大的大数据团队在做数据中台。业务中台依托于技术、数据中台，更贴近业务，主要是对业务负责。最终业务中台能做到对整个业务进行抽象，把通用的部分沉淀下来（见图 3-2）。

实践中的中台更多是从技术侧启动的，继阿里、滴滴等先行企业实

图 3-2　滴滴业务中台架构

践之后，理论界开始从企业数字化的角度思考与中台概念相关的技术性问题。围绕中台与前后台、中台化与平台化的区别，王健在 2019 年总结了关于中台的几个主流观点。一是中台就是技术平台，像微服务开发框架、DevOps 平台、PaaS 平台、容器云之类的，人们都叫它"技术中台"。二是中台就是微服务业务平台，像最常见的用户中心、订单中心等各种微服务集散地，人们都叫它"业务中台"。三是中台应该是组织的事情，核心是释放潜能。例如，豆瓣网在平台型组织的进化路线图中就提出了平台型组织和组织中台的概念，这类组织中台在企业中主要起到投资评估与投后管理的作用，类似于企业内部资源调度中心和内部创新孵化组织，人们叫它"组织中台"。

但他同时指出，更多的情况是大家为了响应企业的"中台战略"，干脆直接将自己系统的"后端"或是"后台"改个名，就叫"中台"。于是，他进一步从企业均衡可持续发展的角度，来思考中台的价值和定义。他的思考是通过回答以下问题来展开的。

第一个问题是"企业为什么要平台化?"

他认为在当今时代,用户才是商业战场的中心,不断快速响应、探索、挖掘、引领用户的需求,才是企业得以生存和持续发展的关键要素。那些真正尊重用户,甚至不惜调整自己或颠覆自己来响应用户的企业将在这场以用户为中心的商业战争中得以生存和发展;而反之,那些在过去的成就上故步自封,存在侥幸心理、希望用户会像之前一样继续追随自己的企业则会被用户淘汰。而平台化之所以重要,就是因为它赋予或加强了企业在以用户为中心的现代商业战争中最核心的能力:用户响应力。这种能力可以帮助企业在商战上先发制人,始终抢得先机。

第二个问题是"企业为什么要建中台?"

平台化并不是一个新概念,很多企业在这个方向上已经做了多年的努力和积淀,所以这个问题又延伸出一个前置问题:对于企业来讲,传统的"前台+后台"的平台化架构为什么不能满足企业的要求?所谓前台,是由各类前台系统组成的前端平台。每个前台系统就是一个用户触点,即企业的最终用户直接使用或交互的系统。例如,用户直接使用的网站、手机 App、微信公众号等都属于前台范畴。而后台是指由后台系统组成的后端平台。每个后台系统一般管理了企业的一类核心资源(数据+计算),如财务系统、产品系统、客户管理系统、仓库物流管理系统等,这类系统构成了企业的后台。基础设施和计算平台作为企业的核心计算资源,也属于后台的一部分。大多数企业已有的后台,要么前台根本就用不了,要么不好用,要么变更速度跟不上前台的节奏。我们看到的很多企业的后台系统,在创建之初的目标并不是主要服务于前台系统创新,而更多的是为了实现后端资源的电子化管理,解决企业管理的效率问题。这类系统要不就是当年花大价钱外购,需要每年支付大量的服务费,并且版本老旧,定制化困难;要不就是花大价钱自建,年久失修,一身的补丁,同样变更困难,也是企业所谓的"遗留系统"的重灾区。即便是新建的后台系统,因为其管理的是企业的关键核心数据,考虑到企业安全、审计、合规、法律等限制,其同样往往无法被前台系统直接使用,或是受到各类限制无法快速变化,以支持前台快速的创新需求。

此时的前台和后台就像是两个不同转速的齿轮,前台由于要快速响应前端用户的需求,讲究的是快速、创新、迭代,所以要求转速越快越好;而后台面对的是相对稳定的后端资源,而且系统常常陈旧复杂,甚至还受到法律、法规、审计等相关合规约束,往往是稳定至上,越稳定越好,转速也自然是越慢越好。所以,随着企业业务的不断发展,这种"前台+后台"的齿轮速率"匹配失衡"的问题就逐步显现出来。随着企业业务的发展壮大,因为后台修改的成本和风险较高,所以驱使我们会尽量选择保持后台系统的稳定性,但还要响应用户持续不断的需求,自然就会将大量的业务逻辑(业务能力)直接塞到了前台系统中,业务重复的同时还会致使前台系统不断膨胀,变得臃肿,形成了一个个大泥球似的"烟囱式单体应用"。这渐渐拖垮了前台系统的"用户响应力",导致用户满意度降低,企业竞争力也随之不断下降。

中台的出现打破了前后台系统这种不可调和的僵局,可以说中台是真正为前台而生的平台(可以是技术平台、业务能力甚至是组织机构),它存在的唯一目的就是更好地服务前台规模化创新,进而更好地响应服务、引领用户,使企业真正做到自身能力与用户需求的持续对接。中台就像是在前台与后台之间添加的一组"变速齿轮",将前台与后台的速率进行匹配,是前台与后台的桥梁。

第三个问题是"中台是什么?"

王健几乎花了两年的时间来给出如下定义:中台就是企业级能力复用平台,并针对这个定义中的四个概念进行了具体的阐述。

首先是企业级。它定义了中台的范围,区分开了单系统的服务化与微服务。中台一定是企业级的,这里的企业级不是说难度而是指范围。企业级也不一定就是一个企业的范围,甚至可以跨企业,如生态圈。在做中台建设的时候,一定是跳出单条业务线站在企业整体视角来审视业务全景,寻找可复用的能力进行沉淀,从而希望通过能力的复用一方面消除数据孤岛、业务孤岛,另一方面支撑企业级规模化创新,助力企业变革,形成生态。因此,虽然中台的建设过程可以自下而上,以点及面,但驱动力一定是自上而下的、全局视角的,并且需要一定的顶层设计。这也解释了为什么在企业中推动中台建设的往往都是跨业务部门,例如,CIO级别领导或是企业的战略规划部门,因为只有这些横跨多条业务线的角色和组织,才会去经常反思与推动企业级的能力复用问题。这一点也引出了中台建设的一个关键难点,就是组织架构的调整和演进以及利益的重新分配,这是技术所不能解决的,也是中台建设的最强阻力。同时,企业级也是区分企业中台化与应用系统服务化的关键点,简而言之,中台化是企业级、是全局视角,服务化更多是系统级、是局部视角。所以从中台的兴起可以看到一种趋势,就是越来越多的企业无论是由于企业运营效率的原因还是由于创新发展的需要,对于企业全局视角跨业务线的能力沉淀都提高到了前所未有的战略高度。

其次是能力。它定义了中台的主要承载对象,并成为复用的前提。企业的能力可能包含多个维度,常见的如计算能力、技术能力、业务能力、数据能力、人工智能能力、运营能力、研发能力等,其中大部分的能力还可以继续细化和二次展开,从而形成一张多维度的企业能力网。可以说,中台就是企业所有可以被多前台产品团队复用的能力载体。这里经常遇到的问题是,对于某一家企业来讲,哪些能力才是企业需要的?哪些是值得中台化的?优先级又怎么划分?这些问题很难有一个统一的答案。ThoughtWorks现在的做法是通过一系列Workshop,从业务、数据、技术三个方面切入，通过一系列方法，结合企业愿景、市场定位和数字化现状，跨越多条业务线，试图将企业需要的能力和可复用的能力识别出来，并为落地做好规划和准备。

再次是复用。它定义了中台的核心价值。传统的平台化对于易复用性并没有给予足够的关注，中台的提出和兴起，让人们通过可复用性将目光更多地从平台内部转换到平台对于前台业务的支撑上。虽然我们一直讲"去重复用"讲了很多年，但仔细想想，大多平台化建设会将重点放在"去重"（消除重复）上，而对于"复用"则没有足够的关注。很多企业都号称已经建成了各种各样成熟的平台，但是扪心自问，有多少平台是业务驱动的？有多少前台产品团队又是自愿将自己的产品接入平台？有多少平台建设者在真正关注前台产品团队的平台用户体验？"去重"讲的更多是向后看，是技术驱动的；"复用"讲的更多是向前看，是业务驱动和用户驱动的。所以"去重"与"复用"虽然经常一起出现，一起被提及，但是谈论的完全不是一件事情，目的不同，难度也不同，做到"去重"已然非常困难，关注"复用"的就更是寥寥无几。而"复用"是中台更加关注的目标，可复用性和易复用性是衡量中台建设好坏的重要指标，业务响应力和业务满意度也才是考核中台建设进度的重要标准。要实现更好的复用，需要改进的有两个方面。一方面将更高抽象（如业务模式）级别的通用业务逻辑通过抽象后下沉到中台，这样前台就会更轻，学习成本和开发维护成本更低，能更快地适应业务变化；缺点是抽象级别越高，越难被复用，需要架构师对于各业务有深入的理解和非常强的抽象能力。另一方面就是通过对中台能力的软件即服务（Software as a Service，SaaS）化包装，减少前台团队发现中台能力和使用中台能力的阻力，甚至通过自助式（Self-service）的方式就能快速定位和使用中台能力。目前很多企业在尝试的内部 API 集市或是数据商店就是在这方面的努力和尝试。

最后是平台。它定义了中台的主要形式,区别于传统的应用系统拼凑的方式,通过对更细粒度能力的识别与平台化沉淀,实现企业能力的柔性复用,以及对前台业务更好地支撑。这里的平台主要是区别于大单体的应用或是系统。传统的企业数字化规划更多是围绕业务架构、应用架构和数据架构展开的。产出也是一个个基于应用和系统的数字化建设规划,例如,要采购或是自建哪些具体的系统,如 ERP、CRM 等。这些独立的系统就承载了企业的各种能力,由于企业各业务线统一使用一个应用或系统,也自然实现了能力的复用。但问题常常出现在两个方面:一个是大单体系统的业务响应力有限,缺少柔性,当业务发展到一定阶段后,必然产生大量定制化需求,随着内部定制化模块的比例逐渐上升,响应力成指数下降,成为业务的瓶颈点;另一个则是系统间的打通通常比较困难,容易形成业务孤岛和数据孤岛。

从上述中台的实践和认知发展,我们不难看出,中台的产生背景和价值定位与我们在第一章分析的结论是一致的,即当企业经营的中心由企业自身转换为用户、企业管理思想由体系优先转变为价值共生之后,可持续发展就成了企业家越来越关注的核心管理命题。现在看来,对于财务管理也是这样。因此尽管中台更多是源自技术和业务侧的概念,但我们完全可以借鉴这一思想,来定义财务中台。

财务中台是什么

尽管中台的价值定位已经非常符合财务管理可持续发展的时代使命了,但对于所有正处于数字化转型的企业来说,由于财务管理与企业相关利益者之间的社会性联系以及宏观制度约束的巨大惯性,财务管理在相当长的时期内仍然需要承担统一会计和管理活动的使命。我们认为,财务共享服务升级的方向尽管是中台,但在当前阶段,中台还不能从管理模式上替代财务共享,这样就需要结合中台思想和财务共享服务模式,来对财务中台进行明确的定义。

我们给出的定义是:财务中台是企业级财务能力共享平台。其定位是基于能力共享思想的新一代财务共享平台,以应对企业数字化转型,为企业快速优化和调整产业布局提供更为敏捷的财务服务能力。共享也体现了财务中台对现有财务管理模式创新思想的继承,也将财务中台和更偏技术化的中台思想区别开来。

财务中台是业务中台的一部分,是企业级财务能力的复用平台。在财务管理领域,企业级这个概念除包含不同成员单位、成员单位内不同业务部门以及生态成员视角外,还需要和商业模式、业务模式、企业的发展阶段以及管控模式结合起来。

商业模式是管理学研究的重要对象之一,按照开发群组架构框架(The Open Group Architecture Framework,TOGAF)的定义,商业模式是指一个组织如何创建、交付和捕获价值的基本原理。在分析商业模式的过程中,主要关注企业在市场中与用户、供应商、其他合作伙伴(即营销任务环境的各主体)的关系,尤其是彼此间的物流、信息流和资金流。商业模式决定了财务服务的经营单元与客户、伙伴的交易和服务方式,并进而在报价、合同、产品和服务交付、收入确认、往来对账和结算、资源投入、付款、业绩评价等业务活动中对财务能力提出相关要求。

TOGAF将业务模式定义为将企业的业务战略转化为日常运作的渠道,具体包括业务的运营模式、流程体系、组织结构、地域分布等内容。业务模式是业务架构的核心组成部分,它决定了企业如何运营和管理其业务活动。相对商业模式是针对整个企业而言,业务模式往往针对企业某一个领域,具有局部、单一的特点,虽然影响但不能决定企业整体的收入、支出和利润。例如,企业的采购模式会包含按采购标的分类的招标策略、议价规则等,研发模式会考虑集中研发和在多地设有研发机构的协同研发等；生产模式常见的有 MTS（made to stock）、MTO（make to order）；销售模式常见的有电商、直销和分销等；财务管理模式常见的有财务三支柱、财务管控等；IT 模式常见的有外包和自营等。业务模式会在规划、预算、立项、报账、签约、付款、资源投入控制、业绩评价等业务活动中对财务能力提出相关要求。

企业的发展阶段是指企业当前在自身生命周期曲线中所处的位置，经典的企业生命周期曲线分为初创、成长、稳定、衰退四个时期。在数字时代下这一曲线正逐渐被马利克曲线模型修正，后者是弗雷德蒙德·马利克在 2015 年提出的企业发展变革曲线模型，该模型在经典的企业生命周期曲线上增加了两条曲线，更好地拟合了数字时代下主动变革的企业群体的发展路径。如图 3-3 所示，马利克曲线模型主要由三条曲线组成。

曲线 1 代表企业当前正在开展的业务，如果企业在曲线 1 上故步自封，沉浸在过去蓬勃发展、轻松盈利的状态中，全然不觉产业可能走向平庸和衰退，没有主动去探寻和抓住新的产业机会，那么企业将最终走向衰退。曲线 2 代表企业未来将要开展的业务，也就是企业经营管理过程中，出现的新的技术和新的产业机会。新的机会通常在当前业务蓬勃发展时就已经萌芽，虽然新产业的增长并没有存量业务那么快、那么好，但是它未来的发展空间可能更大、更长远。但如果想要启动业务创新或者管理变革，企业级必须要有足够的决心和勇气。因为决策最好的时点在图 3-3 中代表"今天"的虚线或者左边更早的"过去"。及早转移战略资源和启动管理变革，就容易抓住新的产业机会。但是这个时候曲线 1 处于蓬勃发展期，新的技术和产业机会还不清晰，员工难以理解对新产业的战略资源投入，面对管理变革时也容易骄傲自满甚至消极抵制。企业家想要适时引领业务创新和管理变革，注定是困难重重的，必须要有足够的决心和勇气。企业进入衰退期后再进行业务创新和管理变革，容易得到员工的支持和参与，但往往为时已晚。曲线3是曲线1和曲线2的拟合线，能够让企业跨越产业的周期循环，带领企业走上新的成长发展道路，持续保持业务创新和组织活力。当发现新的技术、产业机会和管理模式时，也就是处于图3-3的树叶形区域时，企业家需要做出关键性的决策，把战略性资源转移到新的技术和产业中去，同时及时启动与之相匹配的管理变革。只有这样，才能够让企业构建起面向新技术、新产业也能够持续成功的组织能力。企业发展阶段的定位会在战略决策、战略执行、组织调整、资源配置、业绩评价等管理活动中对财务能力提出相关要求。

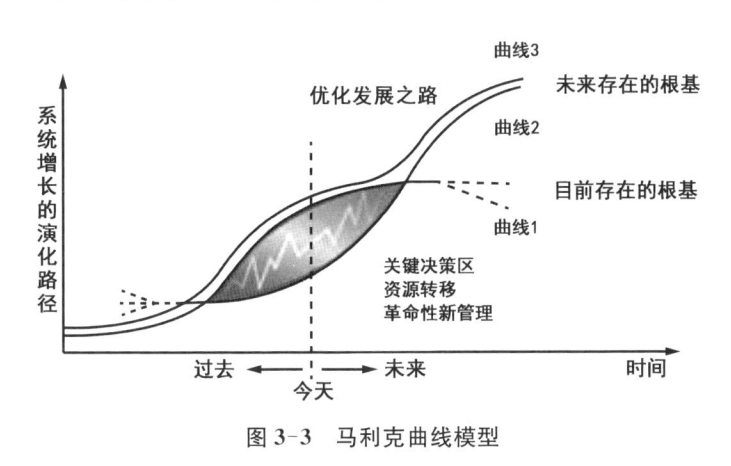

图 3-3 马利克曲线模型

管控模式是指集团对下属企业基于集分权程度不同而形成的管控策略。常见的管控模式有财务管控、战略管控和运营管控。管控模式会从策略的角度对上述的所有业务活动进行合规、控制、例外事项管理、资源配置等方面的干预，从而对财务能力提出相关要求。

财务能力与用户中心、订单中心等典型中台能力的相同之处在于，对于企业创新性的业务前端系统，需要构建可快速复用到这些系统的能力。不同之处在于，这个能力复用在财务领域至少需要分为两类。一类财务能力需要供业务前端及管理后台的会计和财务控制事务系统复用,如发票验证、报销审核、付款控制、财务报告、纳税申报、合规风控等的能力,以加快服务响应、提升用户满意度。由于这些场景下所需要的财务核心能力侧重于财务部门在相关流程节点上进行计量、反映、监督、控制、评价等专业事务处理的简便、快速、可靠和准确,我们统称为财务的管理服务能力,这也是目前对财务中台的主要认知。另一类财务能力可以供业务前端系统及管理后台直接复用,例如,能够提升用户判断业务风险和绩效、快速进行业务决策、快速调用财务相关资源如资金资产、准确全面进行战略统筹决策等的能力,由于这些场景下所需要的财务核心能力侧重于财务部门所提供数据的全面性、准确性、可靠性和实时性,我们统称为财务的数据服务能力。

从技术实现的角度来看,这两类能力应用的相通之处都是财务知识的积累和自动化应用,在实现路径上都必须解决如何基于不断迭代的人工智能技术构建并优化数据源及场景化的算法和模型,并如何显著地降低与快速变化的业务前端进行融合应用的成本等问题。

共享是一种服务模式,这也使得财务中台在实现和运行机制上和已有的中台实践有很大的差异,后者的出发点更加侧重技术视角。业务中台一般是将可复用的业务能力封装为微服务,并以标准化的 API 供企业内不同成员单位、经营单位以及生态圈不同成员在构建业务前端系统时调用。而如前所述,财务中台中的可复用财务能力除了微服务和 API,还需要用户界面、数据、流程、规则等要素,这样的集合实际上就是我们在第二章中讲到的 PBC。由于考虑了应用场景,这些能力既可以被业务前端系统调用,也可以被后台系统调用,还可以独立应用。可以说,财务中台是为解决前台和后台之间的速度差过大而生的。

从管理模式和组织分工视角来看,财务中台是能力共享模式。对于已经成立了财务共享中心并完成了人员集中的企业,可以根据财务中台提供的财务能力来组装构建财务共享服务能力,从而为企业业务前台和管理后台提供更敏捷的管理服务和数据服务,这种情况下财务中台就是增加了数据服务的实体财务共享平台;对于拟成立财务共享中心但无法实施人员集中的企业,由于财务中台解决了对企业多业务板块和经营单元的敏捷响应难题,分散的财务人员通过财务中台为各自服务的相关部门提供相关财务能力,这种情况下财务中台就是虚拟的财务共享平台,在一些已实践的企业它又叫作业财中台;对于不打算成立财务共享中心但需要对下属业务板块加强服务和管控的企业,也完全可以依托分领域的中心化组织,分散的财务人员通过财务中台为各自服务的相关部门提供相关财务能力,这种情况下财务中台就是分领域中心,如会计中心、资金中心、税务中心等。

随着场景化财务能力积累日趋丰富,以及大量的智能技术应用,财务能力适配不同业务以及不同迭代节奏的自动化程度越来越高,上面三种情况都可以推动财务中台成为管理层、业务和财务部门一致认同的财务能力共享平台。

财务中台实践辨析

一、"拆中台"带来的挑战和财务中台的意义

尽管我们已经多次分析了本书提出的财务中台概念与中台思想之间的联系和区别,但随着阿里在2023年3月分拆中台,"中台无用"成为很多企业在考虑建设财务中台时担心的最大风险。因此有必要对财务中台建设的必要性进行辨别分析。

2023年3月底,阿里巴巴集团时任CEO张勇发布全员信,表示要分拆业务板块,构建"1+6+N"的组织结构,各板块各自组建董事会,实行CEO负责制。中后台的能力将有序进入相关业务集团和公司,为

前台业务发展继续发挥重要价值。多个业务集团和公司所必需的共享中后台服务，将通过专业服务公司的模式提供。实际上，爱橙技术正是张勇所说的"专业服务公司"，中台业务分拆后将为集团提供多个业务公司共享的中后台服务。所以不难看出，虽然大中台分拆后"变薄"，但阿里巴巴依然保留着中台的业务能力。

在钟华看来，阿里巴巴中台的建设有特定背景。初期集团的业务形态还只是以电商为主，抽象和沉淀的中台能力更多考虑的是电商相关场景，随着集团发展多元化业态，一个中台通常要对接成百上千个应用需求，此前构建和积累下的中台能力在支撑其他业态业务时，适配效率就很难满足业务方的需求。这也就是多业态大企业的中台在协同方面的"资源瓶颈"问题。

我们认为，阿里的中台建设更多源于技术架构上的微服务、标准化思想，面对电商之外的多元化业务的需求，通过颗粒度过细且数量庞大的微服务来响应，标准化执行成本和统筹难度都会随业务的拓展而直线上升，这也进一步导致中台组织在实际的流程中过于强调标准化，而忽视了业务的变化，蜕变成新的后台组织。

从企业发展的角度，中台拆薄的深层次原因在于，随着市场环境和竞争格局的变化，阿里也面临着新的挑战和机遇。一方面，阿里遭遇了来自拼多多、抖音、快手等新兴竞争对手的强劲冲击，这些对手往往有着更灵活快速的创新能力和更贴近用户需求的产品形态；另一方面，阿里也寻求在新零售、新制造、新金融、新技术、新能源等领域开辟第二曲线，实现颠覆性创新和跨界融合。在这样的背景下，原有的中台战略已经不能满足阿里的发展需求，甚至成了阿里创新的瓶颈。

所以阿里拆中台并不是否定中台战略的价值，而是根据自身发展阶段和市场环境的变化，对中台战略进行了调整和优化。阿里拆中台的意义在于把原来庞大而僵化的共享中台事业部打散下沉到各个业务单元,形成一个个独立而灵活的业务域中台。这样既保留了中台提供通用能力和协同效率的优势,又增加了中台针对具体业务场景和用户需求的灵活性和个性化。同时,也把原来臃肿而复杂的中台变得更加轻量级和敏捷,降低了中台的维护成本和沟通成本。

可以说,我们对财务中台的定位有效克服了阿里中台实践中碰到的核心问题,将可复用的财务能力颗粒度明确在 PBC 上,并且摆脱了对大统一组织的依赖,从而大大降低了应用数量、能力构建的跨部门沟通成本、应用和数据标准化的治理成本、整体统筹的难度。将财务中台的运作逻辑定位在能力共享平台上,既全面继承了财务共享服务模式给企业带来的服务创新和变革成果,降低了财务数字化往深水区进一步转型的成本,其更加侧重业务视角的理念也为消除新的信息孤岛、加强业财融合、完成财务新使命提供了可持续发展的保障。

二、财务中台和数据中台的关系

财务中台和数据中台的关系,也是需要进行辨析的问题,这是财务中台落地的关键点之一。前面我们总结了财务中台上两类可复用财务能力的相通之处,构建和优化数据源是人工智能技术得以在单个的企业内部安全可靠应用的最重要前提。那如何构建数据源呢?目前比较有共识的做法是利用数据中台的能力。业界有观点认为,建立财务数据中台可聚合内外部的海量多维数据,将原始数据转化为数据资产,快速构建数据服务中心,为企业制定各种适配业务场景的数据解决方案,实现数据可视、易懂、好用、可运营,继而实现企业财务数据能力和数据资产的沉淀、共享,为企业经营和发展提供专业洞见。张庆龙认为基于共享服务中心,数据中台的数据采集范围扩展到企业级的所有数据,其构建的不只是财务数据中台,而是内部各个业务系统数据互联互通的企业级数据中台。

但是在财务中台的数据源范围界定上却有一定的落地困难。大家在提到财务数字化转型、智能财务应用时,往往只强调要统一依托企业级数据中台全方位地采集业务数据和财务数据,而忽略了业财数据之间的联系,这就会使我们在前面提出的问题无法得到解决,即财务部门可以全面使用业务数据的诉求与企业内部的组织分工约束存在冲突。因此,我们认为财务中台的数据源既需要突破原有财务数据的窠臼,也有必要厘清业财数据整合的基本思想。

从业务数据的全面采集来看,尽管以资源共享为核心思想的原有财务共享推动财务服务延伸到了业务前端,也使得对业务数据的全面采集成为可能,但如上一章所述,企业在实践中会存在三大瓶颈而使得这种可行性受阻。张敏在2020年提供了一个经典案例,进一步指出了问题的关键。一家大型国有银行财务部门主管曾经向他提出过一个"如何让客人转化为客户"的问题,即如何借助智能财务,帮助银行业务部门提升由客人向客户的转化率,这是一个典型的业财融合场景。客人进入银行后,有可能会成为客户,在银行办理存款、贷款或者理财等业务,从而在银行系统中留下记录;也有可能未成为客户,未在银行系统中留下记录。在传统财务管理模式下,银行只对成为客户的这部分业务量进行考核,并与预算进行比较。从客人进入银行到成为客户或未成为客户的过程因为未能数字化,所以是一个黑箱,导致银行无法对客人未能转化为客户的这部分业务进行分析。因此,银行对业务部门的考核只能基于结果进行,忽视了过程。同时,传统模式下的预算是基于推测形成的。将基于结果的业绩与基于推测的预算进行比较,所得到的差异显然是不可靠的信息,基于这种不可靠的信息进行决策,大概率会导致考核系统的失灵与决策的失误。从流程视角看,这个案例背后的问题,在于财务数据服务需要采集的数据应该在原有的财务共享服务环节之前。类似的例子还有很多,这里不再赘述。

我们在这里面临的主要问题是财务视角下业务数据的采集范围界定。因为对于企业经营而言,财务管理并不能取代所有的管理,如果企业构建了数据中台,财务对业务数据的采集机制从技术角度看似变得简单了,且不会给业务口的管理带来额外成本,但在实践中财务部门在采集业务数据时却不得不向公司管理层说明以下事项的理由:哪些业务数据需要采集?为什么要由财务来采集?在什么时候采集?如何采集?这些问题实际上取决于企业对业财数据整合的会计思想选择。如果企业管理层和相关利益者之间能够形成共识,财务部门有必要并且也能够更全面客观地将采集到的业务数据转换为大家公认的统一会计数据,那么一切问题都将迎刃而解。这个共识的关键就是对会计思想转变的共识。

我们知道,现有企业的财务数据采集和计量主要遵循的是价值法思想,即假定财务会计数据使用者的需求是可知的,财务会计数据将满足"大多数使用者的共同需要",因此财务人员需要以对会计数据高度综合与估价的方式提供通用会计报告。但事实上,这会让会计数据忽视使用者在会计信息需求方面的广泛差异。另外,由于会计人员对数据进行加工时,存在大量的主观判断,尤其是分配、递延、预提、摊销、合并、抵销等程序会产生方法上的差异,也会造成信息偏差和损失。

我们认为,企业财务中台如果要将更前端的业务数据纳入业财融合的范围,需要主动采用索特提出的事项法思想。这一思想主张财务要向使用者提供更多有关经济事项的信息,降低会计信息的整合度,创造使用者自主使用会计数据的条件,以事项定向改革会计报告的列报,提升会计信息面向不同使用者的有用性。所以会计数据不仅包含通常意义的财务方面的信息,还包括非财务方面的信息。事项法通过主张计量属性多元化,实现了对历史成本原则的突破,并且避免了价值法思想下会计的分配、递延、预提、摊销、合并、抵销等处理方法,随时能提供实时和充分的信息。

但自事项会计理论提出以来,关于事项概念在很长一段时期内没有形成清晰的定义,索特在首次阐述事项会计理论时,把事项称为"经济事项",是其信息"可能在各种决策模型中有用的相关经济事项"。尽管他列举了一些具体的事项如"存货的购置和消耗""资产的购置和转让""销售额和销售成本""租赁""承诺""订单"等,但始终没有对事项做出明确的定义。嵇建功在2013年提出可以沿着会计信息的演进路径,即经济活动信息—会计事项信息—会计报告信息,来对事项进行分类定义,他认为企业可以由经济活动出发,经由作业事项、经济事项、会计事项,形成使用者所需的会计报告信息。其中作业事项就是企业各级组织和个体日常的活动,作业事项具有客观性、价值多重性和系统性的特征。所谓价值多重性是指一项作业事项具备多重属性和多重价值。由于价值主体和评价主体的不同,作业事项不同的属性(特征)形成了不同的价值,如技术价值、经济价值、文化价值、环境价值等。而系统性是指作业事项在空间时间上是可拆分和可组合的。任意一个作业事项可以拆分为更多更细小的作业事项,同时也可以和其他作业事项组合为更大的作业事项,对于企业而言,这种组合有目的有结构,直至组合为企业全部系统运作的有机整体,以实现企业的使命。经济事项是基本事项,是作业事项价值属性的组合,构成价值状态之间的变化,具有客观可验证、不可再分但可组合的性质,为了准确计量价值状态的变化,货币仍然是主要的计量单位。特定会计准则按其主观标准将经济事项及其组合确认为会计事项,并进一步计量、记录和报告,进而满足特定的会计信息需求。

基于上述成果,我们就可以在事项法思想基础上,借助麦卡锡教授提出并不断扩展的REA模型(资源resource、事件event、参与者agent)来表达财务中台对业务数据的采集方式和后续的财务数据演化路径(见图 3-4)。

R: 资源　E: 事件　A: 代理人　L: 位置　P: 流程

时间	价值变化	事件	经济资源	内部代理	外部代理
082974-0824	256	启动12号机	Raw-Mat-3 Raw-Mat-6	Meghan	Molly
082977-1600	83	按批量A投料	Fin-Good-8 Fin-Good-75	James	Sarah

作业活动的价值状态变化

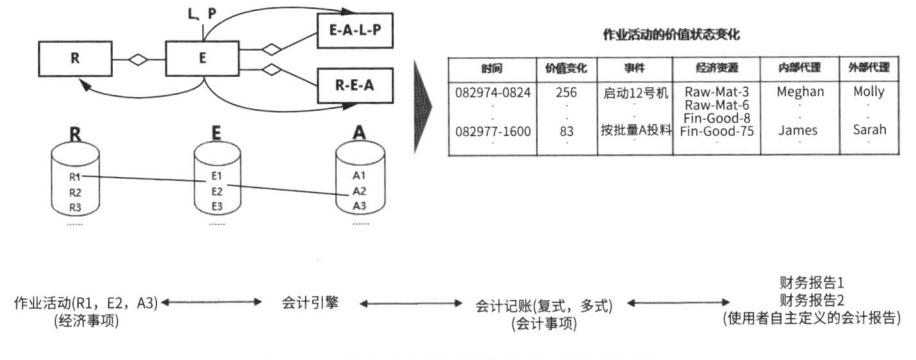

作业活动(R1, E2, A3) ←→ 会计引擎 ←→ 会计记账(复式,多式) ←→ 财务报告1
(经济事项)　　　　　　　　　　　　　　(会计事项)　　　　　　　　财务报告2
　　　　　　　　　　　　　　　　　　　　　　　　　　　　　　(使用者自主定义的会计报告)

图 3-4　业务数据的采集和财务数据演化

图 3-4 中,资源 R 是组织拥有的有形的物品,它们不仅是稀缺的,而且是在组织控制之下的,这个定义与会计中"资产"的定义有所不同,按照这个定义,要求权不是资源。例如,应收账款就不是一种资源,它只不过是用来存储和传输数据的人工记录。应收账款不是系统的基本元素,它是由对顾客的销售额和销售收款之间的差额导出的。事件 E 是对资源变动产生影响的现象。生产、交换、消费、分配方面的活动都是事件,事件对应前述发生价值状态变化的作业事项和经济事项。代理人 A 也叫参与者,是参与事件的个人或部门,既包括组织内部的参与者,也包括组织外部的参与者,例如销售职员、生产工人、运输职员、顾客和原材料供应商等。位置 L(location)和流程 P(process)用以反映事项发生的位置和企业业务流程节点,事件的发生会使资源的存量和流量发生变化,一种使资源增加的事件也一定和另一种使资源减少的事件相对应。当作业活动的价值状态发生变化时,财务中台就可以采集这个活动对应的作业事项以及组合生成的经济事项,并通过数据转换将特定经济事项按主观标准和不同的记账方法形成会计事项和后续的会计报告。

现在我们就可以来辨析财务中台和数据中台的关系了,两者的联系在于,它们数据源都来自企业经营活动中的全量数据,并且财务中台对于数据的处理也可以采用数据中台的技术能力。两者的区别在于,财务中台基于事项会计理论,得以从作业环节就可以采集业务数据,但需要以事项的价值状态变化作为计量主线,并和后续的会计事项到会计报告环环相扣,也就是需要从计量角度对业务数据进行业财关联和整合。这和数据中台的侧重点是有明显差异的,后者更聚焦通过对数据打标实现数据资产化,并通过数据资产的服务化让数据可用,这是一种技术思维,对数据的加工更多是组装,本身并不包含对组装过程中的业务逻辑进行判断和处理,更不包含对数据在事务层面的加工。

因此,在财务中台建设实践中,完全可以借助数据中台技术先建设财务能力的数据底座,这个底座既包含按照事项法思想进行的会计计量作业,也包含整合后的业财数据,我们将这个底座称为"业财数据集市"。显然,业财数据集市的建设不必依赖企业级数据中台的建设进度,很多情况下还会成为企业级数据中台的先行试点对象,并成为后者的数据源之一。即便有些数字化程度较高的企业已经建成了数据中台,也完全可以在此之上构建业财数据集市。

三、原有财务共享平台和财务中台的关系

分析到这里,我们就可以向已经或者准备建设财务共享平台的CFO和CIO回答其最关心的两个问题了,即原有财务共享平台和财务中台的联系是什么?两者到底有什么区别?

两者都基于服务思想,通过平台为业务提供财务服务,目的都是提高服务效率,并且结合端到端流程进行了业财融合,实现了财务管理模式的创新。在服务思想和模式之外,尽管原有的财务共享平台在实践中已经更多采用了流程自动化等数字化技术。但财务中台依托数字时

代下财务管理的新使命,采用了适合财务管理特点的组装式架构、业财全量数据采集处理和复合式 AI 应用,可以说是对原有财务共享平台进行了全面升级。从核心机制和管理内涵到落地关键,两者在定位、适用企业、共享对象、服务内容、业财数据范围、AI 实现机制、技术架构七个方面都有明显区别,具体说明见表 3-1。

表 3-1 原有财务共享平台和财务中台的主要区别

编号	比较项	原有财务共享平台	财务中台
1	定位	基础性财务事务处理中心	连接财务赋能前台和统一会计后台的"变速器"
2	适用企业	行业单一、商业和管理模式稳定的大企业	所有企业
3	共享对象	资源(共享财务人员)	能力(企业级财务能力)
4	服务内容	事务性服务	事务性服务、管理服务、数据服务(人人)
5	业财数据范围	"汇总"后的业财数据	全量业财数据
6	AI 实现机制	以人为主的流程自动化	复合式 AI
7	技术架构	单体架构	组装式架构

(1)定位

从财务共享在财务管理体系中的定位来看,原有财务共享平台一般定位为基础性财务事务的处理中心,而忽略了对企业发展过程中面临的管理迭代需求的快速响应,更谈不上对数字化时代下财务工作三大使命的兼顾。财务中台除事务处理外,更加侧重于做好链接业务前台和管理后台的桥梁,并统筹考虑同时落地三大使命,做好对财务赋能前台的敏捷性和统一会计后台的稳定性之间的速度差调校,发挥变速器作用。

(2)适用企业

从效率、投入以及对企业已有管理体系的冲击力度来看,原有财务共享平台更适合经营单一行业且商业模式和管理模式较为稳定的大企业。根据国家统计局和中国企业联合会等权威机构对企业规模的划分，不同行业的大企业营收规模标准有所不同，但通常认为年营收20亿元人民币及以上的企业就可以归类到大企业。行业单一、模式稳定就意味着标准化程度高，因此更容易通过已经成熟的原有财务共享平台实现会计事务处理的规模化效益。而财务中台除能覆盖原有财务共享平台的功能外，更适合拥有多元化业务板块且不同板块的商业模式和管理模式差异较大或者迭代频繁的大企业，当然也更适合准备或正在着手进行数字化转型的大企业。

（3）共享对象

虽然财务中台在运营组织上可以采用财务共享服务中心模式，但与原有财务共享平台以人力资源为共享对象不同，尽管财务中台的运营也离不开财务人员的参与，但其创新点在于侧重以企业级财务能力为共享对象，并不一定要建立大统一的财务共享服务组织。关于能力的含义以及分类，前面做过阐述，这里不做重复。

（4）服务内容

服务内容是指平台在会计事务、服务对象上的广度和深度。原有财务共享平台关注财务工作在会计计量和监督环节的效率提升，如发票校验、审单、审核、结算等，这些环节更多地是会计的基础性事务。财务中台关注财务工作在会计计量、反映、监督、控制、评价全链条的服务效率的提升，这些服务彼此之间形成闭环，服务层次也从日常事务扩展到管理服务。财务中台还将数据服务纳入到能力共享的范围，为企业的每一个组织和成员个体提供敏捷的、实时场景化的数据服务，这也让财务得以通过服务人人的创新机制来全面赋能业务。

（5）业财数据范围

由于价值法思想下的业财数据处理的收敛性，原有财务共享平台采集和处理的业财数据只能反映企业经营活动的概要,是按会计准则视角汇总、提炼后的数据。而财务中台引入了事项法思想,通过事件驱动的方式实现了对业务数据的全面实时采集,以及业财数据的全面整合。

(6) AI 实现机制

尽管原有财务共享平台经过多年的实践和不断迭代实现了很多智能化应用,如光学字符识别(Optical Character Recognition,OCR)、机器人流程自动化(Robotic Process Automation,RPA)、规则引擎、自然语言处理(Natural Language Processing,NLP)等,但从 AI 实现机制角度,原有财务共享平台是以人为主导并着眼于流程自动化的目标来应用人工智能技术的,因此侧重于计算智能和感知智能的场景化应用,并且因为没有全面实时反映业务的数据底座支撑,难以在认知智能上实现突破。而财务中台所强调的企业级财务能力,在"变速器"定位的要求下,必须要借助人工智能尤其是认知智能技术的支持,使得规则、算法、模型等形式抽象的财务能力能高效地适配管理模式和前端业务活动的变化。进一步,财务中台还需要在大语言模型(Large Language Model,LLM)和生成式 AI 平台的支撑下,通过不同 AI 技术的组合应用,代替单一 AI 模型的使用,以更少的数据和算力消耗来实现更高的学习效率,这个实现机制就是业界所说的复合式 AI(Composite AI)。复合式 AI 不仅可以充分利用不同模型的优势,也可以综合协调 AI 模型、财务能力、外部工具等多种组件,实现流程化运行,控制和引导智能应用的运行行为,提升财务管理服务和数据服务能力的自适应性,不断增强并扩展自主学习、自主执行的智能代理应用,全面加速财务中台的智能化进程。

(7) 技术架构

原有财务共享平台的构建普遍采用以功能实现为主、功能之间难以解耦的单体架构。财务中台的构建结合了组装式架构，既发挥了服务模块高效开发的优势，又大幅降低了模块之间的协同成本和难度，提高了服务的复用率。

四、财务中台对于建设世界一流财务管理体系的意义

国资委在《关于中央企业加快建设世界一流财务管理体系的指导意见》中明确提出企业要完善智能前瞻的财务数智体系，对生产、经营和投资活动实施主体化、全景化、全程化、实时化反映，推进经营决策由经验主导向数据和模型驱动转变，并建议推进共享模式、流程和技术创新，从核算共享向多领域共享延伸，从账务集中处理中心向企业数据中心演进。由于原有的财务共享平台和总账系统是按财务标准化优先的原则，并通过流程驱动的方式来采集业务数据的，还不能做到对业务数据的全景化、全程化、实时化反映。而财务中台基于事项法思想以及事件驱动的方式来采集业务数据，进一步根据多式记账法形成具有因果关系且便于校验的业财数据集市，因此能更好地构建统一实时的财务数智化底座，帮助世界一流企业建设更为先进的财务数智化体系。

原有财务共享平台帮助企业的财务部门树立了服务业务的思想，2023年年底，国资委对国企建设世界一流财务提出了高效支持科技创新、全面支撑战略重组和投资布局调整、防范社会性风险的新要求，财务服务业务的触点、频率和规模都将发生指数级的增长。这就需要升级财务共享的工作方式，财务中台可以帮助财务部门从依托共享财务人员的资源共享模式升级到基于复合式AI和组装式技术的能力共享模式，实现企业级财务能力的沉淀和场景化复用，从而能有效形成并不断提升财务对业务的敏捷服务能力，切实助力企业更好地建设世界一流财务管理体系。

系统篇：
财务中台的系统实现

随着数字化转型的逐渐深入，越来越多的企业都认识到财务数智化对于财务管理体系有不可或缺的作用。例如，国资委早在2022年就明确，将完善智能前瞻的财务数智体系、全面预算体系、合规风控体系、财务管理能力评价体系和财务人才队伍建设体系共同作为世界一流财务的五大体系。

尽管国资委在财务数智化体系的建设内容中，将财务共享作为实现财务数字化转型的有效路径。但此共享并非指原有的财务共享，需要从账务集中处理中心向企业数据中心演进，从后台模式向中台模式演进，必然会推进共享模式、流程和技术的创新。财务中台对于企业建设财务数智化体系来讲具有积极的创新和落地意义，因此有必要深入阐述相应的系统实现。

原有财务共享平台尽管采用了流程自动化技术，但在应用架构上仍然继承了ERP软件的通用特性，这些特性具有共同之处：一是应用场景以单据为载体；二是业财融合以基于统一标准和映射规则的数据集成为手段；三是业务到财务的信息传递不断收敛；四是针对重大的业务变化或差异主要通过二次开发来响应。这样的应用架构并不利于业财数据的整合，更不利于对前台业务快速迭代的敏捷响应。

  本篇中我们重点从应用架构上提出了新的分层思路。围绕财务中台的核心价值，即有效提升财务管理在敏捷服务和规范管控之间的平衡能力，我们将财务中台的应用架构分为业财数据底座、能力中心和应用服务中心三个相互影响、相互促进的部分。业财数据底座落地了事项法思想，在强调财务对业务活动作用的同时将业财融合推向业财一体，并有别于企业的数据中台做法；能力中心从操作落地的视角，将财务能力区分为管理服务和数据服务两类能力，并结合人工智能技术，按具体的财务业务场景明确了财务能力在生成、优化和成熟阶段的应用机制；应用服务中心实现将能力中心的成果也就是各项财务能力，嵌入企业已有的相关系统中，帮助企业因地制宜构建适合自身的财务赋能业务场景，如分领域财务中心、财务共享服务、数据服务中心等。其创新性在于使用了组装式技术。

  我们也进一步对支撑上述应用架构和场景的数字化技术架构做了具体说明，以方便正在或准备转型的企业的财务人员对于财务中台思想和相关技术的落地实践有更全面深入的了解。

第四章

财务中台的应用架构

如果结合企业的数字化转型背景,财务管理服务能力共享在应用层的关键是自动适配。这里的自动适配有两层含义:一是指各类财务的管理服务能力更加自动地适配到企业多业务板块背景下端到端流程中的相关会计事务处理节点上;二是指各类财务的管理服务能力对于用户来说是可见的,能够更加自动地适配到上述节点的单据载体上。之所以如此,和财务管理的统一会计使命相关,企业的相关利益者需要有可追溯和可审计的合规记录。而财务数据服务能力共享的应用关键是场景化。这里的场景化也有两层含义:一是指各类财务数据服务能力能够更加自动地适配到业务前端和管理后台用户的事务处理场景中;二是在现有的数据隐私和安全法规约束下,财务数据服务要体现在智能代理场景上,往往是以"数字员工"的形象与用户做实时互动,扮演助手的角色。上面两类能力的实现都要依赖财务对业务数据的全面采集以及业财数据的整合。

我们以金蝶云·星瀚(简称星瀚)财务中台为例[①],结合财务中台的应用需求,对财务中台系统的主要应用场景进行说明。由于星瀚财务中台的技术底座是金蝶云·苍穹,我们后面就不对应用层和平台层衔接相关的主题展开论述了。

[①] 金蝶云·星瀚财务中台归属于金蝶云财务应用管理类产品,据IDC《中国财务应用管理市场跟踪研究报告2023H1》,其在2023H1中国财务SaaS应用市场占比第一。

财务中台应用蓝图

考虑到企业级的人工智能技术应用必然会经过一定时间的训练和验证,所以尽管理想的财务能力可以抽象为由包括大模型在内的人工智能技术加持并经企业提炼的规则、算法和模型,但要完成管理服务能力的自动化适配和数据服务能力的场景化应用,以及企业业务前端不断迭代的现实,我们仍然需要结合企业财务数字化发展现状和规律,来规划更加实用的财务中台应用架构。因此我们设想的财务中台应用蓝图如图4-1所示。

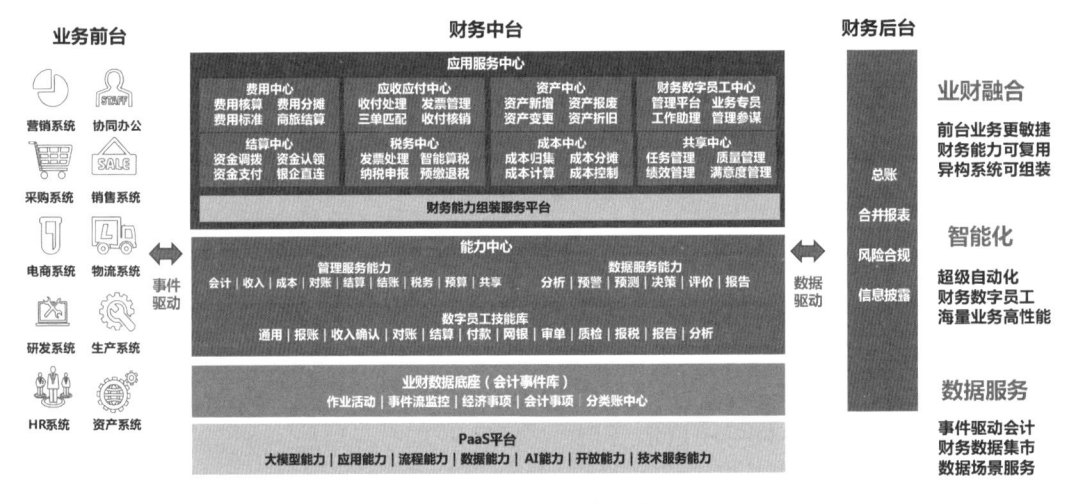

图4-1 财务中台应用蓝图

在中台技术能力的支撑下,应用层的财务中台又可以从三个层面来设计。

底层是业财数据底座。按照我们前面对财务中台和数据中台关系的辨析,底层的业财数据底座需要解决事项法思想下会计对业务数据的采集以及业财数据的整合,其中采集、处理过程中与整合后的业财数据存储在会计事件库,采集能力依托于 PaaS 层的集成服务,处理和整合的能力依托于应用层的会计引擎。也就是说业财数据底座在形式上表现为会计事件库,在构建和日常运行中又离不开会计引擎。

中层是能力中心层。企业需要基于不同业务板块下端到端流程的会计相关事务提升效率,以及业务经营单元及个体在业务场景中得到财务数据的实时精准服务,将财务能力抽象为可以敏捷服务企业内不同行业、不同发展阶段,甚至不同商业和业务模式的成员单位进行快速创新的会计事务规则、数据算法、分析模型以及可以被不同业务系统调用的 PBC。这些能力的处理机制需要和规则、算法、模型解耦,后三者一开始可以是以经验驱动模式由专家来定义的,但在投入应用过程中需要借助大模型和数据智能服务能力,更多基于数据底座进行不断的验证和优化,最终帮助财务形成千行百业甚至千人千面的能力库。对于准确率和可靠性得到充分验证的财务能力,则可以进一步封装为财务数字员工的技能,推动人工智能等数字化技术真正成为财务人员的智能代理。需要指出的是,会计引擎是整个财务中台的基础性业财数据整合能力,尽管我们在应用架构上将其归类到财务管理服务能力,以便企业将其纳入能力管理体系,但其应用场景紧密围绕着会计事件库的建设和运行,所以我们将对其的展开说明放在了业财数据底座部分。

上层是应用服务中心层。企业需要通过财务能力组装和管理平台,将财务能力服务包和相关系统中需要调用财务服务的流程或功能界面进行组装,形成最终用户看得见、可操作的应用。例如,对于一家同时经营房地产和电气制造的企业,其资金中心一名资金专员在同时处理这两个板块的收款认领事务时,财务中台就可以根据前端流程事件所对应的业务板块,自动调用收款认领能力 PBC,向该资金专员推送包含不同规则、不同智能助手的清分和确认界面,帮助其做到对业务收款流程的快速响应。如果该资金专员是具有收款认领技能的数字员工,甚至可以做到对流程的秒级响应。又例如,电气制造板块的一名销售员在为特定客户编制报价单时,需要寻求财务数据服务的支持,以判断该订单所包含的产品或服务组合的盈利预测、报价建议、收款账期政策等,就会点击报价单上已完成PBC组装的财务服务按钮,财务中台就可以根据该名销售员所在的业务板块,自动调用相关的财务数据服务能力PBC,在报价单界面上推送相关的数据结果,帮助销售员抓住瞬息万变的商务机会,实现企业和客户的共赢。如果这些能力已经被财务部门升级为数字员工技能,则销售员还可以通过和数字员工的互动来提出更细化的需求,获取更精准的数据服务。实际上,这些组装的应用服务既可以依托财务共享中心模式,也可以依托专业中心模式,因此应用服务中心层在企业落地的应用蓝图中,可以调整为泛财务领域的"财务共享+业务财务+战略财务";也可以是按领域细分的各专业中心,如资金中心、成本中心等;当然还可以是两者的结合,部分板块是财务三支柱,部分板块是专业中心。

这三层应用中,能力中心是最为复杂且需要通过具体的场景来加以阐述的,我们会在接下来的章节分为财务管理服务能力、财务数据服务能力和财务数字员工技能三个部分予以展开。本章中我们对数据底座和应用服务中心的关键实现机制进行具体说明。

业财数据底座

在财务中台上构建业财数据底座的两个关键是会计引擎和会计事件库。会计引擎提供转换和整理业财数据的能力,我们将在下一章进行详细说明。这里重点介绍会计事件库。

一、财务中台下的会计事件库

会计事件库是在传统记账模式的基础上,借鉴了事项会计、三式记账、第四张报表的思想,采用事件驱动、大数据、智能化等新技术打造的业财数据底座。它强调业务数据的积累,强化业务与财务数据的整合,深化对数据资产的应用。由于会计事件库对业务数据的采集是基于作业活动也就是事件触发的,我们也把这种实现思想称为事件驱动会计(见图4-2)。

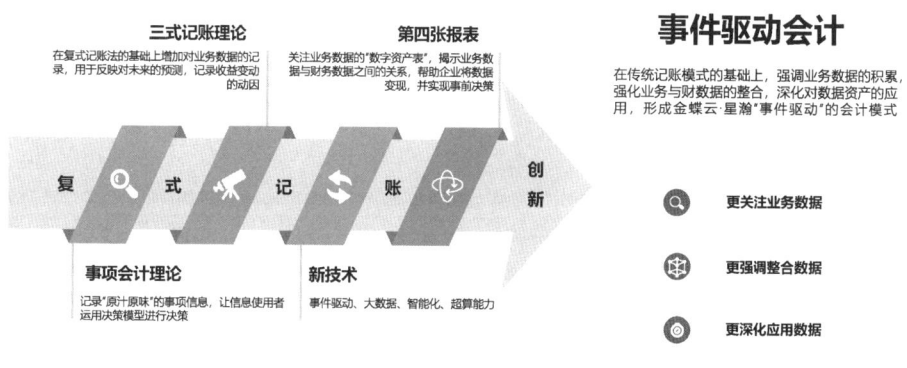

图 4-2 事件驱动会计思想

1. 应用架构

会计事件库是财务中台上用来存储业财融合数据的模块,不仅保存传统的财务账务,还能以贴源的方式记录业务数据;它不仅可以服务于主流 ERP 软件,还可以轻松地对接企业自研的业务系统;它不仅有自动化的数据处理工具,还能基于人工智能技术实现核算规则的智能迭代;它既可以用简单的方式满足创新和高速发展业务的需求,也可以通过灵活的方式满足稳定发展业务的需求,从而能够满足多元化大规模企业的复杂需求(见图4-3)。

2. 灵活组装能力

灵活组装能力是中台产品所具备的基本能力,会计事件库的灵活组装主要体现在以下几个方面:异构系统数据接入灵活、异构核算系统集成灵活、不依赖其他模块或基础资料、业财数据中性化。

(1)异构系统数据接入灵活。"外部数据接入"提供可视化的动

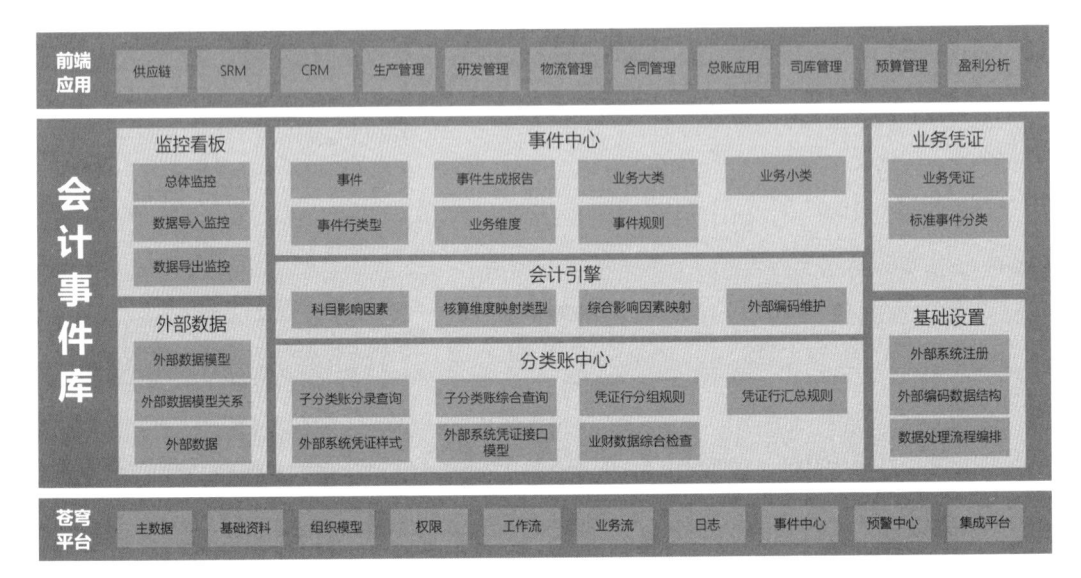

图 4-3 会计事件库应用架构

态建模功能,可以在不用开发的情况下,灵活地搭建数据传输接口,且支持接口模型版本化。导入的数据支持对账,支持其他模块取用数据。

(2) 异构核算系统集成灵活。"子分类账中心＋外部凭证接口"提供了与核算系统对接的能力,并预置了与主流总账系统的可调式凭证接口。用户可以选择同时对接多个核算或报表系统,可以按不同的业务情况配置凭证的分组/汇总条件、传送频率等。同时也提供了标准的业财数据获取 API,允许异构系统通过微服务方式获取所需的数据。

(3) 不依赖其他模块或基础资料。会计事件库可以在不使用星瀚其他应用、不使用星瀚基础资料的情况下单独使用,这样做可以大幅度降低系统的集成难度,节约实施成本。例如,会计事件库可以在不配置星瀚总账账簿、会计科目与维度的情况下,为非星瀚业务数据创建非星瀚的总账凭证。会计引擎使用的外部系统的科目表、汇率等,将以"值列表"①的方式保存在会计事件库中,而非星瀚的标准基础资料,这让基础资料的集成几乎没有门槛。

(4)业财数据中性化。会计事件库是中台化的业财数据底座,它需要为不同的目标系统提供业财数据。因此,子分类账中心里的数据必须是中性化的,它们并不按星瀚的数据特征进行保存,而是以兼容性更高的方式保存。同时,子分类账中心里的数据是扁平化的,尽量降低数据层级多而带来的集成难度。

3. 业财数据整合能力

会计事件库借鉴了事项会计的理论基础,通过"事件"来采集企业的经济活动,在经济事项的基础上记录原汁原味的业务数据,并进行会计事项转换。最终形成了同源一致、一体两面的业财数据(见图4-4)。

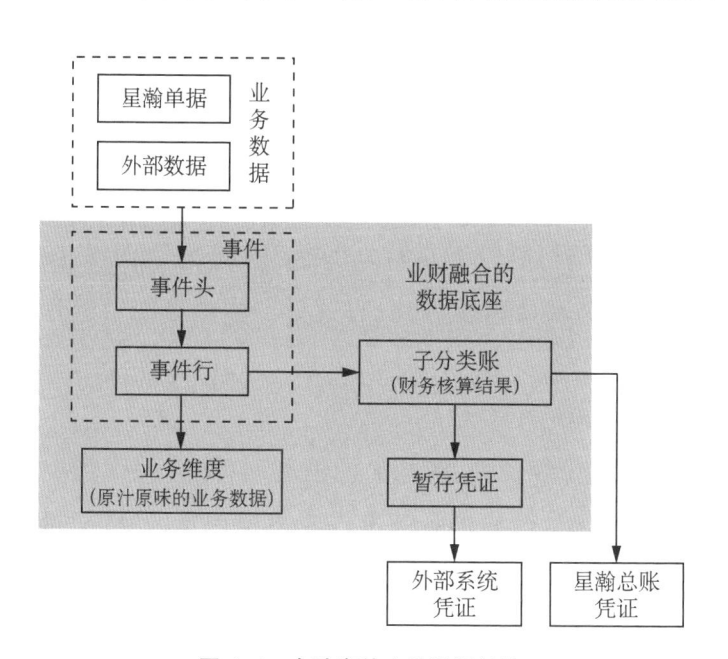

图 4-4　会计事件库的数据结构

---

① 值列表是一种极简化的基础资料,用于降低非必要基础资料的集成难度。

与传统业财数据不同的是,会计事件库中的业财数据是按业务场景分类整理的。无论接入的数据来自哪个系统,无论接入的原始数据使用何种基础资料,会计事件库都会识别并标定其事件类型(业务场景),然后按照不同的事件类型分门别类地记录业务数据,并按不同的事件类型创建会计分录。例如,固定资产折旧与产品销售是两个不同的事件类型,固定资产折旧需要记录的业务维度是资产类型、资产编号、使用部门等,产品销售需要记录的业务维度是产品编码、产品类型、具体客户、销售员等,会计事件库会分别为两种类型记录各自需要的维度信息(原汁原味的业务数据)。在这种模式下,会计事件库中形成了"事件+业务维度/会计事项分录",这样的业财数据是同源且天然一致的,从根本上避免了财务报表与管理报表不一致的问题。

4. 实时、精细、多维的业财数据

会计事件库可以在业务发生的同时,实时地产生精细、多维的数据,实时性满足对业务数据及时性要求高的企业,如快消品行业需要每日统计销售数据(核算与业务一致的分析数据)。精细、多维是指会计事件库记录了最原汁原味的、足够分析使用的业务数据,如前举例的产品编码、产品类型、具体客户等,只有这样的数据才能给管理报告提供足够的支撑。

5. 会计事件库的中台化部署能力

当面对集团化、多板块、多国家的情况时,企业往往需要搭建多层级、多板块应用架构,得益于会计事件库的中台化设计,它可以满足这种灵活的部署需求。这里以两种方案来介绍:集团统一部署、板块独立部署。

(1) 集团统一部署方案。它可以满足集团对统一核算的管理诉求。这种方式可以降低下属企业的系统建设成本,降低产品运维压力,还可以提高业财数据的质量。业务板块中记账的业务单据需要通过

API接口集成到集团业财数据中心,在集团完成记账、对账和结账的财务标准核算流程。关键基础资料如核算组织需要下发到业务板块,其他内容不需要下发。其部署架构如图4-5所示。

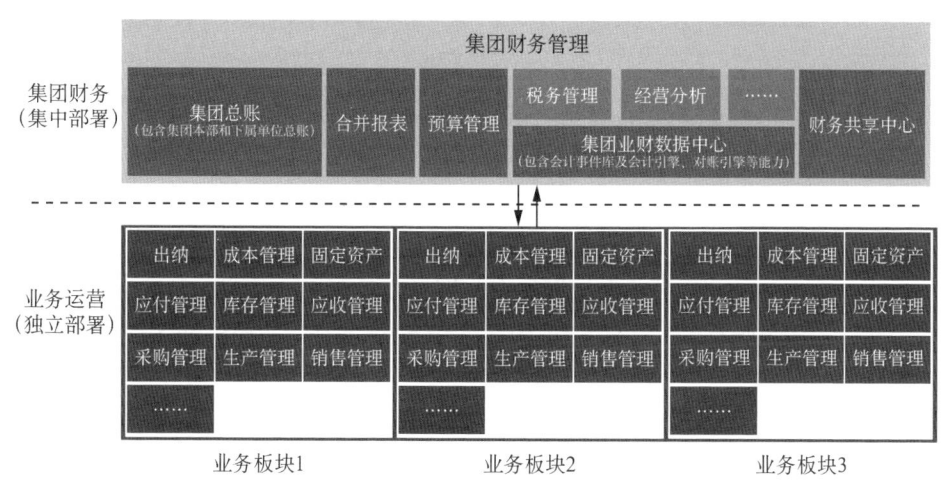

图4-5 会计事件库统一部署架构

(2)板块独立部署方案。它可以更好地满足各业务主体的个性化管理诉求,同时也可以保证全集团数据口径的一致性。这种方案下的部署和运维成本较高,业务需要配套完善的主数据管理机制。集团更多是集成业务板块的业财数据子分类账,基于这些数据做经营管理分析,所以会存在业务板块凭证数据向上汇总。各个数据中心的业财数据完整度高、个性化程度大。关键基础资料如核算组织、账簿类型、核算体系、会计科目等都需要下发。其部署架构如图4-6所示。

当然,会计事件库不仅只有以上两种使用方法,它可以根据企业应用架构的设计需要,灵活地部署在需要的地方。

值得一提的是,会计事件库的中台化能力,更多体现在"规则集中管理"和"数据集中处理"上,两者相辅相成。规则集中管理是提高业财数据一致性的关键抓手。数据集中处理则要求会计事件库具备集成方

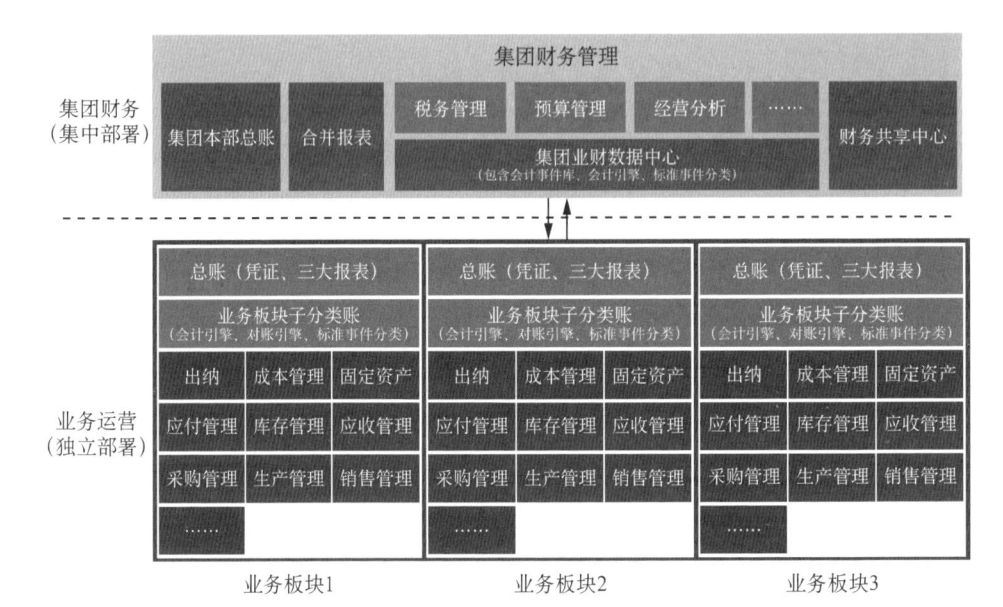

图 4-6 会计事件库板块独立部署架构

式多样性、可兼容不同结构的源数据、规则配置灵活度高、对目标核算系统的兼容度高等能力。

总结来说,会计事件库的中台化能力具有灵活的多级部署、集成成本低、规则易维护、业财数据集中、不依赖业务系统、便于运维等特点。

二、会计事件库的实践案例

1. W 公司:基于会计事件库的多维盈利能力分析

W 智慧农业科技股份有限公司(简称 W 公司)成立于 1998 年,员工 1.2 万人,是 W 集团重要的战略业务单元,是国内少数可以为现代农业提供全程机械化整体解决方案的品牌之一。W 公司使用会计事件库集成了第三方 HR 系统,并基于会计事件库的数据编制销售类管理报表[①]。其方案蓝图如图 4-7 所示。

---

① 基于一期上线情况总结。

第四章　财务中台的应用架构

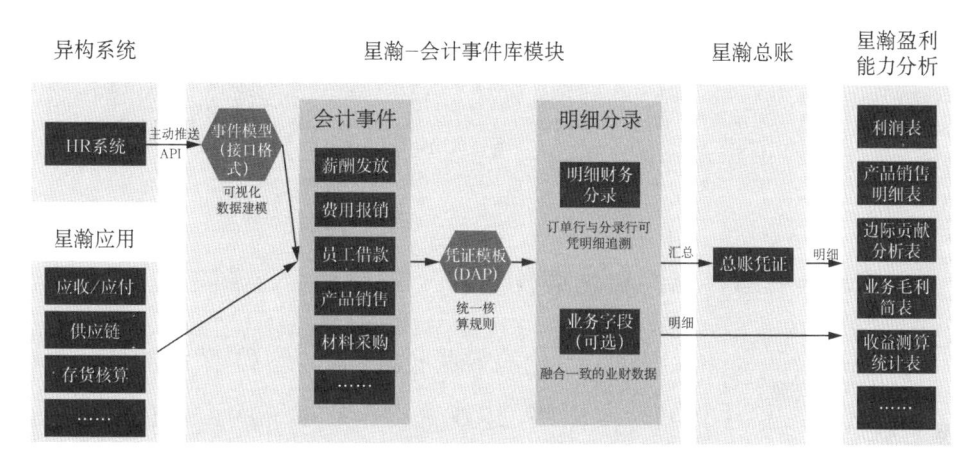

图 4-7　W 公司多维盈利能力分析应用方案

在此案例中,会计事件库解决了损益表等分析维度不能精细到产品线、无法查看单位产品的损益情况、数据无法追溯查看、报表需要手工等核心痛点,实现了月结后 24 小时内出具所有管理报表。

2. C 公司:基于会计事件库的会计平台应用

C 金融租赁有限公司(简称 C 公司)是一家全国性的金融租赁服务企业,采用会计事件库搭建了统一的会计平台,对接多个异构业务系统(未使用星瀚业务模块),实现全业务统一集中核算(见图 4-8)。

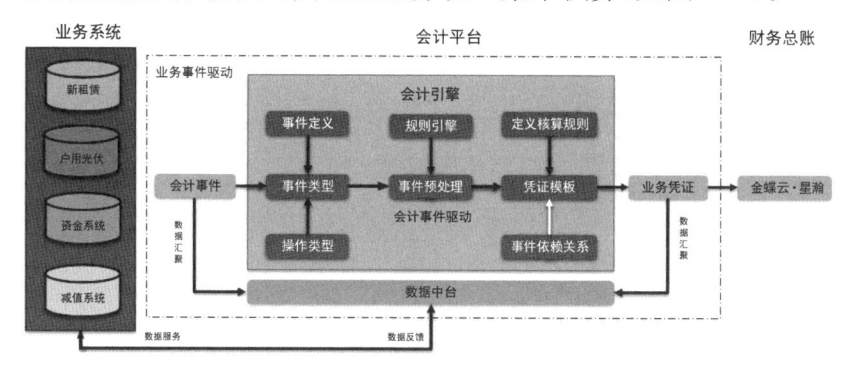

➢ 全面支持新租赁、户用光伏等业务系统全流程单据的接入,建立事件驱动模型
➢ 实现会计引擎平台可视、可复用、弹性配置,业财解耦,快速响应前台需求调整
➢ 打通业财数据壁垒,实现业财数据实时联动

图 4-8　C 公司基于会计事件库的会计平台架构

在此案例中,每个月通过会计事件生成 5 万张凭证,超过 40 万行分录。用户共创建事件类型(集成接口)170 种,对接多个不同异构系统,实现了多前端系统的全覆盖。最终实现所有业务单据 100％自动化核算。

三、会计事件库的实施难点

使用会计事件库搭建中台化的数据底座,不仅是 IT 系统的迭代升级,也是管理抓手的转变与升级,其难度比业务系统从无到有建设更高。在实际建设中,不仅需要考虑企业应用架构的变化,还要同步考虑数据架构、业务流程、管理制度、组织变化等因素,这是一个综合度非常高的 IT 工程。

在实施和使用会计事件库时,需要重点关注以下难点:

(1)规则整理难。会计事件库会集中管理所有核算规则,这需要整理全局业务场景和核算制度,不但要有足够的深度,还需要有足够的广度。随着深度和广度的增加,整理的工作量和难度也会快速上升。但此工作是整个应用搭建的最核心工作,如果没有优质的规则,未来则无法产生优质的结果。

(2)系统集成难。集中核算意味着要将所有需要核算的业务数据,全量地、准确地传递到会计引擎中,这给系统集成尤其是来源系统的改造带来了不小的挑战。会计事件库虽然提供了可视化的接口配置工具,也可以和星瀚集成云配合实现可视化集成方案,但这些都只是从工具层面降低了集成难度。而更需要关注的部分是业务数据本身的特性及结构,系统建设者需要对这些特性及结构有深入的理解,才能为其适配正确的核算规则、业务维度取值规则,才能让系统真正有效地落地。

(3)主数据管理难。在多业态集团型企业,尤其是不同板块独立建设 IT 系统的企业，其主数据的统一度相对较低。由于会计事件库高度依赖主数据质量，要想收获好的效果，需要提前开展主数据治理的工作。

（4）建设周期长，见效久。用会计事件库打造中台化的业财数据底座，是一项长期建设工作，要做好打持久战的准备。系统上线只是这项工作的开始，要想不断地提高数据质量，获得更好的分析结论，需要企业在后续的使用中逐步完善与优化，而且这些完善往往需要上下游系统的配套改造才能达成。因此，想要收获高质量的数据，就要付出足够的时间和努力。

应用服务中心

应用服务中心的实现关键是财务能力组装服务平台，尽管我们在前面屡次提及 PBC 这个组装式技术的核心概念，但相信大家更关心财务能力是如何和已有的财务共享、资金等财务领域的应用模块以及业务系统进行组装的。这里需要对组装式的概念、财务能力组装和管理平台的关键能力进行说明，并以财务的数据服务能力与销售系统和生产系统的组装为例来补充说明应用场景。而组装后的应用，不管是财务共享服务，还是财务领域的专业模块，在很多资料中均有详细介绍，本书也不再赘述。

一、什么是组装式

为了应对商业环境的快速变化，企业一直在思考如何能够像"积木"一样根据外部环境的变化进行快速重组应变。在具体实践上，组装式理念落地为一种新型的企业组织——"组装式企业"。

组装式企业注重业务设计的敏捷性、适应性，以高度适应环境变化

为价值目标,追求组装式的业务设计方法,推崇快速响应的组织文化。Gartner定义了组装式企业的三个要素:

(1)组装式思维。它是一种认为任何事物均具备可组合性的观点,也是一种通过模块化强调组装和重组能够最快、最灵活取得业务成果的文化。

(2)组装式业务架构。能够使能力、产品、团队、流程、服务等业务要素动态发展,以创造全新价值。

(3)组装式技术。将数字资产包装为能提供独立、明确和完整业务价值的独立组件,是可用于组装式重组业务流程和应用体验的构建模块。

由此可见,组装式企业是一种提供业务成果并快速适应业务变化的组织。它通过封装的业务功能(PBC)的组装和组合来实现这一点。从定位上看,企业的财务中台部门就是一个典型的组装式组织。

二、财务能力组装服务平台

财务能力组装服务平台从传统"模块"的技术视角,走向"能力"的业务视角,支持企业财务中台部门对财务能力从定义、构建、组装到绩效实现全生命周期的管理。财务能力的管理与组装既面向企业财务和IT融合团队,也是对企业财务数字化能力资产进行管理和交付的创新平台。其应用架构如图4-9所示。

财务能力管理与组装平台提供统一的财务PBC模型,支持财务能力中心定义不同来源系统的财务PBC,如厂商ERP、客户自研系统等,并形成财务PBC能力地图,让企业IT资产可视化。企业财务和IT融合团队或实施顾问可以基于企业业务架构,以可视化的方式完成PBC的组装,实现业务流程的优化和创新。在运行期,还可以对财务PBC运行效果进行绩效计量和评估,让企业财务的数字化能力显性化,为企业财务能力和组织能力的改进提供数据参考。财务能力管理与组装平

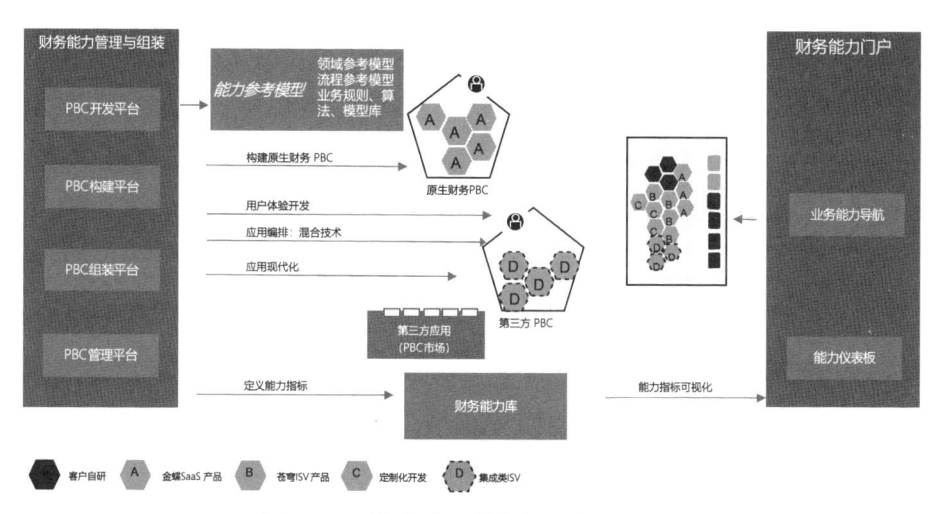

图 4-9 财务能力组装服务平台应用架构

台以业务成果为驱动,助力企业对财务能力的规划、实现、衡量、改进形成全链路的闭环管理,以提高企业 IT 资产效能。

财务能力组装服务平台的特点可以概括如下。

1. 能力地图

能力地图将企业的财务能力可视化,帮助管理者洞察企业财务能力的优势和薄弱点,有助于企业优化和调整数字化技术的应用广度和深度。企业也可以通过财务能力组装服务平台自带的 PBC 业务能力库构建可复用的财务能力框架,并结合企业自身特点进一步完善,从而定义出个性化的财务能力。

2. 能力封装管理

PBC 管理中心以业务能力地图为指导,遵循 PBC 标准,统一定义和管理企业内外部的 PBC。它主要包含两类信息:一是业务类信息,包括开发商、版本、能力描述、业务角色、业务流程、业务价值、PBC 绩效等信息;二是技术类信息,用于 PBC 组装的核心业务对象、执行动作和触发事件。

值得说明的是,PBC管理中心保持技术中立,在符合PBC标准的前提下,一个业务能力可以由多个厂商的PBC实现,例如认领收款能力,以提高业务的灵活性和创新性,也有利于企业财务中台的生态建设。

3. 能力组装

能力组装平台旨在通过已有的PBC快速构建应用,打造组合式应用场景解决方案,快速有效地解决业务需求。它的操作并不需要配备专业IT技术能力的人员,业务用户或者具备基础IT能力的业务人员均可快速完成业务的编排和组装。用户可以从PBC中心选择合适的PBC组件,通过可视化的方式实现业务的编排和组装,异构应用的业务模型的映射。组装完成后,可一键进行校验和检测,直接发布上线。

大型集团/企业可以按照组织、行业、产品线、区域等维度,选择不同的PBC进行差异化组装。

4. 能力绩效

财务能力组装后的业务流运行一段时间后,企业管理者可查看财务能力的运营指标。这些运营指标可以通过服务或者数据集成的方式,以图表的方式量化呈现,便于财务部门进行KPI跟踪或者业务决策,IT应用的业务价值与企业经营绩效有了更直观的联系。

5. 财务能力的预组装

财务中台也可以根据不断沉淀优化的财务能力库,构建预组装应用,以便以更少的沟通成本和更快的速度响应业务变化的需求,快速构建、组装或重新组装企业财务能力服务的场景化应用。

三、组装应用实例说明

我们以两个财务数据服务能力与业务能力组装的实例来说明组装式技术的应用场景。

首先以销售活动场景为例,通过财务能力的组装服务平台,我们可以将财务的收入、收款、损益数据各自封装为财务数据服务能力 PBC,再将这些 PBC 和销售活动(如销售业绩看板、报价、客户经营等)场景下的业务能力 PBC 进行组装,从而为销售人员提供与场景融合的一站式数据服务。通过这样的架构,企业可以根据业务的变化迅速构建以赋能销售(销售报价、客户价值分析、人人绩效)为结果的财务能力共享创新。整个过程如图 4-10 所示。

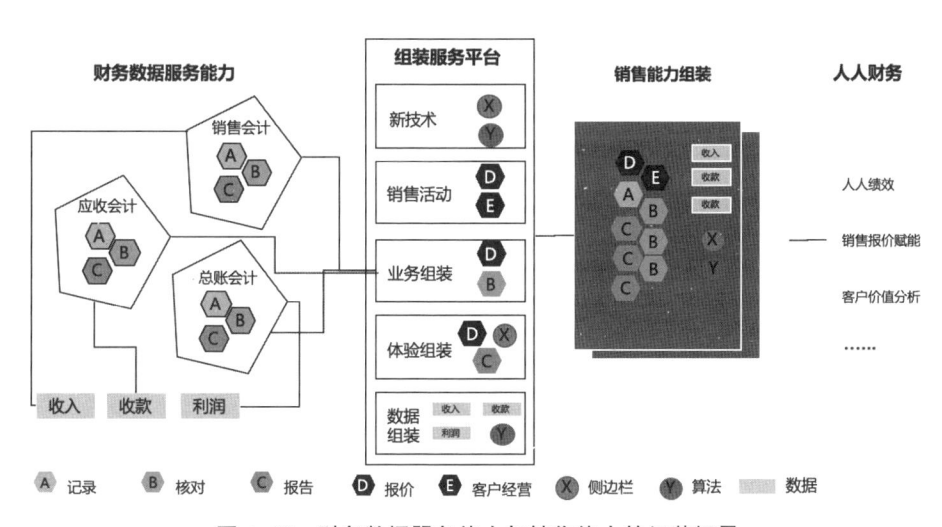

图 4-10 财务数据服务能力与销售能力的组装场景

其次以生产活动场景为例,通过财务能力的组装服务平台,我们可以将财务的付款、应付、成本数据各自封装为财务数据服务能力 PBC,再将这些 PBC 和生产活动(如排班、投料、生产作业等)场景下的业务能力 PBC 进行组装,从而为生产人员提供与场景融合的一站式数据服务。通过这样的架构,企业可以根据业务的变化迅速构建以赋能生产(作业价值分析、投料定额控制、台班调度、人人绩效)为结果的财务能力共享创新。整个过程如图 4-11 所示。

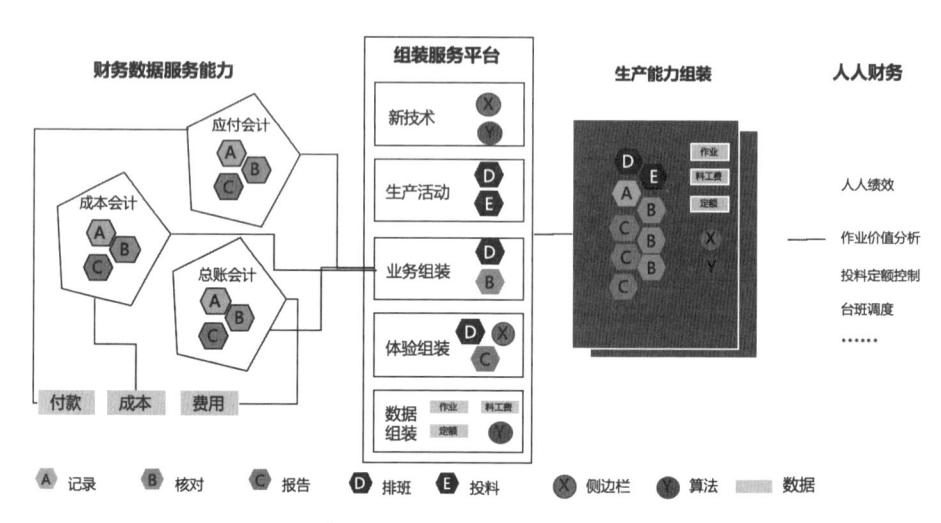

图 4-11 财务数据服务能力与生产能力的组装场景

第五章

能力中心：财务管理服务能力

在我们接触到的企业财务中台实践中，财务的管理服务能力一般可以归纳为三类：第一类是分领域的规则引擎，如会计引擎、成本引擎、对账引擎、税务引擎、预算执行监控引擎等；第二类是服务化的能力，如资金结算、结账驾驶舱、共享服务等；第三类是管理服务类数字员工的技能，如报账助手、审单助手、智能客服等。本章将对前两类展开阐述，因为数字员工的技能在财务数据服务能力中也会涉及，而且数字员工技能是一种更成熟、更可靠的财务能力沉淀，因而可以通过更加自动化但更加谨慎显性的方式来实现共享，我们将另列一章单独说明。

会计引擎

一、会计引擎的定义

所谓会计引擎，是按照预设的财务核算规则，将业务数据转换成会计事项分录的程序或模块，其本质是一个数据转换器。业务数据是指IT系统中保存的、结构化的、原汁原味的经济活动信息；而财务核算结果是会计事项分录。在事件驱动会计这种新的模式下，会计引擎的内在含义也有不同，除了能生成会计分录，更重要的是它具备了对"原汁原味"的业务数据进行整理,以融合财务数据与业务数据的能力。

需要特殊说明的是,会计事项分录不等同于总账凭证。会计事项分录是用会计语言描述一项经济事项的结果,将核算结果传送到总账系统之后才会形成总账凭证。总账凭证是总账系统承载核算结果的一种形式,但核算结果还有其他的承载方式。

二、传统会计引擎的基本结构

既然会计引擎是转换器,那么它包含两个核心的组成部分:转换规则和转换程序。

转换规则主要用于将业务数据转换为财务数据,其核心作用是"映射",一般以配置信息的形式存在于系统中。它包括借贷结构、映射表、规则适用条件、拆分规则、合并规则等。

转换程序即为常规意义的"程序",用于按规则转换数据。但一般情况下,转换程序也内含了固定的数据处理顺序,用户无法通过配置进行改变。

无论是商用的软件产品还是企业自研的系统,都包含以上两个部分,否则最基本的转换都无法完成。但除此之外,会计引擎一般还包含其他配套功能,如集成功能、创建凭证、凭证预览等功能。

三、传统会计引擎的应用现状

回顾企业的IT系统建设之路,我们不难发现会计引擎的使用有两个明显特点:不同业务系统各自建设会计引擎;不同行业的企业,其会计引擎标准化程度、使用深度也不同。

(1)不同业务系统各自建设会计引擎。产生这个现象的原因包括:主流ERP的会计引擎相对封闭,灵活度不足;不同领域的系统是由不同厂商提供的,每个专业系统都有自己的会计引擎,同时也存在没有会计引擎的情况；中小企业没有足够的预算和技术储备建设整合式的会计引擎，而大型、超大型企业的业务系统又过于复杂导致整合过高。

（2）不同行业的会计引擎标准化程度也不同。会计引擎标准化程度较高的是传统金融业，如大型银行、保险公司等。这些企业自身的 IT 基础好、资金雄厚，业务场景多且复杂，又因受到多方监管，因此早在 2005 年左右就开始了集中式会计引擎的探索。其他行业则要滞后很多，即使在技术飞速发展的今天，很多企业也没能实现会计引擎的统一。有趣的是，随着电商模式发展出来的很多在线贸易或零售企业，由于其业务流程变化快、前端系统迭代快、公司并购速度快等特点，导致其会计引擎的统一程度甚至低于传统行业。

传统 ERP 软件一般会自带会计引擎，这类产品的核心特点是：相对封闭。无论是国外或国内主流 ERP 厂家的产品，其内置的会计引擎主要还是服务于其自身的业务模块和总账模块。这些产品往往无法独立使用，因而不能很好地适配多元化或不断迭代的前端业务系统。其主要原因如下：

（1）厂商要求固定数据结构，不容易集成。例如，用户如果想为周边系统（ERP 之外的其他业务系统）产生的销售往来数据创建凭证，需要先按照 ERP 系统中应收模块的数据结构导入数据，才能使用会计引擎创建凭证。这种模式下，任何业务数据的集成，都需要源系统按目标系统的数据格式先做一次数据转换，这大幅增加了系统集成的难度和工作量。

（2）需要使用产品内置的基础资料。为了能将第一步的业务数据导入目标系统，还需要在目标系统中全量维护源系统的基础资料，如客商、科目、物料编码等。由于不同软件产品之间基础资料千差万别，这种传统的全量基础资料同步，无疑也增加了集成的难度和工作量。

（3）只能与同产品的总账模块协同。传统会计引擎产生的数据，一般只满足同产品总账模块的数据结构要求，具有强烈的专用性。同时也强制依赖总账模块，如果不启用总账则无法单独使用会计引擎。因此，会计引擎难以和异构总账系统集成，无法灵活地搭配其他总账产品。

（4）只服务于账务处理。随着企业 IT 水平的逐步提升，业财数据分析的数据基础越来越好，分析需求也越来越多样化。反观会计引擎，由于其最初的定位是创建会计凭证（会计分录），所以难以面对这种业财一体化的分析需求，这就需要企业通过定制开发的方式来实现数据抽取和整理，难度高、成本高、不灵活。

四、财务中台下会计引擎的能力

财务中台下的"会计引擎"不只是会计引擎，而且是贴源的业财数据整理与转换中心。

"贴源"是指会计引擎产生的数据依然属于"源数据"的范畴，是对原始业务数据的初步筛选和整理，产生的结果也贴近数据的原始样貌，而不是经过深度清洗和转化的数据。"转换"是指将原始数据转换成各类账务结果，这与传统会计引擎的核心能力相同。"中心"是指统一建立"原始数据＋初整的业务数据＋账务数据"三者之间的关系，并为后续业财数据分析提供唯一的数据来源。

从应用的功能角度来看，财务中台下的会计引擎应该具备如下关键能力：具有更好的开放性，能兼容不同厂商的产品；不依赖其他业务模块或总账模块；账务处理的集中化，核算规则管理集中化；便于用户灵活获取原始的业务数据，降低业财分析的数据门槛；提供智能化辅助、智能化核算能力；用云原生的中台化架构；数据处理过程可定义；集成成本低，运维成本低，替换现有会计引擎的成本低。

具备以上能力的会计引擎，可以摆脱对业务系统的依赖，摆脱零散维护的主数据的束缚,通过标准化的规则配置、灵活可组装的功能组件、顺序可调的处理过程、开放性的技术平台,让集中统一核算变成现实。它会变成企业应用架构中的关键环节,帮助大型、超大型企业降低业财一体化的难度,有助于提高核算一致性。

五、大模型能力在会计引擎方面的应用

大模型将会带来会计引擎的革命性变化,因为会计引擎本身就是业务语言到财务语言的翻译器。大模型可以帮助用户解读会计准则,可以帮助用户创建核算规则,可以按照用户的要求灵活提取业财数据。

从目前我们了解的企业实践来看,大模型能力的应用还需要谨慎处理好以下问题:

第一是数据安全性的问题。大模型的训练方式,决定了必须要给模型输入真实的数据才能得到想要的结果,因此会增加数据安全性、保密性方面的隐患。这种问题在通用大模型下无法从根本上解决,因此需要训练出可以私有化部署的垂直领域专用模型,通过分级训练、分别使用的方式避免数据隐患。

第二是结果准确度的问题。大模型的底层逻辑是通过概率计算实现文字接龙,这种概率计算一定会带来结果偏差,大模型甚至会创造出根本不存在的信息。而在财务核算与管理分析领域,人们一直力求数据真实、准确、一致,似乎无法将如此"精密"的工作交给大模型来完成。目前的确无法根除这个问题,但是可以通过其他的方式来提高准确度,例如,使用多个模型并对结果进行比对,当所有模型的结果一致时才予以采纳;再如,要求模型引用经过实证的源文件/数据得出结论,同时注明这些引用,保证来源可以追溯。

第三是大模型私有化的问题。大模型目前的私有化部署成本非常高,只有极少数的企业才能承担。能够私有化部署的大模型,一定是基

于某个通用大模型进行专项训练后得到的,仅就目前通用大模型的发展情况来看,尚未产生可以商用的私有化模型。但就财务大模型的发展情况来看,垂直领域的大模型是可以在企业的投入预算范围内实现私有化部署的。随着算法架构的快速迭代和硬件成本的快速下降,我们相信不远的未来,能私有化部署的商业化通用大模型就会产生。

第四是财务领域大模型构建问题。我们认为当前可行的架构分为三层:财务通用大模型,属于财务领域的基础大模型;会计引擎专用模型,由财务通用模型训练得到的垂直领域细分模型;会计引擎私有模型,是经企业真实数据训练后,可私有部署的模型(见图5-1)。

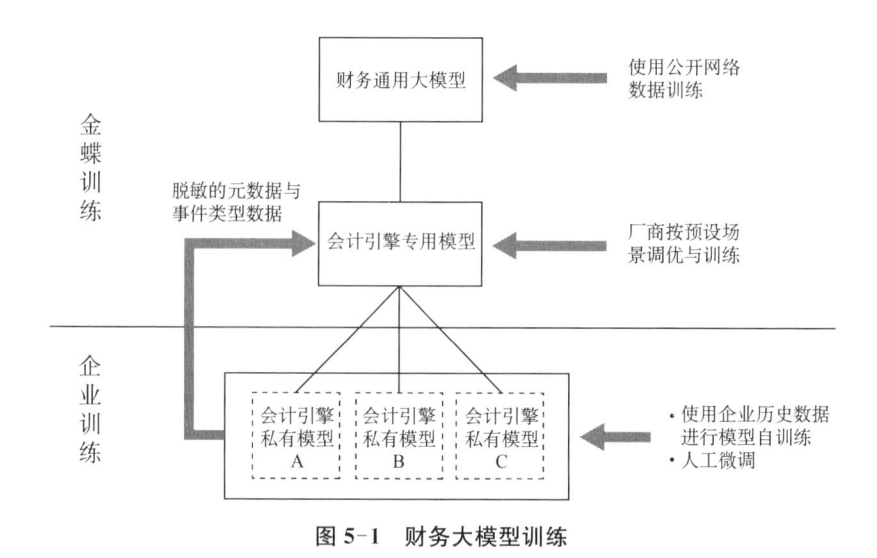

图5-1 财务大模型训练

财务通用大模型可以基于公开数据训练,可以为用户提供通识类信息,如准则解读、税法解读、上市公司财报解读等;提供基础的作业服务,如编制标准的资产负债表、按用户指令动态编制管理报表,读取原始单据的信息自动创建报销等。财务通用大模型不包含企业的敏感信息,且部署在公有云,企业通过公网接入使用。企业可以根据数据安全性要求按需使用。

会计引擎专用模型由企业或管理软件厂商基于通用模型训练得到，它是会计核算领域的专用大模型。训练该模型需要使用会计事件库的脱敏数据，例如，表单元数据与事件类型的对应规则、脱敏业务数据与事件行类型/科目类型的对应关系、脱敏的核算规则配置数据等。这些数据需要在企业允许的情况下，脱敏后用于模型训练。由于这个模型并非用贴合企业实际业务的数据训练，因此还需企业在此基础上进行定向微调，才可达到预期效果。

会计引擎私有模型是可以直接用于创建分录的大模型。它使用会计引擎专有模型，使用企业真实的数据，经由模型自训练及人工微调而来。由于该模型是私有化使用，因此不存在数据安全性问题，也更贴合企业的使用需求。为确保数据的准确性，企业可以同时使用多个不同的模型，这些模型可以按不同的要求微调。实际使用中，当所有模型的结果一致时，才认为该结果是有效可信的，这样可以提高数据的准确率。

无论是通用还是私有，这些模型都可以部署在公有云上，通过数据与权限隔离确保企业数据的安全。私有模型可以允许企业本地部署，但企业需要为此支付较高的使用、训练和更新成本。通用模型因不涉及敏感数据，且需要基于公开网络数据训练，因此从经济性、时效性方面不建议企业私有化，更不建议本地部署。

我们相信大模型未来将更加多样，更加智能，更低成本，它将会以类似"微处理器"的形式，被使用于各种软件之中。

成本引擎

成本核算指将企业在生产经营过程中发生的各种耗费按照一定的对象进行分配和归集，以计算服务或产品的总成本和单位成本，其重要的目的在于帮助管理者计算和评估产品或服务的利润、帮助决策者进行产品经营决策等。

在手工账时代,会计人员每月手工编制纸质的会计凭证,登记日记账、明细账、总分类账等,成本核算也是通过算盘、计算器等工具手工计算得出,工作量大且容易出错。

随着会计电算化的兴起,成本核算的电算化处理,也可以借助计算机的信息技术自动计算得出。但由于电算化软件与其他业务系统不集成,成本会计月末结账时,需要按一定的格式将与成本核算相关的业务数据导入电算化软件中,然后才能完成月末的成本计算。此过程费时费力且容易出错。

随着企业规模的不断扩大和业务的复杂化,ERP应运而生。它让企业的销售、生产、采购、物流、资金、财务、成本等业务集成在一套软件系统中。成本核算可以满足不同行业、不同规模企业的复杂应用,成本核算的颗粒度也更加精细。随之而来的是成本月结的步骤较多,成本分析的数据量大且难度较高,往往会影响月结的效率和数据的准确性。

综上所述,为了提高成本核算的准确性和及时性,企业开始寻求自动化解决方案,有条件的企业开始基于ERP系统中的标准功能,自行开发相应的自动化结账平台,将与成本结账的相关步骤纳入此结账平台中,并开发很多与之相关的数据检查及核对的程序,确保成本计算结果的准确性,成本引擎由此而生。

一、成本引擎的定义

成本引擎是一种自动化的管理会计应用工具,通过应用先进的技术手段和算法,实现对企业海量业务和成本数据的自动归集、匹配,并进行差异分析和处理,按需在期末自动进行成本计算,从而实现自动化成本核算和智能化差异分析和处理。它可以广泛应用于各行业和不同规模的企业,帮助企业高效、准确、实时地进行成本核算及多维度、多视角的成本分析,进而提高成本核算的效率和成本分析的质量。

二、成本引擎的基本结构

成本引擎通常由以下应用组成:

(1) 数据归集。从企业各个系统或会计事件库中归集业务和成本数据,主要包括成本核算对象、计划产量、完工产量、材料耗用量、资源耗用量、制造费用等数据。

(2) 数据的检查与核对。通过算法和规则,将归集到的数据进行匹配和对比,发现潜在的差异和异常。

(3) 标准成本卷算。引擎将按设定的规则对符合要求的产品进行卷算前的数据完整性及合法性检查,对有差异或存在问题的数据,将按预设的规则进行处理。对不符合规则的数据,将其筛选出来,并通知相关的业务人员。数据检查无误后,则进行产品的标准成本卷算,并对卷算的结果进行对比分析,分析的差异及差异率在预设的范围内,则直接更新相关数据,否则,则通知相关的业务人员。

(4) 日常数据分析。引擎定期对归集的成本数据及影响因素大的前端业务数据进行检查和分析,发现异常数据时,需对此类数据进行追踪分析,查找原因,并按预定的规则进行处理。对不符合规则的数据,将其筛选出来,并通知相关的业务人员。

(5) 期末成本核算。当所有与当期成本结账相关的数据检查无误后,引擎可以根据预设规则自动进行期末成本计算处理,同时也支持人工干预,以确保异常情况得到合理解决。

(6) 成本对账及数据分析。当成本计算完成后,引擎可以根据预设规则自动与总账进行对账,并运行相关的成本分析报表,将相关结果通知相应的业务人员。

三、成本引擎的应用现状

传统的成本引擎一般内置在 ERP 软件中，没有独立的成本引擎服务，通过 ERP 系统中内置的结账工作台来处理。在工作台中，企业可定义与成本结账步骤相关程序的启动条件及时间，并且定义不同程序之间的先后顺序及相关性。此工作台一般只能处理本系统内成本核算的内容，不支持异构系统的数据处理。对于日常数据的分析及异常数据的处理，一般通过二开报表的方式，将异常数据筛选出来，由人工判断并在系统中处理。

这种内置的成本引擎功能相对简单，只能对所涉及的程序按条件简单地执行，不能对数据的结果进行智能分析，并且只服务于其自身的业务模块，无法独立使用。因而在企业的实际应用过程中使用的情况不多，其主要原因如下：

（1）不能处理异常情况及有问题的数据。不能对日常数据的异常情况进行分析和处理。在成本计算过程中，也不能对异常数据及相关的问题进行分析、处理，仅简单地执行期末成本计算的步骤，当成本计算的结果不准确时，只能由人工处理完相关异常数据和问题后，再重新进行结账处理，这样反而不利于计算效率的提高。

（2）不方便与异构进行数据集成。由于成本计算的复杂性，成本核算系统一般与前端业务系统紧密集成，其核算的相关数据一般直接来源于前端业务，如基础数据中的物料主数据、BOM、工艺路线等，以及业务数据中的生产领料、报工、完工入库等，为了能将业务数据导入目标系统，除了提供归集业务数据的接口，还需要在目标系统中全量维护源系统的相关基础资料。由于不同软件产品之间基础资料千差万别，这种传统的全量基础资料同步，无疑增加了集成的难度和工作量。

四、财务中台下成本引擎的能力

财务中台下的成本引擎不只服务于同构系统中的成本数据的归集、核对,也能支持异构系统中的数据归集、核对;不只是简单地对成本估算、核算相关事务的自动执行,而要有分析和处理异常数据的功能,并需要进一步具有以下能力:

(1)具有更好的开放性,能兼容不同厂商的产品。
(2)不依赖同源的业务模块或总账模块。
(3)灵活可组装(多行业适应性)。
(4)大数据量计算的高性能、高可靠度。
(5)数据抽取集中化,校验规则管理集中化。
(6)提供智能化差异分析能力、处理能力。
(7)采用云原生的中台化架构。
(8)集成成本低,运维成本低。

具备以上能力的成本引擎,可以摆脱对同源业务系统、总账系统的依赖,通过标准化的规则配置、灵活可组装的功能组件、匹配规则优先级可调的数据匹配过程与开放性的技术平台,让自动化、智能化的成本计算与分析变成现实,有助于大型、超大型企业降低成本核算的难度,提高成本核算的准确性。

五、财务中台下成本引擎的应用架构

财务中台下的成本引擎架构,不仅能归集企业会计事件库中与成本相关的数据,也能直接归集企业业务系统、财务系统中与成本相关的数据。它不仅是自动化的数据分析对比工具,还将基于人工智能技术对异常数据进行合理的处理,月末自动进行成本计算、对账及结账。它既可以用简单的方式满足小企业的业务场景,也可以通过灵活的方式满足大企业的复杂需求;它还可以满足不同行业、不同业务模式下的需求(见图 5-2)。

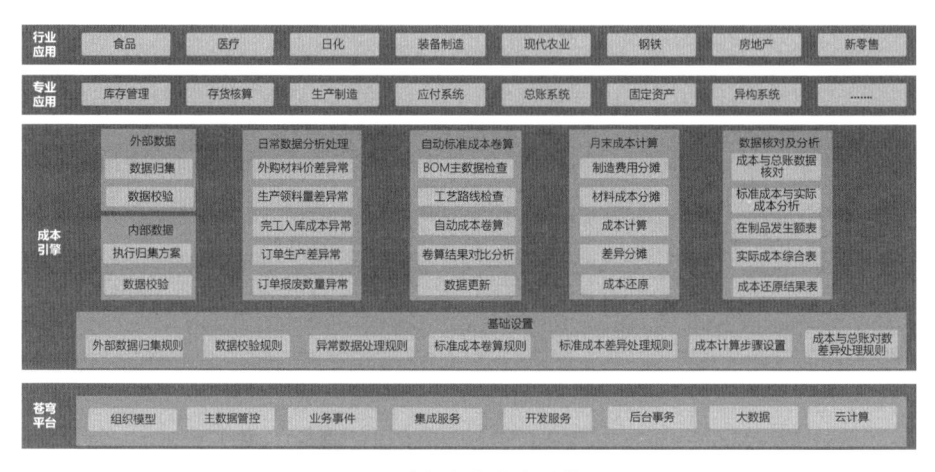

图 5-2 财务中台成本引擎架构

成本引擎包含的主要部分为:外部数据的归集、内部数据的归集、数据核对及分析、日常数据分析处理、自动标准成本卷算、月末成本计算、月末对账及报表输出。

(1) 外部数据的归集:主要是指通过平台的集成服务功能,提供标准的数据接口,可以归集其他厂商与成本核算相关的数据,包括成本核算对象、制造费用、作业数量、成本动因数值、资源耗用数量等。

(2) 内部数据的归集:引擎根据预设的规则自动执行与成本相关的数据归集的功能程序,主要为产量归集、制造费用归集、分配数值归集。

(3) 数据核对及分析:对于内部归集的数据,引擎根据预设的规则自动执行数据检查的功能程序,完成数据的校验;对于外部系统归集的数据,引擎需配置外部数据校验规则的功能,让用户可根据实际情况灵活配置,引擎可依据配置好的规则自动对外部数据进行校验。

（4）日常数据分析处理：引擎需要内置大量的日常数据分析的手段、方式、方法，并在允许的范围内对分析出来的异常数据提供系统自动处理的手段及详细执行步骤。需要应用大数据、大模型的技术，是成本引擎最为核心和关键的功能之一。

（5）自动标准成本卷算：引擎根据预设的规则自动执行系统中标准成本卷算及更新的功能，并在允许的范围内对卷算过程中出现的问题及异常数据根据引擎内置的与成本卷算相关问题及异常数据处理的方法及详细执行步骤，进行自动处理。

（6）月末成本计算：每个月的月末，引擎根据预设规则进行数据检查，检查无误后，则发起月末成本计算的审批流程。相关主管审核通过后，成本引擎将自动执行成本计算的相关步骤，主要为制造费用分摊、成本计算、差异分摊、成本还原，并对计算过程中出现的问题及异常数据，按预设的规则进行处理。

（7）月末对账及报表输出：当成本计算完成且数据无误后，引擎根据预设规则与总账进行数据核对，确保成本的数据与总账一致。当出现对账差异时，根据引擎内置的差异处理方法及详细执行步骤，进行自动处理。与总账对账完成后，引擎将自动执行成本分析相关的报表，并按预设的流程发送给相关的业务人员。

财务中台下的成本引擎可以灵活对接前端业务系统、后端核算系统，提供灵活可组装的中台能力。引入了大数据技术后，可以更轻松地处理超大数据量，提升成本月结的效率。引入了人工智能和机器学习能力后，可以自动学习异常数据的处理规则和方法，减少人工干预，提高成本计算的准确性和期末成本月结的效率，并支持中台化部署，实现数据的集中管理和统一调度，降低维护成本，提高系统的稳定性和安全性。

对账引擎

在企业的核算流程中,对账是确保账簿、报表数据准确性、一致性和合规性的重要步骤,可以在不同业务场景中应用。

手工账时代,会计人员每月手工编制纸质的会计凭证,登记日记账、明细账、总分类账等,月末结账前需要进行对账,做到账证相符、账账相符、账表相符。这个时期的对账主要解决的是总账内部的数据一致性。

会计电算化的兴起后,会计人员无需再手工核对账证、账账和账表数据的一致性。然而这个阶段也并未完全消除对账。此时的采购、销售、成本、资产、资金等业务数据大多通过线下的方式流转到企业的财务部门,未及时正确入账导致账账、账实存在差异。

企业规模的不断扩大和业务的复杂化,使得企业内的核算分工、核算的颗粒度比以往要求更精细,手工传递、加工、整理的作业方式已跟不上企业的发展要求,ERP让企业采购、销售、物流、资金等各环节数据传递的方式逐步线上化,并且能更快地传递到企业的相关业务、财务部门。随着数据量的不断增加,应付与采购、应收与销售、成本与库存的业务间对账、银企对账、子分类账(应收、应付、成本、资产、资金等)与总账对账、企业集团关联方之间的内部交易对账等变得愈发繁琐和耗时。

随着电商的兴起、支付渠道的多元化等,企业交易流水的对账变得越来越重要,如电商平台对账、供应商/客户对账、支付渠道对账等。

综上所述,为了提高对账的准确性和效率,降低错误率,企业开始寻求自动化解决方案,对账引擎应运而生。

一、对账引擎的定义

对账引擎是一种自动化的财务管理工具,通过应用先进的技术手段和算法,实现对企业海量业务和财务数据的自动采集、整合、匹配和差异分析,从而实现自动化对账和智能化差异处理。它可以广泛应用于各行业和不同规模的企业,帮助企业高效、准确、实时地开展对账工作,进而提高月结的效率和财务报告的质量。

二、对账引擎的基本结构

对账引擎通常由以下应用组成:

(1) 数据采集与整合模块:负责从企业会计事件库或者各个系统和数据源中采集业务和财务数据,并将其整合到一个统一的对账平台中。

(2) 数据匹配与对比模块:通过算法和规则,将采集到的业务与业务、业务与财务数据进行匹配和对比,发现潜在的差异和异常。

(3) 对账结果输出与报告生成模块:引擎将对账结果进行输出和展示,通常以报告的形式提供给财务人员进一步分析和审查。

(4) 差异分析与处理模块:对于匹配过程中发现的异常,引擎可以根据预设规则进行自动处理,同时也支持人工干预,以确保异常情况得到合理解决。

三、对账引擎的应用现状

企业应用对账引擎通常有两种方式。一是使用 ERP 内置的业务系统间、业务与总账、集团内部交易的对账模块或报表,例如,采购与应付、应付与总账、内部往来对账。二是搭建统一的业财对账引擎,处理 ERP 内置的应收、应付、存货、资产、资金等业务系统与总账对账。上述两种搭建方式的共同特点是相对封闭、只服务于其自身的业务模块、总账模块，无法独立使用，主要表现在如下几个方面：

（1）仅能处理同构系统的对账。传统的对账报表或对账功能，仅满足其内部业务系统间、业务与总账系统、不同核算主体间内部交易的对账诉求，并未提供处理异构系统数据对账的能力。

（2）如需使用内置的对账功能，需要将外围系统的数据按照固定结构集成过来，导致集成的难度大。比如，外围业务系统的应收数据生成了ERP系统中的总账凭证，需要先按照该系统中应收的数据结构导入数据，才能使用其自带的应收与总账对账功能进行对账。这种模式导致了外围业务系统的数据需要按照ERP系统的数据格式进行同步，这无疑大大提升了系统间集成的复杂性和工作量。

（3）需要同步基础数据。为了对账，需要将数据接入目标系统，并且在目标系统中维护完整的源系统的客商、科目、物料等基础资料。这种传统的全量资料同步方案，也增加了集成的复杂性和工作量。

四、财务中台下对账引擎的能力

财务中台下的对账引擎不只服务于同构业务系统、业务系统与总账系统、组织间内部交易的对账，也能与会计事件库中的会计引擎组合使用，处理异构业务系统、异构的业务系统与总账系统、企业和上下游伙伴的对账。需要具备的核心能力有：

（1）具有更高的开放性，能兼容不同厂商的产品。

（2）不依赖同源的业务模块或总账模块。

（3）数据抽取集中化，对账规则管理集中化。

（4）便于用户灵活获取原始的业务数据，降低跨系统对账的门槛。

（5）提供智能化数据匹配与差异分析的能力。

财务中台的对账引擎让集中统一的上下游业务到业务、业务到财务、组织间财务对账变成现实。它与会计引擎一起成为企业财务管理服务的关键能力,帮助大型、超大型企业降低业财一体化的难度,有助于提高核算一致性。

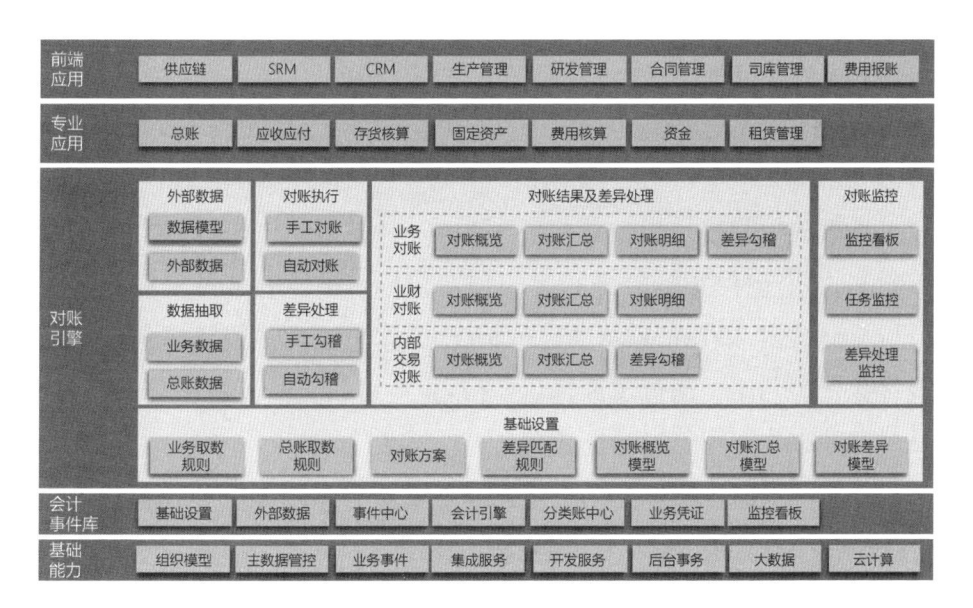

五、财务中台下对账引擎的应用架构

对账引擎的应用架构如图5-3所示,主要包含外部数据接入、对账规则与方案、对账执行与差异处理、对账结果、对账监控。它具有以下特点:

图5-3 财务中台下对账引擎的应用架构

(1)灵活组装。主要体现在异构系统数据接入灵活,异构核算系统集成灵活,不依赖其他模块或基础资料。

(2)外部数据接入灵活。既可以通过会计事件库抽取的外部业务数据与内外部的总账对账,也可通过内部的业务数据与外部的总账对账。

（3）预置多种对账模式。既可采用简单的报表接口方式获取未经加工与集成转换的一手业务系统与业务系统、业务系统与总账系统数据对账，也可通过配置数据取数规则进行更灵活、颗粒度更细的对账。

（4）不依赖企业的业务系统应用和基础资料。对账引擎可以单独使用，这样做可以大幅度降低系统的集成难度，节约实施成本。

（5）大数据处理能力。可以更轻松地处理超大数据量，提升对账的效率。

（6）智能化对账能力。引入了机器学习能力，可以自动学习和优化规则，减少人工干预，提高对账准确性和效率。

预算执行监控引擎

预算执行监控是指企业设定了预算目标后，通过跟踪和管理实际支出和收入，确保实际财务状况与预定目标一致。它涉及定期监测和分析业财数据，以评估预算执行的情况，并采取必要的措施来纠正偏差或优化资源利用。通过预算执行监控，企业可以实时了解财务状况，并及时调整以确保预算目标的实现。

预算执行监控引擎是一个帮助企业实施和跟踪预算整个执行过程的集中化平台，其包含以下功能：预算执行过程管控、预算监控与分析、预警和提醒。通过使用预算执行监控引擎，企业可以更好地管理和控制自身的财务运作，提高决策的准确性和效率，优化资源分配，并及时发现和解决潜在的预算问题。

一、预算执行监控引擎的定义

传统的预算管理通常是基于电子表格或手工方式进行的，这种方法存在一些问题。首先，手工维护和更新预算数据非常耗时且容易出错。其次,预算计划和实际执行之间的追踪和对比比较困难,需要大量的数据整合和处理工作。再次,由于数据分散在不同系统和部门中,预算的完整性和一致性难以保证。最后,传统方法缺乏实时监控和警报机制,无法及时发现和纠正预算偏差。

为了解决这些问题,预算执行监控引擎应运而生。它利用先进的技术和算法,通过自动化数据整合、分析和报告的过程,大大减少了手动工作量和错误率。它提供了实时的预算执行情况监控,通过提供图表、报表和指标,使用户能够更好地理解和分析预算数据。此外,预警和提醒功能有助于企业及时发现潜在问题,并采取相应的行动,保证预算的有效执行。

总的来说,预算执行监控引擎的产生旨在提高预算管理的效率、准确性和可靠性,使企业能够更好地管理和控制其企业资源。

二、预算执行监控引擎的基本结构

预算执行监控引擎是一个类似企业运营情况的监测设备,它包括三个核心部分:信号数据采集和处理、储存器、警报器。

信号数据采集和处理主要用于将业务发生过程中产生的数据结果按照企业管控诉求转换为预算管理指标项,并与预算目标进行对比。它主要包含预算执行控制策略、预算执行控制规则等。

储存器主要将预算执行过程中的业务数据使用预算口径存储到多维数据库,以及记录每一笔业务发生的完整流程。

警报器主要依据预算目标及管控要求向企业相关人员发送监控结果,包括预警消息、预算执行情况、改善措施等。

企业管理软件中的预算执行监控引擎基本上都会包含以上三部分核心内容,否则对企业管理和控制企业资源无太大作用。部分厂商的预算执行监控引擎还会包括预算报告、预算调整、数据集成共享等部分。

三、预算执行监控引擎的应用现状及新诉求

目前各大 ERP 系统都会包含预算执行监控引擎,针对不同行业的特点,每家厂商都存在优劣势。总体看来,由于企业经营计划的复杂性和多变性,对预算执行监控引擎的灵活性和实时性要求较高,目前预算执行监控引擎产品仍存在一些不足。

(1) 预算执行过程的监控与反馈存在时滞性。依托月末季末定期提交执行情况报告的事后汇报方式,进行预算指标使用情况的调整,易导致预算执行偏离计划目标,难以真正提升预算效率,从而导致企业内外部资源无法实现及时精益调度,真正满足企业预算管控诉求,贯彻高效稳健预算控制理念与积极发挥精准科学效果的预算控制体系仍较为鲜见。

(2) 灵活性不足,集成扩展性低。企业的预算执行监控标准差异化较大,每家 ERP 厂商在做执行监控引擎时无法预置标准的系统逻辑,大多数系统需要通过提供开放式接口和插件系统等方式来解决,这要求实施顾问在系统上线过程中使用开发工具搭建和调用接口以满足企业的管理需求。

(3) 预算执行监控过程对专家经验依赖性高。预算执行监控的管理过程与策略需要业务专家依据经验制定,在专家对企业具体情况没有充分全盘了解的情况下,其出具的业务方案具有局限性。企业经营计划和情况发生变化后,人为经验较难快速针对感知到的变化立即判断出应采取哪些举措。

随着科技的发展,企业管理也步入数字经济时代,虽然传统 ERP 的预算执行监控引擎在企业管理中发挥了重要的作用,但企业管理者针对数字经济时代下全新的预算执行监控提出了更高诉求。

（1）实时性。传统的预算执行监控往往基于周期性的报告和分析，而现在企业越来越注重实时监控和报告。通过实时数据的收集和处理，向管理者实时推送异常情况。同时管理者可通过各种电子设备，如平板、手机等随时随地了解预算的执行监控状况，且可以随时做出调整和决策。

（2）灵活性。传统的预算执行监控引擎预置场景单一，预算执行引擎的产品在设计时可能会考虑某些通用的业务场景，但不同企业在预算控制流程、预算控制规则、预算控制方式等方面可能具有不同的要求，产品无法灵活适应这些变化，导致在使用过程中耗费大量的时间和人力，而且业务做出调整后，引擎调整也需要企业付出较大代价。预算执行监控引擎从模块组件变成具备业务特征的成品工具，依据企业的管理诉求开箱即用。

（3）智能化和自动化。智能科技对于人们已经触手可及，机器学习和人工智能技术已被广泛应用于数据的分析、异常检测和预测等方面。智能化预算执行监控将大幅降低对人为经验值的依赖性，提供更准确的预算建议和决策支持，提升效率和准确性。

（4）业务全面化。数字经济时代下的预算执行监控已经由传统的财务费用执行监控转变成全业务全周期的流程管控，预算执行监控引擎不仅需要满足财务费用执行监控的要求，也需要将业务管理过程纳入其中，监控更详细的业务管理信息。

四、财务中台下预算执行监控引擎的能力

财务中台下的预算执行监控引擎具备处理大规模数据的能力，它能够高效地收集、存储和处理大量的数据，以支持实时的数据分析和决策。引擎应该能够应用智能分析技术，如机器学习和人工智能，对数据进行深入分析和挖掘，它可以自动发现隐藏的模式和趋势，提供准确的预测；引擎应该具备实时监控和警报的能力，能够及时检测到预算偏差或异常情况，并向相关人员发送警报和通知，使管理者能够及时采取纠正措施遏制潜在的问题；引擎应该具备灵活性和可配置性，允许用户根据自己的需求和业务情况制定和调整预算目标和控制策略，它应该具备可定制的规则和指标，以适应不同组织和行业的要求；引擎应该具备移动应用和云平台支持，使用户能够随时随地访问和监控预算执行情况，移动应用可以提供实时数据和报告，方便管理者进行决策和纠正。引擎应该提供直观清晰的可视化界面和报告，以便用户直观地了解预算执行情况，它应该具备用户友好的界面和操作，使用户可以轻松地使用和配置引擎。

从应用功能角度，财务中台下的预算执行监控引擎应该具备如下关键特点：

（1）匹配业务全流程全周期。

（2）执行监控规则自动适应经营计划目标。

（3）监控结果展示形式多样化。

（4）执行监控过程系统能够主动实时反馈。

（5）具有更好的开放性，无缝兼容不同厂商的产品。

（6）执行监控过程可视化、透明化。

总之，财务中台下的预算执行监控引擎应该结合大数据、智能分析和实时监控的技术，提供灵活、智能和可视化的功能，以支持组织更有效地实施预算执行和监控工作，从而更好地实现预算目标和业务目标。

五、财务中台下预算执行监控引擎的应用框架

财务中台下的预算执行监控引擎是以企业战略目标为导向，自动适配企业预算管控诉求和企业自身特点，智能化、一体化的预算控制引擎。我们建议将其分为目标导向、预算数据和预算服务三层。

1. 目标导向层:信号数据采集和处理

目标导向层在预算控制机制运作流程中作为整体指导目标,衍生出更为具体的预算执行监控诉求,把企业控制的诉求流程化、场景化。

流程化:将业务流程按照目标导向进行细化和编排,自动识别每个阶段的目标、职责和行动,如申请环节、执行环节,每个流程节点自动识别和匹配。

场景化:把众多行业及企业执行监控诉求场景化,抽象出系统内部功能组件,根据企业目标及诉求,引擎自动适配组装出符合企业个性化的业务管控场景。例如,项目型公司按照项目管控,以项目作为管控主维度;央国企按照事项管控,以事项作为执行监控的中轴线串联业务全流程。引擎根据项目和事项的具体特性,自动匹配企业业务流程。

2. 预算数据层:储存器

预算数据层的主要构成为多种业务活动及数据信息库,实现数据信息的高效存储、更新与维护。剥离数据信息原本形式、理顺数据格式并加以简化,协助数据信息库跨越多格式语言实现互通互联,增强数据间的联结能力,从而保证后续步骤得出更为精确的清洗加工结果。预算数据层能够完整反映企业年度、月度业务流转全过程,通过精细化业务事项为预算服务层提供更为准确动态的完整信息。

3. 预算服务层:警报器

预算服务层是预算执行监控引擎运作流程的重要层级。在预算服务层中,人工智能技术凭借多种特性,能够根据用户具体预算管控需求,进行数据抓取、数据预处理、数据预测、数据监控等一系列操作,寻找数据之间未知的模式与规律,从而辅助用户进行科学高效的决策分析。

预算执行监控引擎作为企业级的管控能力复用引擎,在企业业务价值链过程中发挥着核心枢纽作用,并可将其整合到任一业务系统中进行不同交易链路间的控制。随着企业数智化进程的加快,预算执行监控引擎会逐渐沉淀为其基础能力,为上层业务多环节的管控赋能。

六、财务中台下预算执行监控引擎的应用场景

1. 灵活组装预算执行监控流程

预算执行监控引擎的控制模型在融合了企业下属业务板块的行业特性及成员单位个性业务特征的基础上,通过和系统的智能交互,阐述企业的管控目标和管控诉求,智能组装企业预算执行监控业务流程。执行监控引擎核心组件主要包括控制规则组件、服务接口组件、业务流程组件、业务场景组件、数据分析组件、监控预警组件、智能预测组件、智能数据处理组件等。预算执行监控引擎的智能组装涉及将各个组件进行集成和自动化,以实现高效、准确和可持续的预算控制。

预算执行监控引擎智能组装主要包括以下步骤:

(1) 智能交互,了解需求。需要仔细了解企业的预算管控目标、管控诉求、业务流程,包括涉及的环节、业务规则、数据流动和角色职责等,这有助于确定预算执行监控引擎组件需要适配的具体需求和功能。

(2) 确定适配要求。根据业务流程的特点和需求,确定预算执行监控引擎组件需要自动适配的方面,涉及流程的自动化、数据的集成、接口的对接、规则的配置等。

(3) 自动化流程设计。根据业务流程的设计,结合预算执行监控引擎组件进行流程的自动化设计,包括流程图的绘制、活动和决策点的定义、状态和传输参数的设定等。

(4) 业务场景适配。根据业务特色和业务流程的设计,结合预算执行监控引擎的业务场景组件,进行业务场景适配和调优,包括部门预算控制、项目预算控制、成本控制、经营预算控制、资金控制、以指标驱动的预算控制等业务场景的适配等。

（5）数据集成和接口对接。将预算执行监控引擎组件与其他系统或数据源进行集成，确保数据的流动和交换，涉及 API 对接、数据映射、数据转换等，以实现数据的自动传递和同步。

（6）规则和参数配置。根据业务流程的业务规则和要求，配置预算执行监控引擎组件的参数和规则，包括审批流程的定义、预算调整策略的设置、预警条件的配置等。

（7）测试和优化。进行测试和调试，确保预算执行监控引擎组件根据业务流程的要求进行自动适配并正常运行，并根据实际运行情况进行优化和调整，以提高组件的适配性和性能。

（8）持续改进。持续跟踪业务流程和需求的变化，对预算执行监控引擎组件进行持续改进和更新。灵活的配置和可扩展性是确保组件能够适应变化的关键。

通过以上步骤，预算执行监控引擎组件可以根据业务流程的需求进行自动适配和配置。这样可以提高预算控制的效率、准确性和适应性，确保组件与业务流程紧密配合，并提供最佳的预算控制解决方案。

2. 预算执行监控过程实时化

预算执行监控引擎打破传统记录过程和定期汇报等侧重于事后的执行监控方式，在事前或事中进行监控。它采用大数据和人工智能技术缩短执行监控反应时间，在每期期中即进行期末计划需求总量的短期预测，并将预测结果与当期控制标准进行比对，根据实际情况预警或约束当期接下来的预算使用量，根据上半预算期间实际情况及下半预算期间的预测结果实现预算监控，确定是否需要进行后续预算约束和调整。针对不同预测结果给予不同的监控反馈，如果预测需求总量小于当期可使用量，则现阶段企业无需调整预算使用情况，能够达成预算目标；如果需求预测总量大于或接近当期可使用量，则表明按照现阶段使用量，期末预算使用总量很可能超出当期可使用量，因此需要对未来期间的预算进行预警和约束,以达成预算控制的目标。

3. 预算执行监控过程智能化

数智经济时代利用智能的技术手段提升预算执行监控的效果,使预算执行监控更科学精准,实时高效。

(1) 借助多年 ERP 系统开发及实施经验开展大语言模型训练,让预算执行监控引擎读懂用户预算管理诉求。通过语音或文本与用户进行交互,并通过自然语言处理技术获取预算信息、查询预算数据、提出预算管理诉求。

(2) 基于用户设定的预算目标和限制,引擎借助支持向量机的机器学习方法,自动计算和优化预算分配,提供最佳的预算规划方案。

(3) 通过大数据挖掘技术对预算执行数据的实时监测,平台可以自动检测异常情况,如超支、低于预期收入等,并及时向用户发送警报通知。另外,通过与其他机器学习算法的集成,平台可以提供更深入的数据分析、可视化和决策支持功能。

(4) 利用机器学习和人工智能技术,预算执行监控引擎将提供数据分析和预测、自动化规划和调整、异常检测和警报、高级分析和决策模型、智能推荐和建议以及自然语言处理等功能,提高预算管理的智能化水平,帮助用户更好地控制和管理预算。

4. 预算执行监控过程全面化

匹配企业业务全流程和全周期,深入每个业务环节的各个操作节点、记录每个业务事项、业务数据和详细信息,以及业务流程的所有流转信息,以业务事项作为主线贯穿预算管控全周期。

业务事项是指与业务运营相关的各种任务、活动、决策和问题。业务事项涉及战略规划、市场营销、销售、生产、供应链管理、人力资源、财务管理、客户关系管理等多个领域。通过有效处理业务事项,组织能够实现战略目标,优化运营效率,提高竞争力,满足客户需求,并实现可持续性发展。以业务事项贯穿预算管控全周期,可以实现预算与业务的紧密结合,提高预算的准确性和实施效果,推动组织朝着业务目标和财务目标的方向前进,最终实现预业财一体化管理。

七、预算执行监控引擎应用案例

云南中烟工业有限责任公司(简称云南中烟)的预算管理具有典型的以制造业为主产业的大型集团全面预算管理的特征,预算管理以烟草产品生产制造为核心,涵盖采购、销售、生产、设备、项目、研发、物资、物流、成本、资金、财务等各个业务环节。

企业通过与物流管理、采购管理、项目管理、库存管理、费用管理等业务模块的无缝集成,灵活组装预算控制规则,对全业务流程进行实时预算执行监控,实现预算数据与核算数据自动同步且高度一致的目标,全面提升预算管控水平(见图5-4)。

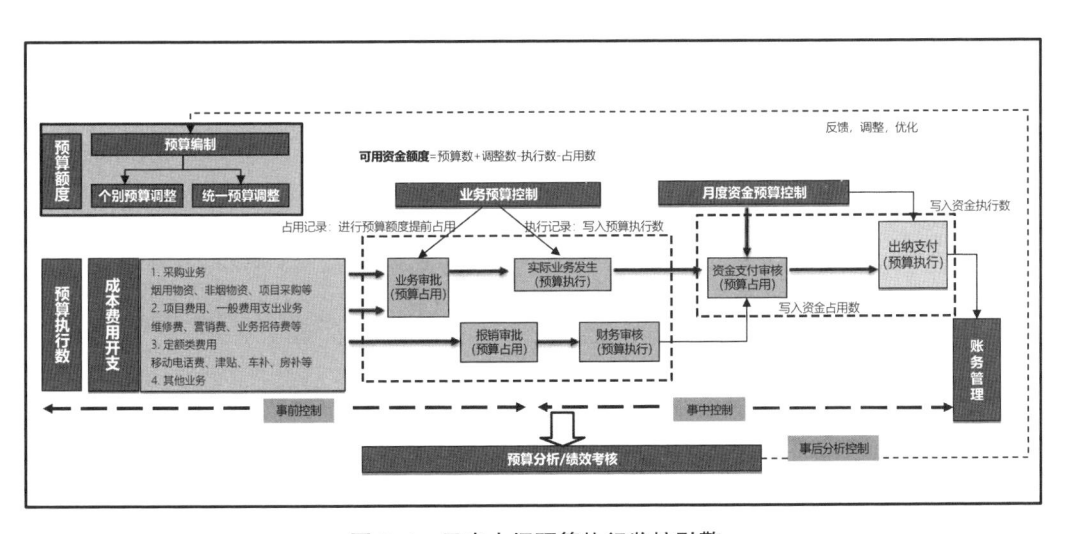

图 5-4 云南中烟预算执行监控引擎

云南中烟使用预算执行监控引擎,提升客户管理价值:业务全过程全集团在线管控,实现数据共享;预业财统一,建立事前、事中、事后控制体系,强化预算管控,横向实现预算业务财务的一体化协同,纵向实现集团到子公司到工厂的一体化管控;自动出具预算执行监控分析报告,实时反馈监控过程及结果,全面提升预算管控水平。

税务引擎

传统的税务管理通常是基于电子表格或手工方式进行的,但由于手工维护、更新和整合数据费时且易错,追踪和纠正差错较为困难,加上税收法规变动频繁,且各地税收政策和会计准则执行口径不同,税务管理是整个财税体系中信息化程度普及相对较晚的模块。

一、税务引擎的定义

税务引擎是一种可配置的服务,使税务系统可以自动化算税并简化税务判定和计算流程。税务引擎贯穿税务管理全流程,涵盖若干业务场景,包括税务规则和税务认定、涉税数据采集和处理、计税算税服务、纳税申报服务、税收优惠管理、税务共享运营、税务数据服务等。税务引擎的出现,极好地解决了税务管理分散化的问题,它利用可共享的规则算法和模型,通过自动化的数据采集和整合进行计算、分析和报告,并根据管理层级进行复核和监控,大大减少了手动工作量和错误率,保证了税务合规,提升了管理效率。

二、税务引擎的基本结构

税务引擎包括四个核心部分:涉税数据采集和处理、税务规则、申报表模板和算税模型、交易计税规则等。

(1)涉税数据采集和处理主要用于将业务发生过程产生的涉税数据导入和转换为税务模型要素,并作为后续计算和呈现的元素。

（2）税务规则包括取数规则、税务认定规则、税金计提规则、表内计算规则、表间级联计算规则和税收优惠适用规则等。

（3）申报表模板和算税模型包括预置的申报表模板以及申报表内嵌算税模型。

（4）交易计税规则为嵌入前端业务交易的间接税计税规则，根据交易方税务资质、税务产品、地址和自定义税务要素来判定纳税义务以及税码税率等。

智慧税务产品中的税务引擎基本上都会包含以上核心内容，部分厂商的税务引擎还会包括税务核算、税务共享运营规则等部分。

三、税务引擎的应用现状与挑战

目前各大 ERP 厂商的智慧税务产品都会包含税务引擎。由于不同行业不同企业税务产品的规则不同，对税务引擎的灵活性和实时性要求较高，目前产品在以下方面仍面临挑战：

（1）数据源集成扩展性低。系统无法预置标准的数据源和采集工具，大多数前端系统需要通过提供开放式接口和插件系统等方式来解决，要求实施顾问在系统上线过程中使用开发工具搭建和调用接口以满足数据采集需求。

（2）规则维护灵活性不足。规则的提炼对专家经验依赖性高，加上不同区域税收实践不同，同一集团或者同一公司有时候难以适用统一的税金计提和税金计算规则。外部法规和企业内部业务发生变化后，需要即时触发规则变化并且用户可以在云端进行实时更新。

（3）可组装、可复用性不够。模板和模型较难批量复制，导致各大厂商政策运维和更新规则算法模板的时间较慢。

（4）账税票档一体化程度有待提高。一体化程序需要从多层面进行拉通。

（5）难以匹配税务集团化、集中化的管理诉求。税务管理的集团化和集中化，推动税务共享和共享运营的发展。

（6）数据钻取和差异分析的能力不足。用户希望智慧税务产品不但有提示风险的能力，还要有对风险指标进行综合深入根因分析和趋势分析的能力。

（7）结果可视化呈现效果有待优化。可以配置可视化、可灵活拖拉拽的税务统计报表和图表。

（8）可以预置更丰富的业务场景和行业解决方案、更便捷而丰富的税务风控指标和管理体系，以适应不同企业的税务管理需求。

（9）更多智能化的功能有待开发。比如，税务问答助手或者智能税务风险分析等。

（10）通过多端操作提升便捷性。需要具备支持移动端审批和处理常见业务等功能。

四、财务中台下的税务引擎的能力

财务中台下的税务引擎应该具备如下能力：具备高效收集、存储和处理大量税务数据的能力，以支持税金计提、纳税申报或者其他税务管理诉求；能够支持不同国家不同税则下面的税务适配，智能适配不同国家的税则、算法和模板；能够应用智能分析技术，对税务数据进行深入分析和挖掘，进行数据建模，支持税务预测；具备实时监控和警报的能力，能够及时监控税务征期、事项进度、税务风险事项或异常情况，并向相关人员发送提醒和警报；具备灵活性和可配置性，允许用户根据自己的需求和业务情况定制的规则和模板，满足不同行业不同税务管理模式的要求；支持直观清晰的可视化界面组装，使用户能够随时随地访问和了解税务事项情况。

从功能层面来看,财务中台下的税务引擎需要具备如下关键特点:

(1) 规则算法和模板自动适应不同国家、不同行业、不同组织的要求。

(2) 财税票档全流程拉通。

(3) 风险监控过程系统能够主动实时反馈。

(4) 具有更好的开放性,无缝兼容不同厂商的产品。

(5) 统计分析可视化、风险管控透明化。

总之,财务中台下的税务引擎应该结合大数据、智能分析等先进技术,结合企业在不同税制下的税收实践,提供更灵活更智能的解决方案,协助用户更好地实现税务管理目标。

五、财务中台下税务引擎的应用框架

财务中台下税务引擎是以企业战略目标为导向,通过税务规划、税务认定、智能算税、风险监控、优惠推荐、知识服务六大能力,自动适配和支撑企业业务流程全链条,深度融合渗透在企业的生产经营过程中,最终实现灵活快速响应业务活动、大幅降低合规成本、合理降低税费成本的三大目标。

税务引擎总体框架分为三层:第一层为税务政策规则库和纳税人画像库(如纳税人身份、税务资质、主管税局、税种核定等),为引擎计算提供基础的政策参数、分类规则和纳税人特征参数等;第二层为引擎组件,抽象最小服务组件,灵活、可组装的特性能够支撑上层模型的自定义搭建,快速适配和响应业务的发展,在达到可复用的同时,也能保证同一业务语义下计算的一致性;第三层为税务引擎模型,面向企业生产经营全生命周期,根据服务对象的不同,抽象出多个税务业务服务模型,打破传统业税隔离、风险管控滞后的现状,将税务服务和风险监控渗透到业务活动的方方面面。

六、税务引擎的应用场景

下面我们结合税务引擎的应用需求,对税务引擎系统的主要应用场景进行说明。

1. 涉税数据采集和处理

税务引擎主要用于涉税数据的获取和简单加工,为后续计税做好数据准备。在企业及成员单位的每个申报期,涉税数据采集和处理引擎会自动采集当期的发票数据、财务数据、税源信息,自动完成计税底稿的编制工作。税务引擎是流程向导式操作,简单易用,轻松上手。

税务引擎还需要针对不同税种设计细分的涉税数据采集和处理规则,例如,增值税侧要包含收入项目、进项转出、进项抵扣、差额扣除、减税项目、预缴项目、留抵退税规则等多种类型的自定义取数规则;所得税侧要包含会计利润及资产负债项目、优惠项目、资产加速折旧摊销项目、收入、期间费用、扣除调整、视同销售、特殊事项调整等多种类型的自定义取数规则,自定义取数规则都可以向下钻取数据查看详情,追溯数据来源。

2. 税务规划

税务规划也称税务筹划,是指企业在合法的条件下,结合总体战略、业务战略,利用税法的规定,配合业务制定最优的业务发展方案,在实现提前规避风险的同时降低或减少企业税务支出的事前规划。

税务引擎提供税务分析、决策两个核心服务能力,引擎嵌入业务分析决策系统,一方面,企业可以根据业务制定的不同业务方案(包含业务参数),查询业务主体对应的纳税主体,提取纳税人画像信息,组合调用参数及引擎能力,分析和测算不同方案下的税负和风险敞口,推荐最优交易路径,助力业务方案的设计和决策;另一方面,企业可以基于引擎构建自己的分析模型,基于历史数据进行统计分析,或者基于详细经营预测数据进行税务预测。

典型应用场景示例：房地产企业在"拿地"和决策阶段，会根据项目的经营预测对税金（尤其是土地增值税、增值税及附加税和所得税）进行测算，测算的阶段会根据不同方案参数（如项目分期、成本分摊方式、地价抵减销项处理方式等）进行多版税费测算，并根据税费的成本进行比较分析，最后选择税费成本较低且可行的方案进行前期"拿地"和开发规划。税务规划引擎支持系统进行多版本测算、展示特定方案对于税收的影响、分析并比较不同方案的差异，支持用户做出最优的业务决策。

3. 税务认定

税务认定也称涉税判断，指对企业经营活动中的税收进行识别。税务认定引擎深度嵌入并融合在业务交易全链条，包含合同、采购、销售、核算等环节，在每个交易环节中智能抓取交易双方的信息、交易内容、交易发生地、业务上下游路径等信息，结合税务政策规则库、纳税人画像信息，完成涉税判断并识别出征税对象。同时，税务认定引擎往往和智能算税引擎结合调用，在业务交易的过程中实时智能地完成每一笔交易的应税判断并计算出对应税金。

典型应用场景示例：中国 A 公司与新加坡 B 公司签订培训服务合同，培训地点在中国深圳，A 公司的采购人员在合同系统录入合同信息后，内嵌的税务认定引擎自动提取交易内容"培训服务"、交易发生地"中国"、业务主体 A 公司（采购方）所在地"中国"、交易对方 B 公司所在地"新加坡"、业务类别"采购活动"，引擎调用税务政策规则库执行智能判断，判定 B 公司需要在中国缴纳增值税，又识别到 B 公司在中国是非居民企业，因此由 A 公司在向 B 公司支付费用时代扣代缴税费。组合调用智能算税引擎，税务系统自动计算出该合同需要代扣代缴的税款，返回合同信息/付款单中，作为合同费用/应付款项的参考信息。整个涉税判断和税金计算的过程实时、高效和智能,不需要税务人员介入也不依赖业务人员的税务专业度。

4. 智能算税

智能算税引擎在业务交易和纳税申报两个环节提供核心服务能力。系统通过一系列业务事实和业务参数,读取纳税人画像信息,组合调用税务认定、优惠计算引擎,适配税收制度、税辖区,匹配政策参数和计算公式,从业务发生到纳税申报的全过程智能算税,助力业务交易的同时,合规及时地完成纳税申报义务。

在业务交易环节,智能算税引擎通常组合税务认定引擎提供服务,在业务交易的过程中完成交易税金的计算。比如,在采购入库时,引擎抓取"物料""采购主体"对应的"纳税主体""供应商"等信息,识别税种为增值税、税率为13%,并根据采购用途、发票类型,自动判断税金可否抵扣,完成存货成本的组价。

在纳税申报环节,智能算税引擎通常组合优惠计算引擎提供服务,引擎在税法规定期限内,自动定期提取账务和业务数据,调用政策参数和计算公式,识别适用的优惠政策,汇总计算应缴纳税金,最终形成税局样式的申报表并直连报送税局,完成纳税申报义务。比如企业的增值税申报,智能算税引擎基于纳税人的缴纳期限并结合各地方税局的申报截止时间,准时自动执行纳税申报任务,通过抓取账务记录和发票数据,智能识别和提取申报数据,计算应缴税金,并完成税金报送。

5. 优惠计算

优惠计算引擎提供税收优惠识别推荐、税收优惠计算两大核心服务能力,其中税收优惠计算又分为税基式优惠计算、税额式优惠计算两个细分场景。税收优惠识别推荐引擎通过抓取业务交易内容,读取纳税人信息(包括纳税人身份、资质等),智能适配符合条件的税收优惠并计算出优惠金额推送纳税主体,标识出最优政策。企业根据自身情况选择享受的政策后,在业务交易、纳税申报环节计算税金时自动抵减优惠金额。

典型场景示例:①A公司在纳税申报环节,优惠计算引擎识别到A公司申报期上月末从业人数不超过300人、资产总额不超过5 000万元,符合"六税两费"减免政策,因此推送优惠政策提醒。企业采纳后,优惠引擎自动计算减免税额,智能算税引擎在应缴税金计算的过程中选择优惠、计算减免额并在申报表中填列对应的减免政策代码。②A公司财务人员建立固定资产卡片后,优惠计算引擎识别到资产原值小于500万元,满足税务折旧一次性扣除的优惠,因此推送税务折旧优惠政策提醒,企业采纳以后,税务折旧将适用一次性扣除方法。

6. 风险监控

通过一系列风控指标的计算和对应阈值的比对,税务系统完成风险指标计算、风险警示和风险管控评分全流程管理,达到实时识别业务风险、建立预警监控体系、健全合规赋能制度等目标。

典型应用场景示例:纳税申报表预置了一系列账表比对指标和表间比对逻辑,如果用户在填制申报表的时候不能符合这些指标,则申报表界面会弹窗跳出对应的预警,帮助用户更正纳税申报表的逻辑错误。

此外,很多大型企业集团分税种设置了多类财税监控指标,如发票作废率偏高、营业外支出增减率异常、特定扣除项目变动率异常、固定资产(房屋)原值变动率与房产税变动率比对异常、税额与收入/利润额变动比率异常等,如果企业出现偏离阈值的异常指标,则相应权重的评分会被扣减,同时系统提示负责人员对相关风险进行处理。这一系列的风险控制指标和警示,旨在提升企业集团人员的合规意识,建立健全企业集团税务风险管控和风险应对的体系。

7. 知识服务

税务引擎能管理税法知识和税务法规的更新,同时知识服务也是税务系统从税务信息化转向税务智能化的关键突破点。

广义的知识服务从知识来源层(包括结构化数据和非结构化数据)即数据层提取知识,经知识加工层(如计税算税服务、税务风险识别、税收概念理解等)对知识计算后,在知识应用层(各税务应用)发挥效用。广义的知识服务能使税务系统及时精准地根据外部税务法律法规更新系统规则,并且根据更新后的系统规则来为用户提供服务,可以称为"税务大脑",应用场景广泛。

狭义的知识服务主要指知识法规库。知识法规库是税收法律法规的基本概念,其构建过程是一个知识数据化的过程。外部法律法规发布以后,首先,系统将知识进行分类整理供用户查询;其次,系统从税收法律法规文件中自动抽取实体、关系和规则,提炼出最基础性的概念、关系和规则,如纳税义务人、税种、税目、税率、计税基础、企业所得税纳税调整规则等;最后,在基础性知识的基础上,系统可以提炼出高级知识,比如通过对包括各税收信息系统数据库在内的多个数据源进行知识融合,运用各类学习算法发现隐藏在大数据中的高级业务知识(如税收风险识别模型、税收收入预测模型、经营活动轨迹、发票轨迹等)。法规知识库通过组织税收业务专家对发布的法律法规进行筛选并且标识关键字、解读算法,再由技术人员翻译后输入知识图谱,方便业务人员进行检索和调用。

知识法规库将为"税务大脑"存储现行有效的税收法律法规文件包含的知识、历年积累的数据和众多税务专家的经验,并持续学习更新。其税收知识之广博、记忆之精准远远超过个别税务专家。

除上述应用场景以外,税务引擎和税务数据服务能力还支持和服务于许多应用场景,如各类统计分析报表、税务专项管理、海外税等。

七、税务引擎应用案例

新奥集团税务数字化转型围绕税务筹划和税务风险管控,通过构建智慧税务赋能平台,最终实现合规缴税与合理税负两大目标。在系统建设方面,新奥智慧税务平台深度应用税务引擎能力,一方面连接内部业务系统、外部税局系统,实现业财税一体化;另一方面通过数据可视化建模等数字技术的运用,实现各类税务信息的深入分析和实时风险监控。

1. 智能算税引擎

按照税收法规规定,新奥集团在系统中嵌入收入取数规则、进项转出规则、差额扣除规则、优惠减免规则、期间费用规则、纳税调整规则等,系统根据确认的政策规则自动取数并生成计税台账,进而自动生成申报表,实现一键申报、一键缴款。

2. 风险监控引擎

以财税数据为风险监控的基础数据,通过在平台上定义风险筛查逻辑,系统自动执行风险监控引擎,将风险筛查结果推送给企业税务人员,税务人员根据系统给出的风险提示进行处理,同时也可对指标的可用性进行评价,迭代提升指标库的质量。所有风险处理完成后,系统自动汇总输出企业风控报告,对企业当期税务风险状况进行整体评估。

3. 多维数据分析筹划

新奥集团利用平台积累的大量业财税数据,基于数据挖掘技术的应用,并与税务规划引擎的分析能力结合,构建了大量的数据分析模型,应用范围包括多维度的纳税数据统计分析及专项筹划方案的制订。

资金结算服务

资金结算是指企业基于商品交易、劳务服务、投资融资、资金调拨等活动所引起的货币收付行为。具体的结算方式有现金、银行转账、票据、信用证等。

资金结算尤其是在资金支付过程中,支付及时性和安全性一直备受业内关注。如何在保障资金安全的前提下提升结算效率,是困扰当下众多企业的一大难题。

在常见的与企业资金结算相关的端到端流程,如采购到付款(purchase to payment)、销售到收款(order to cash)等场景中,如何将资金收付情况及时反馈给业务活动,保证业务活动高效运转,提升业务资金一体化程度,也是亟待解决的难题。

一、资金结算服务的发展趋势

在传统的结算模式中,企业主要依赖人工处理资金结算事务。财务人员需要手动处理账务数据、发票、支票等,并进行付款和收款。这种手工结算模式效率低下,容易出现错误,也不利于实时监控和决策。

随着科技的发展,电子支付工具逐渐被引入企业的结算过程中。企业开始使用电子转账、网上银行等工具,以取代传统的支票和现金支付方式。这一步骤大大加快了资金的支付和收款速度,并降低了人为错误的风险。资金结算呈现出如下发展趋势。

(1)数据对接自动化。为了进一步提高结算效率和准确性,企业开始与银行建立数据对接,将银行账户的交易数据自动导入财务系统,实现自动对账。这一过程消除了手工对账的繁琐,减少了错误和延迟。

(2)资金集中与集团化管理。随着企业的扩张和集团化发展,需要更好地管理集团内部各个子公司和部门的资金。信息化结算系统使得集团内部资金的集中管理成为可能,通过集中控制资金流向,企业可以更好地进行财务战略规划。

(3)风险监控和预警。随着资金规模的不断增大,企业面临更多的风险,如欺诈交易、资金波动等。信息化结算过程中,企业引入了风险监控和预警系统,能够实时监测交易风险并及时发出预警,帮助企业降低损失。

(4)智能化资金管理。随着技术的发展,企业开始使用智能化资金规划工具,利用数据分析和预测模型,帮助企业更加精确地规划资金使用,优化现金流,提高财务决策的准确性和及时性。

(5)供应链金融支持。信息化结算使得企业更容易与金融机构合作,建立供应链金融平台,为供应商提供融资支持,优化供应链资金流动,提升整体供应链效率。

(6)数据分析与决策支持。通过信息化结算系统,企业能够获取大量结算数据,并进行数据分析和报告生成,为管理层提供更全面、准确的财务报表和决策支持,助力企业战略规划。

总的来说,企业从传统的结算模式向信息化结算转变过程中经历了从手工操作到电子支付工具引入,资金结算呈现出数据对接自动化,以及风险监控、智能化资金管理等多个趋势。这些变化使得企业能够更高效、准确地进行资金结算,降低风险,提高决策能力,并为企业的发展打下坚实基础。

二、财务中台下资金结算服务的应用场景和能力

大型企业集团业务扩张和兼并重组过程中,往往同时存在多个处理资金结算业务的信息化平台,集团资金结算业务不统一,覆盖全球的结算量明显增加,资金结算管理难度也愈加复杂,结算业务任何一个环节出现问题,都会造成巨大的资金损失。这种情况下企业就需要基于中台思想构建可复用的资金结算服务能力,建设智能高效的全球资金统一结算体系,形成全集团全量资金结算池,通过一键智能付款排程、海量收款精准认领,在保证资金安全的前提下确保资金结算的智能高

效,并协同资金计划及预测共同实现对集团现金与流动性的有效管理。其主要应用场景和能力如下。

1. 智能精益付款排程

随着大型企业集团业务的发展壮大,资金支付需求激增,大额资金支付、临时性款项支付直接影响资金供给,付款的精细化排程管理诉求日益突出,部分企业甚至提出了付款日排程的管理目标。尤其对于票据持有量大的企业,如何统筹合理安排现金、票据等金融资源以满足付款需求成为最大难题。

付款排程是资金结算精细化管理的重要举措,大型企业集团亟须建设统一的付款任务池,收集来自前端业务的采购、费用、工程类付款任务和来自前端资金业务的融资到期、资金调度、理财申请等付款任务,结合智能排款排票相关的算法能力、引擎能力和模型能力,实现一键智能排程。其应用框架如图5-5所示。

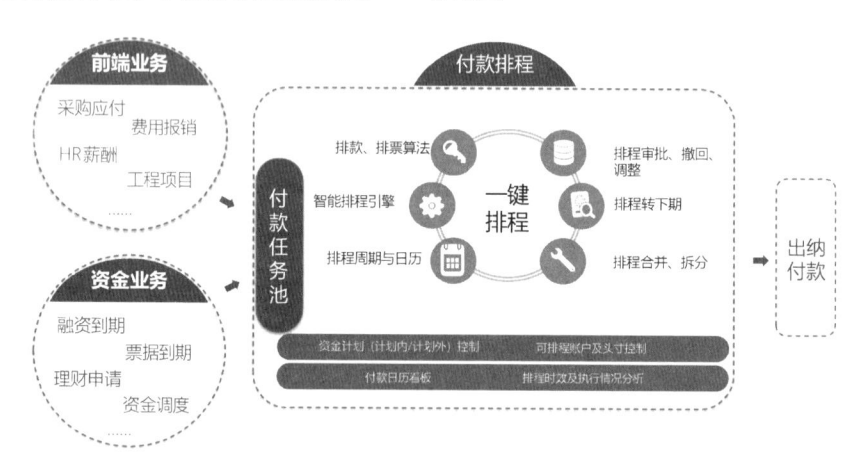

图 5-5 付款排程应用框架

财务中台下的付款排程服务具有以下核心能力,可帮助大型企业集团轻松实现一键付款排程:

(1)集中付款任务能力。采购合同类、费用类、项目劳务类、融资还款类等付款请求全面纳入付款任务池,集中全部待支付请求并自动分类汇总,方便司库管理者全局掌握未来一段时间的资金支出情况,为付款排程提供信息基础。

(2)排程规则优化能力。针对各类付款场景,可根据收款方收款收票偏好,自定义优先规则、排款排票规则、汇总排程规则、合并规则等,并借助机器学习、人工智能算法不断优化规则,实现付款请求与现金、票据、授信的最优匹配,提升资金使用效益。

(3)集约化管理能力。基于集团资金池和票据池对库存金融资源的统筹,结合资金计划对金融资源的未来使用预测,完成削峰平谷、资金平衡,通过最优付款排程实现分期分批有序"省钱"支付,在保障按时付款的前提下最大限度提升资金收益,实现安全高效的资金集约化管理。

付款排程帮助大型企业集团全面收集付款任务,通过付款日历一揽全局付款任务,结合资金计划科学安排付款节奏;通过智能排款排票算法和引擎实现自动排程,提高付款效率和资金使用效益;通过以收定支、额度内合并拆分等策略,帮助优化资源配置,保障资金收支平衡并防范支付风险。

2. 收款高效精准认领

大型企业集团业务板块众多、业务复杂程度高,资金回流线路复杂、收款确权和匹配难度大。尤其是批发零售类企业,总部、子公司、经销商、门店等各层级之间交易频繁,且存在POS机、微信、票据、现金等多种收款方式,由财务人员认领业务信息往往存在入账难、入账慢、入账不准确等问题。

大型企业集团要保证多渠道收款数据的完整性,并将收款关联到内部销售订单、合同、品类等,对于无法确权的收款,要把银行账户流水和票据流水精准分发到认领人,让业务员、客户深度参与认领款项相关的业务信息,及时准确地确认收款,并实现智能高效自动入账。

财务中台下的收款认领服务具有以下核心能力,可打通财务到业务最后一公里的业财融合:

(1)收款交易数据全量准确获取能力。通过"银企直连＋RPA＋手工导入"获取银行流水和票据流水全量收款池,保证收款池数据的完整性,而且每笔业务都能追溯到有效的交易凭证。

(2)智能精准全自动分发认领能力。根据业务划分对海量收款建立不同的分发规则和流程框架,运用全自动的智能手段对收款进行快速地分类整理,根据智能的全自动分发规则精准匹配业务员/客户,并精准推送认领。

(3)全场景智能高效认领能力。对于有既定规则能自动识别收款来源的场景,可以通过自动匹配规则实现收款流水与收款单的自动匹配入账;对于通过既定规则无法自动识别收款来源的场景,可以根据自动入账规则或者通过认领生成收款单并自动匹配入账。

(4)PC端/移动端多端认领能力。支持PC端或移动端随时随地进行收款认领,满足业务人员在移动端接收收款认领通知并及时高效认领查询,提高工作效率和用户体验。

(5)未达账项持续监控能力。拉通业务关键角色及时做收款认领,虽能最大程度降低未达账比例,但月末结账时仍然可能会有尚未溯源的未达账。资金人员可以持续监控此类数据,并利用报表工具对此类数据进行分析。

收款全场景高效精准认领让体验更加友好,助力业财精细化融合,业务可以共享财务数据以高效处理业务,财务可以将收款认领推送给业务,保证收款认领的及时准确性,支撑高效的业财协同。

3. 不同资金结算模式的灵活组装

财务中台下的资金结算服务可以提供的集团化应用的组装能力包

括：按法人主体办理收付业务；按利润中心维度办理收付业务；一个共享中心（含资金组）办理收付业务；一个共享中心，各法人主体分散办理业务；多个共享中心，一个资金中心承接全集团的收付业务；全球化多资金中心的组装能力。

4. 智能化能力

资金结算的智能化能力主要体现在各类 RPA 的应用方面，如收付款机器人、智能排款机器人、智能排票机器人、网银机器人、支付防重机器人、配单机器人、分单机器人、对账机器人、智能识别机器人等。从用户的各个环节、各个流程提升智能化、自动化程度，在保证资金安全的前提下大大提升资金结算的效率。

5. 支付安全能力

支付安全能力主要体现在控制、校验、检查三个环节。首先，前端业务单据需要将下推付款的必要条件进行规范和控制，只有满足必要条件的才允许下推付款，在业务前端做好重复付款的控制。其次，付款单等支付类单据提供统一校验服务，在支付款项之前均可以进行校验，确保满足付款条件的款项才能继续支付，校验不通过将及时控制支付可行性。最终，还要进行支付防重检查以及业务防重检查。支付防重检查在全链路上进行防重控制，业务防重检查可以基于实际业务发生情况进行更加精准的防重控制，双重加固支付安全。

结账驾驶舱

随着经济全球化的发展，国际化企业越来越多，由此产生了各公司之间结账制度和流程不统一、结账进度不透明、沟通协同困难等问题，结账驾驶舱就是为了解决这些难题而产生的。

目前很多大型集团企业，其下属公司使用的 ERP 软件各不相同，各公司之间由于业态、管理要求等不同,其结账流程和制度也存在很大的差异,这些集团企业亟须能够跨系统对下属公司各项结账任务的进度进行统一监控,并对结账过程进行精细化管理。为了满足这种大型企业结账管理的要求,搭建一个开放的、中立的结账服务中台就成为亟待解决的企业难题。

一、结账驾驶舱的定义

结账驾驶舱是一个为企业不同管理角色提供不同结账功能以满足其不同结账管理诉求的平台,其本质是一个结账执行、监控、分析、预测的平台。结账驾驶舱作为一个结账管理平台可以提供结账任务定义、结账流程管理、监控和分析的能力,以满足不同业务系统的结账流程、结账计划各不相同的诉求(见图5-6)。

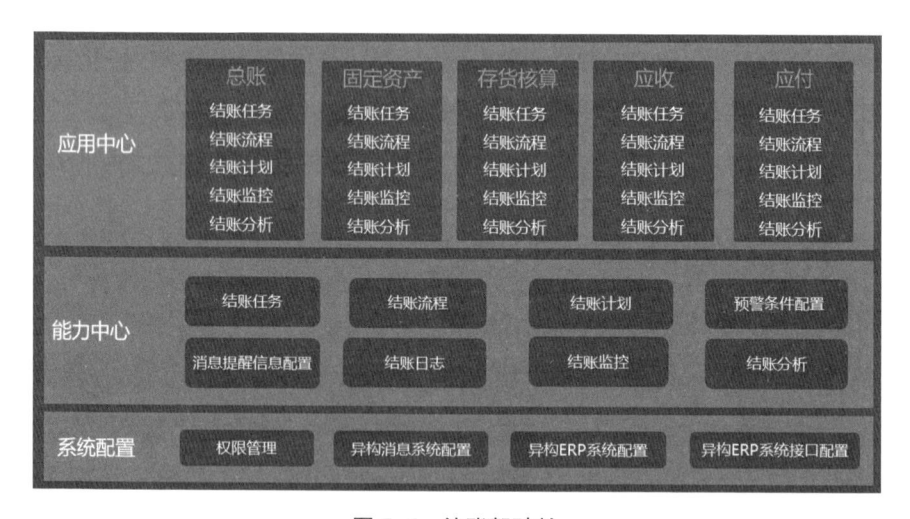

应用中心	总账	固定资产	存货核算	应收	应付
	结账任务	结账任务	结账任务	结账任务	结账任务
	结账流程	结账流程	结账流程	结账流程	结账流程
	结账计划	结账计划	结账计划	结账计划	结账计划
	结账监控	结账监控	结账监控	结账监控	结账监控
	结账分析	结账分析	结账分析	结账分析	结账分析

能力中心	结账任务	结账流程	结账计划	预警条件配置
	消息提醒信息配置	结账日志	结账监控	结账分析

| 系统配置 | 权限管理 | 异构消息系统配置 | 异构ERP系统配置 | 异构ERP系统接口配置 |

图5-6 结账驾驶舱

结账驾驶舱的核心目的是帮助企业实现结账过程的管理、结账任务的执行和结账进度的可视化监控。结账驾驶舱核心的价值在于能力共享,可以把结账流程定义、执行、监控的能力共享给总账、固定资产、应收、应付、存货核算等业务系统,让不同的业务系统和不同的ERP产品可以通过结账驾驶舱定义出满足本身需求的结账流程和结账过程监控,给企业提供了一个全面的、实时的结账监控平台,帮助企业进行结账流程管理,提高其结账管理的水平。

二、结账驾驶舱的基本结构

结账驾驶舱能够帮助企业进行结账流程管理并监控其进度,因此其核心功能是提供给各业务系统定义结账管理流程并监控其进度的能力,主要包含结账流程管理、结账进度监控、结账效率和问题分析三部分。

1. 结账流程管理

结账驾驶舱的一个核心功能是结账流程管理。其旨在让各企业的财务人员按照企业内部管理要求,定制化地设置企业内部公司的结账计划、结账流程和结账任务。结账计划就是按照企业结账管理的要求把各任务按照预先设计的时间进行定义,以便实现任务到期的自动执行、结账进度计划实际差异的分析和跟进。结账流程就是把结账任务按照先后顺序、依赖关系等因素定义成一套完整的流程,以便在后续可以按照预想的顺序和关系进行任务的处理和执行。结账任务就是定义在结账时需要处理的业务,例如,凭证过账、业务单据生成凭证、凭证断号检查等。按照是否可以自动化执行可以将其分为自动任务和手工任务两种,对于不依赖系统任务操作和数据,只能线下确认是否处理完成的任务,可以定义为手工任务,除此以外将可以在系统内操作和按照数据梳理出规则的任务定义为自动任务。

各企业集团可以按照之前线下的管理要求,重新梳理企业的结账管理流程,并将其系统化,集团可以根据业务需求将大体的结账计划下发给各下级公司,下级公司财务人员可以在此基础上根据本公司的业务流程自行调整结账的整体流程。

2. 结账进度监控

结账驾驶舱另一核心功能就是进行结账进度的监控,给集团提供更加透明的结账全过程管理。结账进度的监控主要是为不同的角色提供不同精度的结账进度查询平台,例如,为集团财务提供按照二级集团、区域等划分的结账看板,为公司财务提供精度更细的任务进度看板等。

3. 结账效率和问题分析

除了基本的结账流程管理和进度监控,结账驾驶舱还提供了强大的分析功能,其可以对结账过程中任务的耗时进行对比分析,分析结账耗时的根本原因,也可以对各公司结账效率进行对比分析,帮助企业发现差距,优化和改进其结账流程和结账计划,提高企业结账管理水平。

结账驾驶舱为企业提供了一个集中结账流程管理和结账进度监控的平台。通过该平台,企业可以实时监控结账状况、分析业务表现、预测趋势,并以可视化的方式展示结果,帮助决策者做出明智的决策和规划。

三、传统结账管理应用特点

随着经济全球化和信息化的发展,企业关于结账管理的诉求越来越强烈,目前市场上也有部分 ERP 设计了结账管理的功能。现有 ERP 设计的结账管理有两个明显问题:不同业务系统各自设计自己的结账流程,无统一的结账管理平台;结账流程的管理与 ERP 功能绑定较深,无法实现全集团不同 ERP 系统的结账管理和监控。

不同客户、不同业务系统的结账流程和结账计划各不相同,主要是源于不同公司的管理要求不同、不同业务系统的业务处理流程不同。目前各业务系统(如固定资产、出纳、应收、应付)都只会基于自己的业务诉求梳理本业务系统的结账流程和结账计划,不会全局统一考虑如何实现所有业务系统的结账管理。但是企业管理人员的诉求一般都是监控全部业务系统的结账进度,而不希望去各个业务系统查看各自的结账进度,因此如何在一个统一的结账平台实现各个业务系统的结账流程管理和进度监控是我们后续发展的一个方向。

目前大型集团企业一般很难统一 ERP 系统,集团和不同子集团之间使用的 ERP 系统经常是不一样的,但是目前结账管理的功能一般还是会与 ERP 系统强绑定,这就使得集团无法统一管理和监控各公司的结账流程和进度。其实就算在技术飞速发展的今天,不同系统之间数据传递和监控都还没有特别好的解决方案。

四、中台化结账驾驶舱的设计理念

如图 5-7 所示,中台化的结账驾驶舱是基于信息化和数字化技术的财务管理工具,能够将企业的结账任务进行集中管理和可视化展示,提供实时监控和分析功能,为企业的决策和运营提供支持。

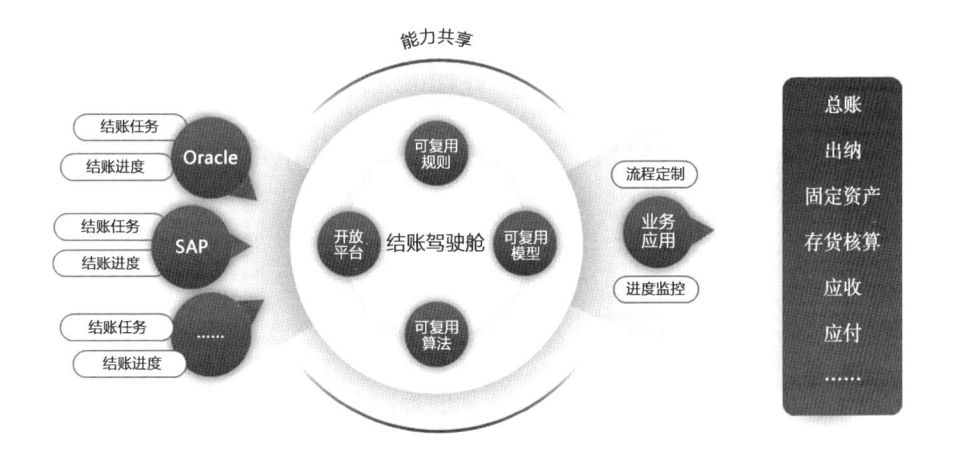

图 5-7 中台化的结账驾驶舱设计理念

中台化的结账驾驶舱并不与任何 ERP 系统进行强绑定,它是一个独立、开放的结账平台,可以支持任何 ERP 系统、任何业务模块按照业务需求定义结账流程和进行结账进度的监控。未来结账驾驶舱的设计理念以"可组装、能力共享、规则化、定制化、智能化"为核心,以快速响应不同客户、不同系统的结账管理诉求。

(1)可组装。未来结账驾驶舱作为一个独立的结账中台,应该具备足够的开放性,可以兼容不同 ERP 结账任务、结账流程的配置和结账进度的监控。当集团型企业下级公司使用的 ERP 系统不同时,可以通过结账驾驶舱对不同系统的结账任务进行管理和监控。

(2)能力共享。结账驾驶舱提供的是一种配置结账任务、组装结账流程、制订结账计划、监控结账进度的能力,服务于不同业务模块在不同业务场景下的结账诉求,不依赖于任何一个业务模块。在结账驾驶舱提供的能力基础上,各个公司可以根据其不同的业务模块的结账诉求配置其结账任务、结账流程和结账计划。

(3)规则化。系统可以根据大多数客户结账的通用流程设置基本的结账规则,但是在通用结账规则和结账流程的基础上,各企业可以根据行业特性、企业管理诉求进行调整。反之当系统接收到同一行业足够多的结账案例后,系统可以通过几期学习形成行业型的结账流程规则,当该行业企业配置结账驾驶舱时,系统可以根据识别到的行业特性对企业结账流程提出优化建议。

(4)定制化。不同企业与不同业务模块结账管理的需求和关注点可能不同,结账驾驶舱提供一个个性化定制的能力,允许用户根据业务场景设置自己的结账流程和结账计划,同时结账流程可以由集团管控、分发给下级公司,下级公司必须在满足集团结账管理的基础上进行补充和完善。

(5)智能化。结账驾驶舱可以结合规则总结和数据模型分析,对企业现有结账流程进行分析和优化。它可以提供多维度的结账结果、过程分析功能,能够综合多项分析的指标,帮助企业发现其结账流程和结账执行过程中的问题,找出潜在的隐患和漏洞,为企业优化结账管理提供数据支持。

五、中台化结账驾驶舱的能力

中台化的结账驾驶舱应用架构如图 5-8 所示,主要具有以下能力。

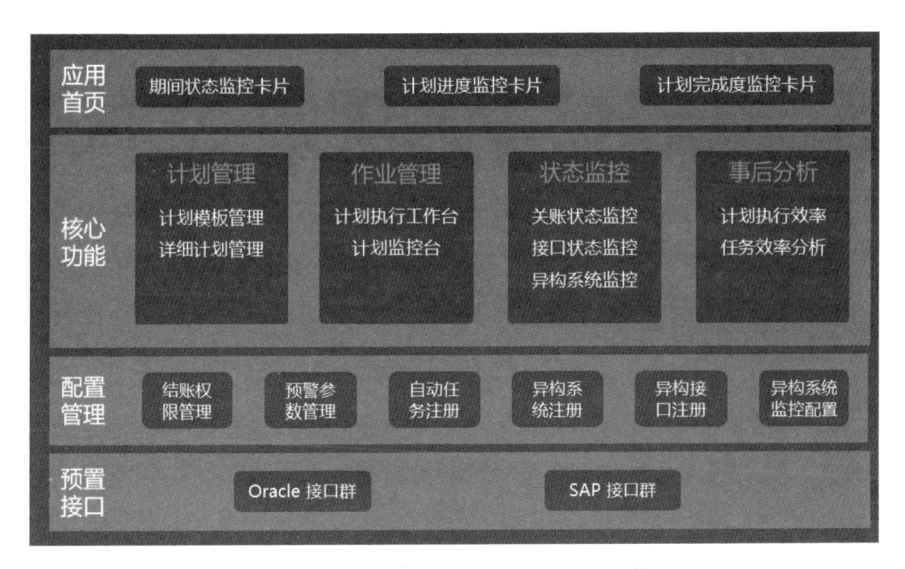

图 5-8 中台化的结账驾驶舱应用架构

1. 结账检查项的灵活定义

由于各个业务系统结账要检查的内容各不相同,不同的公司结账要检查的内容也会根据其业务特性进行调整,因此系统无法做到完全适配所有企业的结账检查项。中台化的结账驾驶舱中监控系统既提供了大部分企业结账都需要检查的检查项,也支持各企业根据自己的业务需求自定义添加结账检查项:

(1)预置检查项。系统根据总结出来的客户业务场景,预置大多企业都需要的结账检查项,以满足大多数企业的结账需求。以总账为例,系统提供凭证过账检查、业务系统结账状态检查、损益类科目余额为零、凭证断号检查等十几项通用检查项。

(2) 自定义结账检查项。企业可以根据自己的业务场景添加自己需要的结账检查项。简单的检查项(如可以通过单据字段判断的检查项)可以直接配置实现,复杂的检查项也可以通过插件的形式配置实现。

对于已添加的结账检查项,客户可以根据当时的业务需求定义其生效和失效,失效的检查项在结账时不进行校验。

检查项的形式分为警告和错误,错误类的检查项校验不通过会导致结账失败,警告类的检查项检验不通过只会给予警告,但是不会影响结账的结果。

2. 结账计划灵活配置

结账计划由一系列的任务组和任务组成,其中结账任务主要分为以下七种:

(1) 线下任务。需要线下处理的工作任务,不需要操作系统,但需要在系统中记录该任务的完成情况。

(2) 人工任务。需要在结算驾驶舱中进行业务操作,例如,单据录入、调整成本、余额检查等。

(3) 自动程序。可预置参数,且由系统自动触发、自动执行的系统程序。例如,计提折旧、结转损益、总账结账检查、数据接口或报表、结算驾驶舱自动检查项等。

(4) 半自动程序。指有预置参数但需人工触发,或无法预置全部参数需要人工补充的、可后台执行的任务。

(5) 外部系统——人工任务。需要用户在非自身系统手工处理的任务,例如,去外围系统运行程序、创建单据、审核审批等。

(6) 外部系统——自动任务。可以通过预置参数,由自身自动触发的外围系统的后台程序或事务。

（7）外部系统——半自动任务。无法预置全部参数，或需要人工触发的外围系统的后台程序或事务。

集团可以根据管控需求和出具报表的时间制订结账流程和结账计划并发布给二级集团使用。二级集团可以根据本集团的业务场景制订更为精细化的结账流程和结账计划发布给其下级公司，下级公司的结账计划服从集团的管控。

3. 结账事项自动执行

对于自动程序可以自定义设置执行计划，系统根据设置的执行计划可以定时自动执行结账任务。通过结账任务自动执行，企业可以节省大量的时间和精力，提高结账的准确性和效率，同时也降低了人为错误的风险，提高了财务数据的可靠性和可信度。

4. 结账过程实时监控

对于大型集团企业而言，月末监控结账进度只能通过聊天软件或者电话沟通层层汇总和上报，既不能保证及时性，也无法保证上报数据的准确性。结账驾驶舱可以帮助集团型企业实时监控结账进度，及时发现并解决潜在的问题，确保结账工作的顺利进行，帮助企业及时获取财务结账进度，提高财务结账管理的准确性和效率（见图5-9）。

（1）结账进度跟踪。通过结账监控工作台可以实时跟踪企业的结账进度，了解每个子公司或部门的结账效率。通过列表或者甘特图的形式查看每个阶段的完成情况，监控整体结账过程的进展。

（2）实时报告和仪表盘。通过结账看板可以查看整体的结账情况，财务和管理人员就可以随时监控集团各子公司结账进度的完成情况和相关数据，保证结账工作的顺利进行。

（3）提醒和警示系统。设置自动提醒和警示功能，提醒财务人员结账进度的重要节点和截止日期，帮助财务人员及时处理结账任务，避

财务中台：新一代财务共享平台

图5-9 结账进度监控

免拖延和延误。

（4）协作和沟通工具。结账驾驶舱采用团队协作和沟通工具，如即时通讯软件、工作流程管理系统等，可以帮助不同部门和团队之间实时沟通和协调，及时解决结账工作中的问题和瓶颈。

（5）实时数据同步。集团型企业通常涉及多个子公司和部门之间的数据交流和共享，为了实时监控结账进度，需要确保数据的实时同步，使用统一的数据平台或数据接口，确保数据的及时传输和共享，避免数据滞后影响结账进度的监控。

5. 结账效率智能分析

结账完成后，系统会进行结账效率分析和结账过程中问题分析，帮助企业识别结账效率低的公司及结账过程中的瓶颈，协助企业发现问题、解决问题，提高结账效率。

系统可以进行结账效率横向分析，分析不同公司结账的耗时，找出结账效率高和结账效率低的公司，帮助企业挖掘优点，协助效率低的企业发现其问题。

系统可以进行结账效率计划与实际对比分析,通过各公司计划结账时间和实际结账时间的对比,分析结账计划制订的合理性及结账效率差异大的公司,协助企业优化结账流程和结账计划。

系统可以进行结账问题分析,对结合结账过程中结账任务的使用时间进行分析,深入分析耗时较长的结账任务,发现结账过程中的问题,优化企业结账流程管理。

六、结账驾驶舱的应用特点

1. 结账流程与计划的集团管控

对于大型集团企业而言,其需要严格把控下级组织的结账流程和时间以确保能够及时对外出具财务报告,就目前而言,这种把控大多是邮件下发的形式控制,既没有保证,也难以确保上报进度的准确性。中台化的结账驾驶舱可以在集团层面实现结账计划的严格把控和结账任务的向下分发,从而控制下级公司的结账流程和结账计划,确保各下级公司的结账完成时间,提高集团整体结账管理的一致性和效率。

2. 结账流程与计划的灵活配置

由于不同企业的业务背景和内部管理要求不同,因此系统不可能预置出来满足所有企业结账要求的结账计划与结账流程,此时结账计划和任务的灵活配置就显得至关重要。中台化结账驾驶舱的结账计划和结账流程可以由各企业根据其需求自行配置,从而设计出贴合企业管理需求的结账计划和流程。

3. 监控与分析的高效实时

为确保结账过程的高效性和及时性,中台化结账驾驶舱既提供看板的形成汇总展示各个下级公司的结账进度,也提供甘特图和列表的形式展示各企业结账任务的进度和卡点,保证集团管理人员、下级公司财务等各种角色都可以查看其关注的各项任务的进度。

结账驾驶舱通过对结账过程中各项数据的分析可以了解集团结账的情况、各公司结账效率的趋势以及结账任务的耗时,从而把结账过程中的问题反馈给企业管理人员,为其优化结账管理过程提供数据洞察和决策支持,帮助企业提升财务管理效果和结账效率。

4. 结账服务的灵活组装

结账驾驶舱的可组装能力是指结账驾驶舱作为企业的结账中台,可以在不同的业务系统之间进行结账流程的定义和分发,实现结账流程的集中管控和结账进度的实时监控。

对于集团型企业而言,其下级企业使用的系统很有可能不是同一厂商的产品,可组装能力对于集团型企业而言就显得至关重要。结账驾驶舱的灵活组装能力主要体现在:

(1) 异构系统结账任务统一监控。即在集团设置结账计划与流程并分发给下级公司后,系统可以执行与检查异构系统的结账任务,并返回执行结果,以确保在集团层面可以看到各个下级公司各个异构系统的结账状态。

(2) 结账流程集中管控和分发。结账驾驶舱可以定义整体结账流程并将其分发给下级公司,在不同的异构系统中进行业务处理,通过统一的结账模型和标准化的数据接口,实现异构系统和数据的集成和转换,确保不同业务系统之间的结账过程一致,并减少重复和冗余的开发工作。

(3) 开放接口和服务。结账驾驶舱可以提供开放的接口和服务,供其他业务系统进行集成和调用,这样可以实现结账驾驶舱与其他系统的无缝对接,方便数据的流通和交互。

(4) 统一的用户界面和操作方式。结账驾驶舱可以提供统一的用户界面和操作方式,让用户无须切换不同系统,就可以完成结账相关的操作和查询,提高用户的操作效率和体验。

5. 结账驾驶舱的智能化

结账驾驶舱的智能化是指中台化的结账驾驶舱集成了先进的人工智能技术，提供了数据分析、决策支持和自动化结账等功能，使得结账过程的效率和准确性得到明显提升。

（1）数据分析能力。结账驾驶舱可以根据对各公司结账时间和结账任务执行进度的分析，生成各种可视化报表和图表，用于帮助管理层分析企业结账情况，及时优化结账流程。

（2）实时监控和提醒能力。结账驾驶舱可以实时监控结账状态和结账任务的执行情况，超期严重时可以及时提醒相关负责人，发出消息通知便于负责人及时采取措施。其中消息提醒功能既可以在系统内发送消息通知，也可以发送消息和电话提醒，还可以与企业通讯软件进行集成和对接，例如，钉钉、企业微信、云之家等软件。

（3）自动化结账能力。结账驾驶舱可以通过异构系统的集成，实现结账任务的自动执行，减少了手工操作的时间和出错的可能性。

共享运营服务

财务中台是新一代财务共享平台，也将逐渐改变以资源共享为中心的共享运营方式，这里谈到的中台化共享运营服务特指共享运营的服务能力。财务中台给共享运营服务带来的最大变化就是从资源共享向能力共享演进，因此会使得越来越多的财务共享人员加快从重复性强的共享任务处理岗位上解放出来，和业务财务、战略财务、IT以及业务部门携手，共同投入财务能力库的构建和组装管理工作中，投入到能力背后的规则、算法、模型以及数据治理的相关工作中，共享人员的能力素质模型也将发生非常大的变化。财务中台下共享运营服务的能力将发生如下变化。

一、智能化交互

前台的业务人员甚至财务人员和共享服务中心之间将更多地通过语音助手、RPA、数字员工等智能代理进行交互,更方便地完成智能问答、数据查询、单据填写、创建任务等传统的共享任务,智能代理也能创新性地在财务洞察、知识问答、共享协同、审单、对账、开票、支付、记账、统表、计税、预测、预警、分析、决策模拟等领域帮助业务、财务和管理人员实现和财务中台随时随地的智能化交互。

二、智能派单

财务共享服务中心通过标准化、流程化的改造,实现了将分散的业务集中处理的功能。然而,随着业务量的增加,共享任务分配中主要存在以下三大问题:

(1) 传统的任务派单缺乏专业化、标准化的任务分配机制,如果资源分配不合理,可能会导致一些重要任务得不到及时处理,而其他次要任务则可能过度分配,造成资源的浪费和效率的降低。

(2) 传统的派单机制使用的是单一的划分标准,如按照地域划分任务分配范围,然而不同地域的任务量大小不一致,这将导致人力资源的调配不均。

(3) 传统的抢单模式虽然可以调动员工的积极性,但受限于共享服务中心的任务量级。

针对上述三大难题,财务中台基于规则引擎技术解决了传统派单模式的弊端。财务中台在与不同的业务系统对接后,将各类业务单据接入共享任务池,并基于规则引擎由智能派单机器人对任务进行智能分配(见图5-10)。不同类型的任务将按技能匹配度被分配给财务共享人员或者财务数字员工,并进行专业化、流程化、智能化的任务处理。人员集中将不再成为共享中心建设的必要前提。

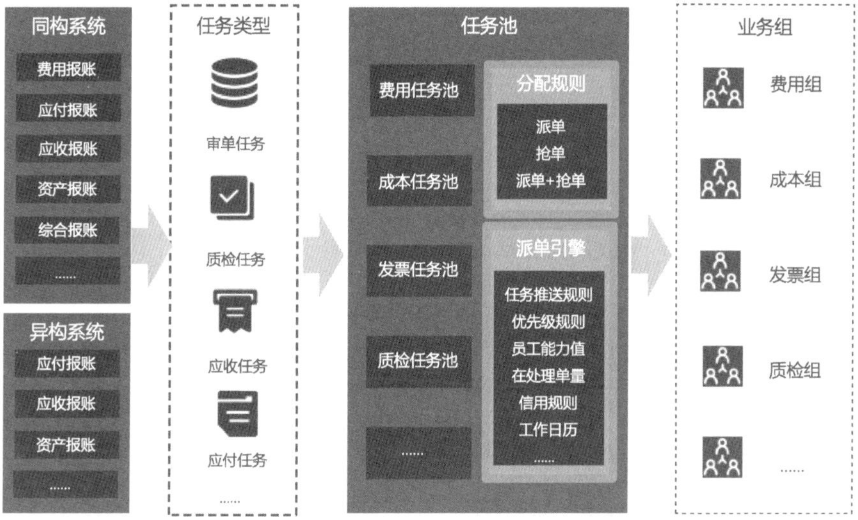

图 5-10　财务中台下的智能派单机器人

1. 任务池的集中管理

共享任务池集中管理是指将所有来自集团的任务分配给共享服务中心财务共享人员的过程。在这一过程中,管理员负责将集团的所有任务汇集到任务池中,并根据不同的模式将这些任务划分并分发给各个共享服务中心进行执行。同时,财务中台可按照员工技能而非用户组设置不同操作权限,如对于只有初级技能的员工,支持分发任务审核、驳回、暂挂、申请调整任务等常规操作;对于技能等级达到高级及以上的员工,支持分发任务指派、回收、重分配、加急、冻结等操作,并且支持任务池各项监控与统计分析。这种集中化的管理方式有助于提高任务分配的效率和准确性,确保各个共享服务中心能够顺利地完成各自的任务。

2. 多元化的动态分配

多元化的动态分配是指将共享任务基于灵活多样的规则分配给各

财务共享人员。支持管理员多样的任务管理需求,结合提单人信用分、任务优先级、业务员能力值、工作日历、业务员每天/月处理任务数、业务员处理中任务上限、单据业务类型、报账金额等多种因素,进行灵活、公平且有效率的动态任务分派。

3. 多样化的派单模式

多样化的派单模式旨在应用多种派单规则将任务从用户组向个人进行智能分配。除通过智能派单定时进行任务推送以外,系统还支持通过不同条件维度进行任务拉取,满足财务共享中心进行"抢单管理"的需求。在多样化的任务派发模式下,以智能派单为主导,以人工分配、手动抢单为辅。这种模式的智能特性能够完美解决员工积极性、任务分配不均的问题,确保任务从用户组向个人的公平和有效分配。

综上所述,财务中台为企业提供了科学高效的任务管理模式和敏捷的任务派发机制,从而确保集团企业更加有效地整合内部资源,提升共享运营管理效率,实现大型企业集团财务作业流程的公平性和高效性。

三、智能审核

单据审核是财务共享服务中心常见的最耗时耗力的工作之一,集团范围内的单据需要财务人员根据统一的审核标准耗费大量的精力去处理。传统共享审单过程主要有三大难点:

(1)任务量大,工作超负荷。集团企业由于业务量的不断扩张,审单数量与日俱增,而人工每日审单量有限,导致效率难以提升,这给财务共享中心的工作效率带来了挑战。

(2)审单规则复杂多样。随着集团企业业务不断扩张和变化,审单规则日益复杂繁琐。为了确保单据和各类原始附件材料的准确性和完整性,财务人员需要对审单规则非常熟悉,并具备较强的业务能力。

然而,这种复杂的处理流程往往会导致审单人员耗费大量时间和精力,增加了出错的可能性,从而降低了审单的精细度和准确率。

(3)审核经验存在个体差异。不同财务人员的工作经验、理念和责任感存在差异,这使得财务人员对审单规则的理解可能存在差异,进而影响审核质量的一致性。

针对上述三大难点,财务中台将综合利用OCR、RPA、规则引擎、AI大数据分析、生成式人工智能等智能化技术,构建智能化审核能力,帮助财务共享人员大幅提高审核效率、降低审核风险。智能化审单服务通过全方位自动化校验、大量历史数据的AI学习训练,涵盖单据合规、附件合规、票据合规、员工行为、客商征信以及预算控制等业务和财务审核的关注重点,致力于提升单据审核的效率和质量。这将有助于促进集团财务数字化的转型,为企业实现更高效的财务管理和决策提供支持(见图5-11)。

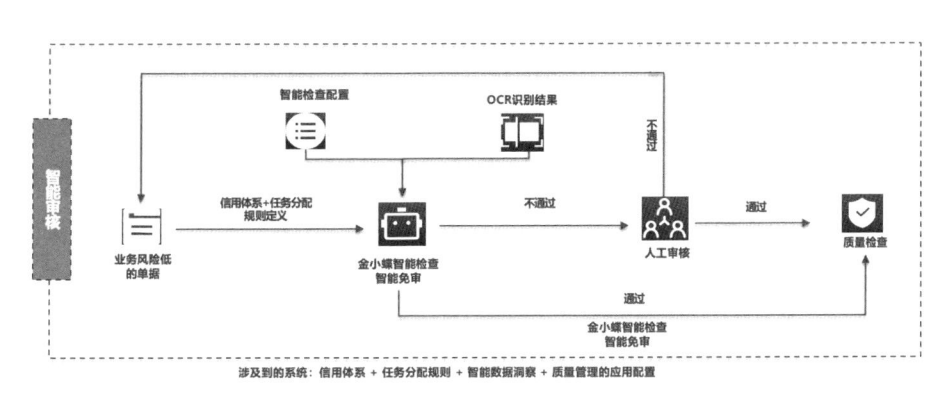

图5-11 机器人审单场景

对于低风险且规则明确的任务,财务中台可以基于共享成熟的信用体系、灵活的任务分配规则,结合OCR识别技术和一系列的协同审批规则来自定义智能检查项,并根据相关的技术和规则进行自动检查,包括但不限于报账单金额的自动审核、附件文档信息和单据信息的比对、风险字样的自动排查、发票抬头和发票项目的审核、发票流与资金流一致性审核等,做到智能审核,最后通过全闭环的质量管理体系,进一步把控风险(见图 5-12)。

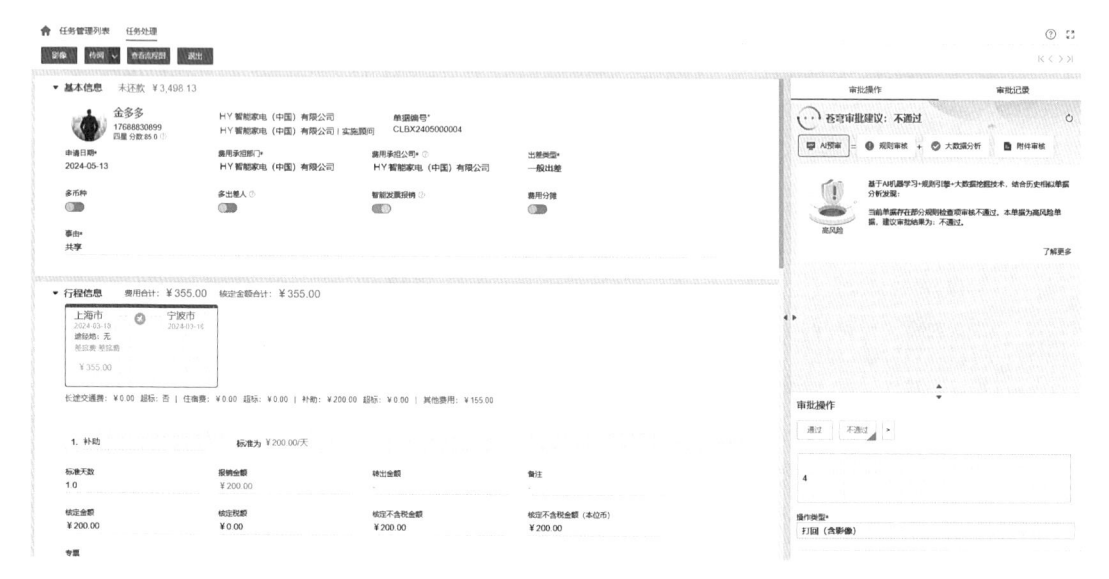

图 5-12 智能审核助手

对于高风险的复杂单据,智能审核助手可基于大数据、AI 机器学习等技术,通过大量历史数据的学习训练,协助审核关键业务事项、潜在风险点,智能出具动态的预审意见,并提醒共享业务人员进行重点关注。

四、智能质检

财务共享服务中心的单据审核工作通常包括单据任务审核和任务质量检查两个环节。任务质检不仅是共享服务中心质量稽核的重要手段,也是企业内控管理的重要环节。然而,目前许多共享服务中心仍以手工方式进行单据稽核,受到以下因素的限制:庞大的单据量、繁多的质检点、质检规则的不一致、员工工作负荷等。这些限制导致难以实现稽核样本的全面覆盖,对问题改进、任务进度无法有效跟踪,稽核报告无法实时生成,统计数据无法形象化、可视化地呈现给管理者,从而难以实现财务风险预判和管理决策支持。

针对上述问题,财务中台可以基于规则引擎、AI、大数据分析等技术,建立科学有效的财务质量稽核管理体系,通过智能抽检对共享中心的运营结果进行质量管理。财务共享服务的质量管理应用支持灵活自定义质检内容和质检方案,能够按设置的抽取规则自动抽取,同时,对于质检不合格的单据会自动生成整改任务,让员工线下整改,而系统在线上进行全流程跟踪记录。整个质检过程的数据会被统计分析,用以指导后续的优化(见图 5-13)。

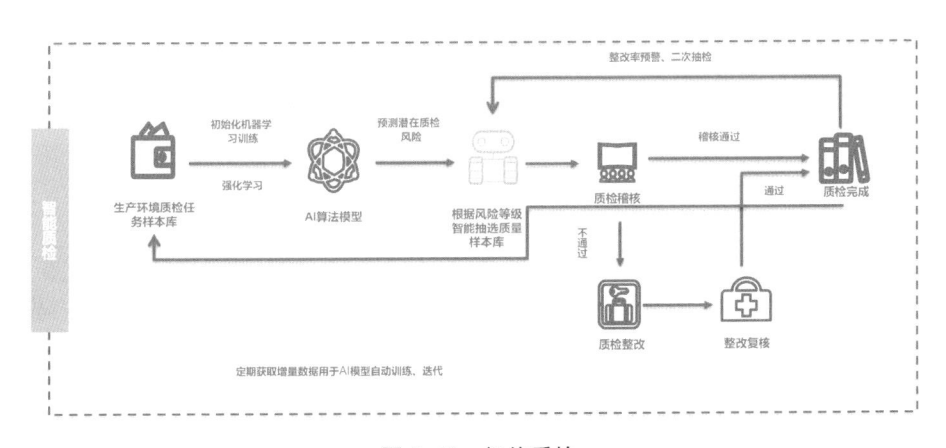

图 5-13 智能质检

企业可以根据自身的需求,在指标库中选择适当的特征向量指标。然后,系统会根据所选指标和历史质检数据,建立并初始化训练 AI 模型。这个模型将用于预测所有已完成任务的潜在质量风险(见图 5-14)。

为了提高预测准确性,AI 模型会定时、定量地获取增量业务数据,并通过自我强化和学习迭代不断优化和完善。这样一来,企业可以更加准确地预测潜在的质量风险,从而采取相应的措施来降低风险。

此外,AI 模型还可以帮助企业实现在任务审核过程的实时监控和管理。通过对审核数据的分析和处理,企业可以及时发现并解决潜在的审核问题,从而优化企业相关业务管理规范。

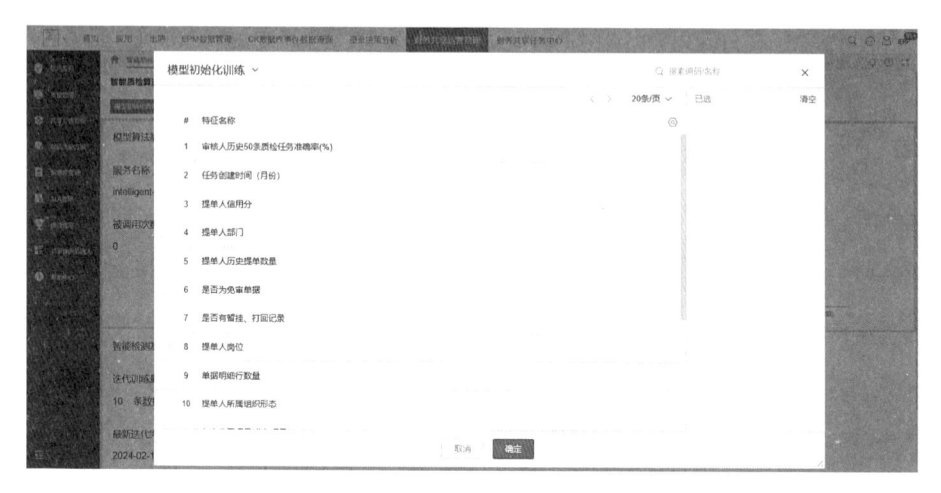

图 5-14　智能质检学习模型

五、智能客服

财务中台可以借助大模型的能力构建财务共享的智能客服能力，支持网页、微信公众号、H5 等接入通道，实现多通路连接用户，7×24 小时全天候在线，随时响应各类咨询，实现无人工的智能客服托管模式，大幅降低客服人力成本。

传统的智能客服采用"预置问答"的模式，通过 NLP 技术识别用户语义，与知识库中人工事前预置的知识进行匹配，最终返回答案。在此模式下，需要共享运营人员耗费大量时间预置和维护知识，同时用户问题匹配的命中率以及返回答案的针对性存在一定的问题。

而基于大模型能力构建的智能客服，只需要共享运营人员上传相关的知识文档，无需预置问题与关键词。例如，根据财务报销要求，GPT 助手可充当全员助手，推荐最优差旅方案，员工只需审核确认即可，这让出差流程变得省时省力、简单快捷。在专业的财税领域中引入 GPT 助手后，用户也能通过"一问一答"的形式，快速精准了解国家最新财税政策、企业规章制度和管理办法。GPT 通过学习知识文档，理解用户意图,可以自主生成对用户问题的针对性回答,从而提升了共享运营效率和用户的体验。

六、附件分析

共享智能审核在原有基于规则和深度学习算法的基础上,具备了长文本附件的理解能力,极大提高了审单人员的作业效率。

以合同付款申请的共享审批为例,GPT 助手对于复杂的非标合同具备强大的理解和判断能力。GPT 助手可以预先提炼出附件合同的关键审核要素信息、付款条款信息、乙方的税务信息和账户信息、剩余待支付信息等。此外,基于以上信息,GPT 助手还可以追溯其在合同原文中的精准出处。

第六章

能力中心：财务数据服务能力

财务数据服务能力在应用层的核心是算法、模型以及能力和业务场景的组装，后一个命题我们在前面两章已经多次介绍，这里不再赘述。本章的内容将放在算法和模型上。虽然有观点强调企业一旦要对海量的数据进行处理，必然会关注算力问题，但我们认为从工程化的角度来看，这是 PaaS 和 IaaS 层可以解决的事情，我们在应用层也可以不做讨论。

模型和算法的定义

不管是什么领域的数据服务，在能力表现上均会与算法和模型密不可分。我们有必要对这两个概念进行辨析，以明确其作用场景和相互关系，便于引出后面的主题。

模型是对实际对象、系统或问题的简化描述和抽象表达，通常由符号、公式、图表、图像等形式组成。模型在不同领域具有不同的定义和表达方式，但其核心本质是对现实世界的简化和抽象。在财务领域，从 Excel 表中的各类数据计算函数到财务报告中的各类分析指标，再到商业智能/数据中台/各类统计工具中的数据建模以及智能财务中开始使用的神经网络、随机森林、GPT 多语言大模型等，都没有脱离这个范畴。对于财务数据服务来说,模型分为数学模型和计算机模型。

数学模型是用数学符号和公式描述现实世界的模型。资产负债率、直线折旧、约当产量、量本利分析、边际贡献、杜邦分析、趋势分析、对比分析等,都属于数学模型的范畴。数学模型的特点是对输入的数据源、计算过程和输出的数据结果都可以精确描述,计算方法可见且可以追溯。

计算机模型是使用计算机程序对实际问题进行仿真的模型,例如,神经网络的基本原理是对脑神经元回路机制的仿真,实践中具有应用价值的人工智能技术所使用的模型也可以归类到计算机模型。计算机模型的特点是能模拟和预测比数学模型更复杂、更接近真实世界的现象,但输出结果不一定完全准确,对输入数据的标准化约束也不是特别严格,并且计算过程往往不可追溯,有时候还会出现虚假信息幻构,尤其是GPT大模型。

算法是一组严格定义的规则和步骤,用于解决特定问题或执行特定任务,它是一种计算过程,可以将输入转换为输出。虽然算法和模型有不同的定义和功能,但在实际应用中常常紧密联系在一起。

对于数学模型而言,算法可以是数学上的公式、逻辑上的规则、程序代码的序列等形式。而对于计算机模型来说,算法被用于从数据中提取模式、进行分类、回归、聚类等任务。人工智能技术中,算法和模型之间的联系紧密而复杂。算法是实现模型训练和预测的基础,它定义了学习的规则和过程。通过选择不同的算法,我们可以获得不同类型的模型,并且在解决不同的问题时会有不同的表现。算法的选择对于模型的性能和效果至关重要。模型也与算法密切相关。模型本质上是由算法生成的,它是对数据的学习和总结。算法通过使用训练数据进行模型的训练,并通过调整模型的参数和权重,使其能够更好地拟合数据和泛化到新的未见数据。训练过程通常涉及优化方法、损失函数等技术,这些都是算法的一部分。算法和模型还需要考虑应用场景和目标。在机器学习中,我们通常需要根据具体任务的要求选择合适的算法和模型。例如,在处理大规模数据集时,需要考虑算法的效率和可伸缩性;在面对高维数据时,需要选择适应高维特征的模型;在处理非线性问题时,则需要使用能够拟合复杂关系的算法和模型。

算法和模型在人工智能技术中都扮演着重要的角色。算法是解决问题的规则和步骤,而模型是通过算法从数据中学习得到的结果。算法和模型之间紧密联系,选择适合的算法可以获得高性能的模型。

概括来说,尽管财务数据服务能力从场景角度来说,可以结合不同的业务板块、流程、经营单元和个体,提供分析、预警、预测、决策、评价、报告等服务。但从模型和算法角度,财务数据服务能力的核心可以归结到分析模型上,于是我们得以进一步收敛这个话题。

财务分析模型

随着企业规模的不断扩大,企业的财务数据也变得越来越复杂,传统的财务报表已经无法满足企业管理和决策的需要。因此,财务分析模型应运而生,它可以将企业的各种信息按照价值创造的主线进行分类、整理和链接,以完成对企业财务绩效的分析、预测和评估等功能。

当前越来越多的企业重视数字化建设,在企业的数字化程度高、战略管理周期缩短的背景下,财务分析需要更敏捷地适应业务变化,建设一套基于数据中台和财务中台的可复用模型整体框架显得至关重要,在此基础上可以引入大数据相关技术,让财务分析模型变得更精细化、智能化。

财务分析模型是一种用于评估公司财务状况、经营成果和财务风险的工具。它通常基于公司的财务报表,如资产负债表、利润表和现金流量表等,通过计算各种财务比率和指标,来揭示公司的经济活动中的各种问题。

这些模型可以帮助投资者、管理层和其他相关方理解公司的运营情况,并为决策提供依据。例如,通过对公司偿债能力、盈利能力、经营效率等方面进行分析,可以评估公司的长期生存能力和盈利前景。

财务分析模型是一个系统性的、结构化的工具,旨在通过定量方法对企业进行全面、深入的财务分析。在当前数字化时代下,数据中台和财务中台技术的发展与应用,使得这些复杂性得以大幅度降低,并且更加便捷高效地服务于企业决策。

一、企业常见的财务分析方法

(1)趋势分析法。通过对历史数据进行长期观察,找出其变动趋势,预测未来可能出现的情况。

(2)对标分析法。通过比较自身与行业内其他同类公司或者最佳实践公司在相同条件下各项指标的表现情况,找出差距并提出改进措施。

(3)变动分析法。通过计算各项经济指标之间的变动关系及其影响程度,揭示经济活动变动规律。

(4)杜邦分析法。这是一个综合性强且科学性高的方法。它将资产收益率与权益收益率联系起来,并将这两个比率进一步拆解为多个因素进行深入剖析。

(5)波动分析法。主要是研究经济指标数值在一定时期内上下波动变化规律的一种分析方法。

(6)偏离度分析法。通过计算实际结果与预期结果之间的偏离程度,评价经营活动的效果。

（7）预测分析法。基于历史数据和统计模型，预测未来可能出现的情况。

（8）决策树分析法。通过构建决策树模型，对复杂问题进行结构化处理，以便更好地理解问题并找出最佳解决方案。

（9）归因分析法。通过识别和量化影响某一结果变量的各种因素，以确定其主要影响因素。

二、财务分析模型的价值定位

通过各种财务分析方法评估公司的财务状况和业绩，可以为企业领导层、投资者和债权人、管理人员、业务经营单元负责人甚至员工个体提供分析、预警、预测、决策、评价、报告的依据，帮助他们及时了解公司的财务状况，预测未来的财务表现，从而避免因对企业经营情况的了解出现偏差，而对企业发展带来重大不利影响。

（1）财务分析模型可以提供对公司财务状况的深入理解。通过对比分析不同时间段的财务数据，可以发现公司经营活动中可能存在的问题，并及时进行调整。

（2）财务分析模型可以帮助预测未来的业绩。通过建立并使用这些模型，我们可以根据历史数据预测未来几个季度或几年内的收入、利润和现金流量等重要指标。这对于企业规划未来发展战略以及投资者做出投资决策都非常有价值。

（3）财务分析模型也是风险管理的重要工具。通过对各种财务指标进行监控和分析，我们可以及时发现潜在风险，并采取相应措施进行防范。

在当前大数据环境下，构建有效的财务分析模型并将其融入企业日常运营中已成为一种趋势。只有充分利用好这些工具才能更好地把握市场机遇、应对挑战，并实现可持续发展。

三、财务分析模型的目标

财务分析模型的目标是通过科学地处理和解读财务数据,为决策者提供依据,预测未来趋势,评估风险,优化资源配置,并实时监控企业经营情况,以帮助各利益相关者更好地理解企业状况并做出明智的决策。

具体来说,财务分析模型的目标可以分为以下几个方面:

(1)提供决策支持。通过对企业的财务数据进行深入分析,财务分析模型可以为管理层提供有关企业经济活动和财务状况的详细信息,从而帮助他们做出更好的决策。

(2)业绩评估。通过对比分析企业在不同时间段或其他同行业公司的财务数据,可以评估企业的经营效果和竞争力。

(3)优化资源配置。通过对企业的资产、负债、收入和成本等各项指标进行深入分析,可以帮助企业发现资源配置中存在的问题,并提出改进措施。

(4)风险管理。通过对企业的风险因素进行深入分析,可以帮助企业识别并预防可能面临的风险。

(5)提高经营效率。通过对企业的运营情况进行深入分析,可以帮助企业找到提高经营效率和盈利能力的方法。

(6)建立良好信誉。通过公开透明地展示企业的财务状况和运营情况,可以帮助企业建立良好信誉,吸引投资者和客户。

总之,作为一种重要工具,财务分析模型在实现以上目标过程中起着至关重要作用。

四、企业常用的财务分析模型

通过运用杜邦分析模型、波特五力模型和两角模型等常用财务分析工具,我们可以更好地理解公司的经营状况,评估行业竞争态势,预警潜在风险,并据此制定或调整公司战略。这不仅有助于提高企业决策效率,也有利于推动企业持续健康发展。

1) 杜邦分析模型

杜邦分析是一种经典的公司绩效评估方法,它将公司利润率与资产周转率相结合,从而得出公司总体回报率。在"数据+财务中台"环境下,我们可以实时获取并处理相关数据,然后使用杜邦公式进行计算和解读,从而更准确地评估公司绩效。

2) 波特五力模型

波特五力模型是一种用于评估行业竞争态势和公司战略定位的工具。通过收集并整理行业内外部环境相关数据,并结合波特五力框架进行解读,我们可以更好地理解行业竞争格局,并据此制定或调整公司战略。

3) 两角模型

两角模型主要关注流动性风险和偿债能力风险这两个方面的指标。在"数据+财务中台"环境下,我们可以实时监控相关指标,并根据两角公式进行计算和预警,从而及时发现并应对潜在风险。

五、财务分析模型的应用现状

目前,财务分析模型主要用于深入理解和评估企业财务状况,包括现金流量、资产负债表和利润表分析等。

首先,传统模型在数据获取和处理上耗时且复杂,缺乏有效的数据整合平台,需要大量手动清洗和整理工作。同时,由于数据格式和结构的不一致性,数据整合成为巨大挑战。

其次,传统模型缺乏灵活性和适应性,基于固定假设和参数进行计算,无法适应市场环境和企业策略的快速变化。因此,在实际应用中可能无法准确反映企业真实情况。

最后，在传统模式下，财务报告通常是定期生成的，管理层无法实时获取最新财务信息，在快速变化的市场环境下可能错过重要商业机会或无法及时应对潜在风险。

总的来说，尽管现有的财务分析模型具有一定价值，但由于其在数据处理和模型灵活性方面存在限制，并不能满足现代企业对高效、实时、精准财务信息处理和分析的需求。

在企业当前的财务分析模型应用中，还存在一些亟待解决的问题：

（1）数据孤岛问题。许多企业的财务数据被存储在不同的系统和平台上，这导致了数据孤岛的出现。这种情况下，数据无法实现有效整合，使得财务分析模型无法全面、准确地反映企业的经营状况。

（2）数据质量问题。由于缺乏有效的数据管理和治理机制，企业内部存在大量的"脏数据"、重复数据和错误数据。这些低质量的数据会直接影响财务分析模型的准确性。

（3）模型复杂度高。现有的财务分析模型往往过于复杂，需要专业人员进行操作和维护。对于非专业人员来说，使用起来有一定难度。

（4）实时性差。许多财务分析模型都是基于历史数据进行建立和运行的，无法实时反映企业最新的经营状况。

（5）缺乏预测能力。大部分现有模型主要侧重于描述和解释过去发生的事情，而缺乏对未来趋势和事件进行预测和预警的能力。

（6）不具备智能化能力。绝大部分现有模型都是提前按照固定的需求设计实现的，面向的场景相对比较固定，对于当前多元化的分析场景需求，不具备智能化分析能力。

六、中台化财务分析模型的发展方向

中台化财务分析模型的发展方向将更加聚焦于"财务中台＋智能

化"的构建,以实现更高效、更精准、更智能的财务管理。

业财数据集市是下一代财务分析模型产品的基础。业财数据集市是一个集成了各类业务系统数据、第三方数据以及公开数据等多源异构数据,并通过数据中台和会计事件库技术进行统一清洗、整合和管理的平台。通过业财数据集市,企业可以打破原有的信息孤岛,实现全局视角下的数据共享与应用。这不仅可以提升企业内部各部门之间的协同效率,也为深度挖掘和利用企业内外部资源提供了可能。

在此基础上,中台化的分析模型还需要使用结合财务领域大模型的GPT助手,来实现财务生成式、探索式的交互分析,帮助管理者便捷理解财务报表和指标数据,发现人工难以识别的趋势和异常;利用深度神经网络等算法对海量财务数据进行智能化处理和分析,并根据市场环境和企业策略变化动态调整参数;支持生成各类型财务报告并提供详细数据解读,以及通过简单查询语句获取所需信息并进行深入探索。

七、构建中台化财务分析模型的关键要素

企业在构建可复用的财务分析模型时,需要考虑以下几个关键因素:

(1) 数据的完整性和准确性。财务分析模型的基础是数据,因此,我们需要确保数据的完整性和准确性。这就需要建立一个有效的数据中台,以收集、清洗、整合和管理各种财务数据。

(2) 业务需求。财务分析模型应该根据企业的具体业务需求来设计。例如,如果企业希望了解其运营效率,那么可以设计一个专门用于评估运营效率的模型;如果企业希望了解其财务风险,那么可以设计一个专门用于评估财务风险的模型。

(3) 可操作性。财务分析模型应该易于理解和使用。这就需要我们在设计模型时考虑用户的知识背景和技能水平,并尽可能地降低模型的复杂度。

（4）灵活性。由于企业环境和业务需求可能会发生变化，因此，财务分析模型应该具有一定的灵活性，以便适应这些变化。

（5）持续优化。应该定期对财务分析模型进行评估和优化，以确保其始终能够满足企业的实际需求。

（6）多元化场景。基于财务大模型的GPT助手，可以对话的方式来支持企业的战略层、管理层、执行层等不同角色在定期经营分析会、业务专题讨论会、日常临时沟通会等多元化分析场景中的需求。

八、中台化财务分析模型的核心能力

（1）数据处理能力。财务分析模型需要具备强大的数据处理能力，包括数据收集、清洗、整合和存储等。这是因为财务分析涉及大量的财务数据，如收入、成本、利润、资产、负债等，这些数据往往来自不同的系统和平台，格式和结构也各不相同。只有通过有效的数据处理，才能确保数据的准确性和一致性，从而提高财务分析的准确性。

（2）计算和建模能力。财务分析模型需要具备强大的计算和建模能力，包括对各种财务指标的计算，以及对未来趋势的预测。例如，通过计算企业的盈利能力、偿债能力、经营效率等指标，可以全面了解企业的经营状况；通过建立预测模型，可以预测企业未来可能出现的风险和机会。

（3）解读和报告能力。除了处理数据和进行计算，财务分析模型还需要具备解读结果并生成报告的能力。这是因为财务分析的最终目标是将复杂的数字转化为易于理解且有实际意义的信息，并以此支持决策。因此，一个好的财务分析模型应该可以生成清晰易懂且内容丰富的报告。

（4）灵活性与可扩展性。随着市场环境的变化以及企业内部战略

的调整，财务分析需求也会发生变化，因此，财务分析模型需要具备良好的灵活性与可扩展性，以便快速适应新情况。

（5）集成与协作能力。在现代企业中，财务工作通常需要与其他部门（如销售、采购、生产等）紧密协作，因此，财务分析模型需要具备良好的集成与协作能力。

（6）生成式智能化能力。通过人工智能的深度学习等技术提供生成式智能化服务。例如，财务指标分析、自动生成报告、预测未来趋势等功能。

（7）灵活组装能力。业财数据集市或者数据中台通过统一、标准化并集成企业内外部数据资源，提供了丰富、准确和实时的数据支持。这些数据包括但不限于销售数据、采购数据、库存数据、人力资源数据等，可以从多维度反映企业运营状况。基于这些数据，财务分析模型可以灵活地进行组装，以满足不同决策需求。

九、中台化财务分析模型常见内容

（1）盈利能力。业财数据集市可以提供全面且实时更新的销售额及成本信息，帮助企业更好地理解其盈利状况并找出改善点；同时，结合财务中台的预算管理功能，可以实现盈利能力的动态监控和预警。

（2）运营能力。业财数据集市可以提供全面且实时更新的库存、销售、采购等信息，帮助企业更好地理解其运营状况并找出改善点；同时，结合财务中台的成本管理功能，可以实现运营效率的持续优化。

（3）偿债能力。业财数据集市可以提供全面且实时更新的资产、负债等信息，帮助企业更好地理解其偿债状况并找出改善点；同时，结合财务中台的风险管理功能，可以实现偿债风险的有效控制。

（4）发展能力。业财数据集市可以提供全面且实时更新的市场、竞争对手等信息，帮助企业更好地理解其发展状况并找出改善点；同时,结合财务中台的投资管理功能,可以实现发展策略的科学制定。

(5)控制能力。业财数据集市可以提供全面且实时更新的成本、风险等信息,帮助企业更好地理解其控制状况并找出改善点;同时,结合企业后台的内控管理要求,可以实现控制水平的持续提升。

十、中台化分析模型应用策略

(1)数据源选择。在组装财务分析模型时,需要根据具体需求选择合适的数据源。例如,在进行盈利能力分析时,可能需要使用销售额、毛利润等相关指标;在进行偿债能力分析时,则可能需要使用流动资产、流动负债等相关指标。

(2)模型设计。在设计模型时,需要考虑各种因素对结果的影响,并尽可能地将这些因素纳入模型中。同时,也需要定期对模型进行评估和优化。

(3)结果解读。在使用模型结果进行决策时,不能仅仅依赖于数字结果,而是需要结合实际情况进行全面考虑,并充分理解结果背后所代表的含义。

基于财务大模型的 GPT 分析

中台化的财务分析模型在结合财务大模型能力以后,财务分析模式将发生变革:从"固定路径查找式"升级为"探索生成式"的智能财务分析。

一、GPT 分析助手

传统财务分析模式下,企业人员按照财务分析需求,花费大量时间构建可视化分析应用。每次分析时,根据当前可视化呈现的数据/指标结果,依靠财务分析人员的经验进行判断,提供决策建议。这种方式适用于定期进行的结构化分析场景,但对于临时发起的简单分析场景不够灵活。

GPT分析助手模式能对大数据量的指标数据进行洞察和分析,综合运用对标分析、趋势分析、根因分析、杜邦分析等标准分析方法和专业分析模型,结合企业实际经营情况以及内外部信息,对指标进行深度分析,并针对企业经营情况给出专业的分析、预测与建议。它更适合日常临时发起的各类分析、查询场景(见图6-1)。

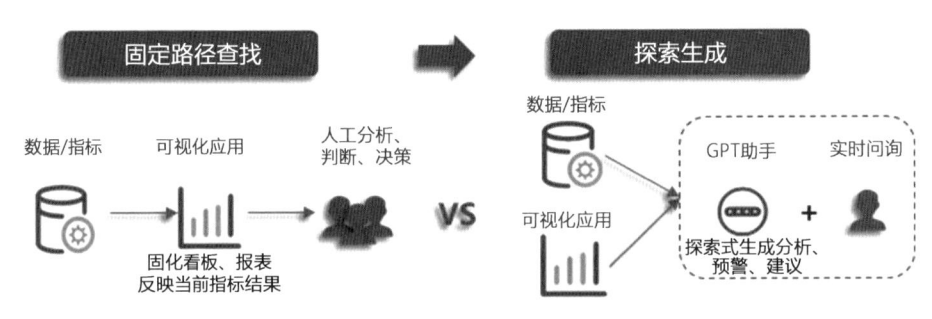

图6-1 GPT分析助手在财务指标分析中的应用

使用基于财务大模型的GPT分析助手开展的智能化分析将给企业带来显著的价值提升。

我们以GPT分析助手在HY集团的应用场景为例,来具体说明一下财务人员使用GPT分析助手开展财务指标分析工作的方式和场景。

HY集团是一家多元化大型国企,我们使用基于财务大模型的GPT分析助手(简称GPT助手),结合国资委对国央企的"一利五率"指标考核要求,对HY集团整体财务状况进行分析(见图6-2)。

GPT分析助手在与财务人员的对话中,通过自然语言处理能力,识别到关键要素,如HY集团组织、今年上半年时间、关键指标对象。GPT分析助手获取对应数据后使用该企业的财务大模型进行分析并给出建议,发现HY集团在上半年的财务表现整体稳健,从国资委提出的"一利五率"考核要求来看,HY集团仍有提升的空间,需要重点关注

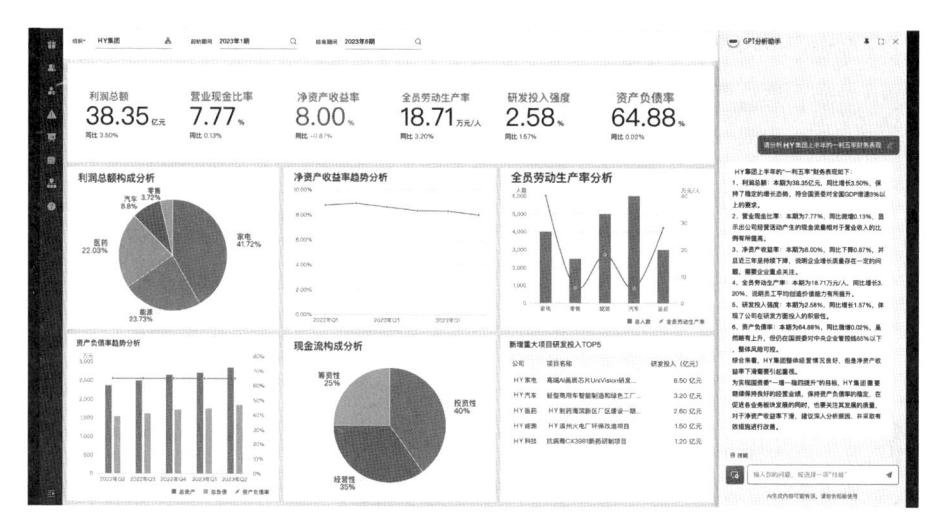

图 6-2　GPT 助手分析整体财务状况

净资产收益率指标下降的问题。

接下来可以从集团角度按板块展开净资产收益率的变动分析，GPT 分析助手获取各业务板块的指标数据，自主生成各板块的净资产收益率变动分析图，分析发现 HY 集团家电板块的该指标呈现明显的下降，需要重点关注（见图 6-3）。

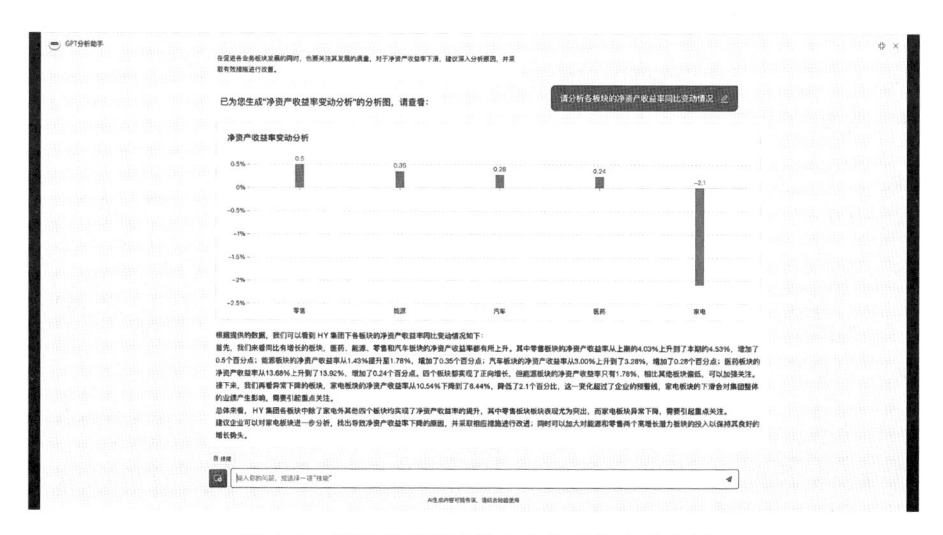

图 6-3　GPT 助手做净资产收益率的变动分析

在财务探索分析模式下，GPT 分析助手能根据用户对话及上下文获取相应的指标数据，并使用专业的财务分析模型和方法进行深入解读，通过动态图表加上详尽的分析内容，使得数据结果更为直观易懂。

此外，该企业的财务大模型不仅支持单个指标的深度解读，同时也支持经过大模型训练后的多元化财务领域分析场景和体系，如杜邦分析、根因分析等复杂场景以及企业精细化管理所需的各类专项体系（见图 6-4）。

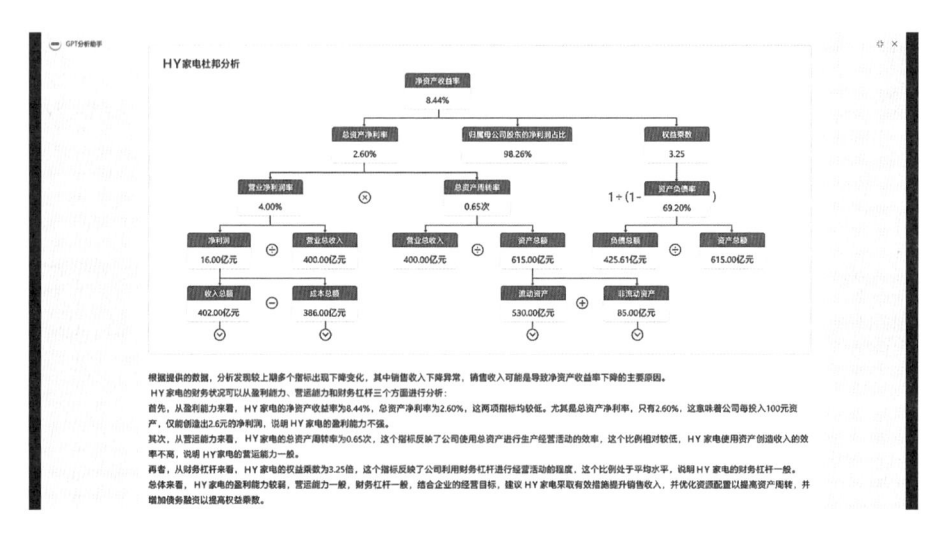

图 6-4　GPT 助手做杜邦分析

GPT 助手分析发现，首先，从盈利能力来看，HY 家电的净资产收益率和总资产净利率均较低，说明其盈利能力不强。其次，从运营能力来看，HY 家电的总资产周转率一般，说明其使用资产创造收入的效率不高。关联上期杜邦数据分析，发现销售收入变化异常是导致净资产收益率下降的主要原因。

通过以上分析，我们看到财务大模型能够帮助企业管理者更便捷地理解财务数据，发现人工难以识别的趋势、异常，为管理者提供决策建议，成为管理者得力的决策参谋。

二、在财务分析领域使用GPT需要解决的问题

（1）数据安全和隐私。财务数据通常包含敏感信息，如企业的收入、利润、成本等。因此，保护这些数据的安全和隐私是至关重要的。大语言模型需要能够处理这些数据，同时确保不会泄露任何敏感信息。

（2）数据准确性。在财务分析中，数据的准确性是非常重要的。一个小小的错误可能会导致巨大的影响。因此，大语言模型需要有能力处理复杂的财务数据，并且能够提供准确无误的结果。

（3）法规遵从性。许多国家/地区对于财务报告和分析有严格的法规要求。大语言模型需要能够理解并遵守这些法规，以确保其输出符合所有相关规定。

（4）复杂性管理。财务分析通常涉及复杂的计算和概念。大语言模型需要有足够强大的功能来处理这些复杂性，并为用户提供易于理解和使用的结果。

（5）实时更新。市场环境和企业状况经常变化，因此财务分析也需要实时更新。大语言模型应该具备实时处理和更新数据的能力。

（6）交互性。用户可能希望与模型进行交互，以获取更深入、更个性化的分析结果。因此，提高模型与用户之间交互体验也是一个关键问题。

（7）解释性。由于财务决策往往具有重要意义，所以用户可能希望了解模型如何得出其预测或建议。因此，提高模型预测结果可解释性也是一个重要问题。

第七章

能力中心：财务数字员工技能

对于已经建设了财务中台的企业来说，当能力中心的财务智能化能力不再迭代，或者企业本身就引入了第三方厂商提供的成熟能力时，就可以考虑进一步将这些智能化能力沉淀到财务数字员工技能库中，便于财务部门在更广泛的服务场景中通过财务数字员工方式，在更加自动地调用这些技能的同时赋予人工智能技术更多的人格化能力，帮助财务人员成功转型为掌握 AI 能力的管、业、数、技、财融合的未来财务人才。

数字员工的定义

数字员工是指能够投入企业生产和服务，以虚拟人形象存在，替代或协助人类工作的一种软件服务。财务数字员工主要服务于企业财务管理领域，协助企业员工处理各类财务相关事务。它们可能身处财务各个部门，提供不同的财务服务支持，也可能一人身兼多职，无处不在。

借助虚拟数字人技术、生成式 AI 技术，数字员工将给财务数字化带来巨大变化，用户体验、作业方式、决策分析、员工技能要求等可能被重新塑造。

一、重构用户体验

数字员工使得智能化从无形到有形,系统不再依赖键盘、鼠标等硬件设备,自然语言成为人机交互媒介,使得人机交互逐渐向人人交互的体验转换(见图7-1)。手机、平板、大屏乃至可穿戴设备,都将成为交互工具,使得元宇宙场景可能更快到来,移动互联网时代的人工智能应用可能被重塑。

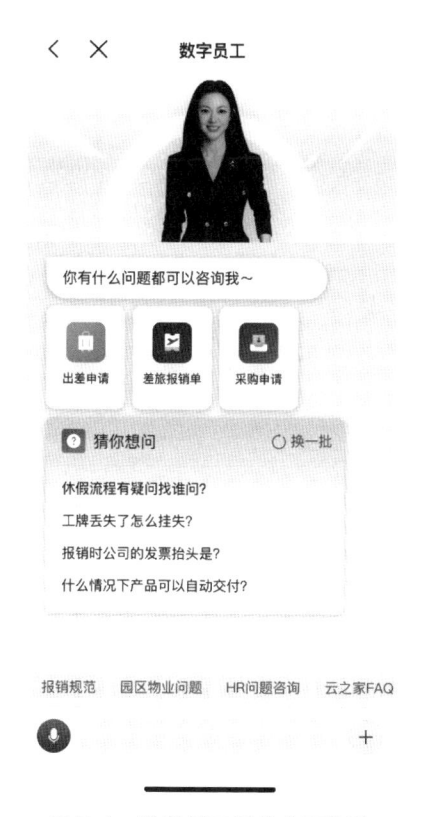

图7-1 数字员工重构交互体验

二、重构作业方式

数字员工可以自动化执行重复性任务,如数据输入、文件整理和电子邮件发送等,从而提高员工的生产力和工作效率,减少人工错误。

数字员工不仅可以处理结构化数据相关的任务,通过组合使用OCR、RPA和大模型技术,数字员工还能轻松应对非结构化数据交互以及富文本处理。以往需要人工逐页翻阅的合同及附件文本,现在数字员工已经能够自动读取、提取关键信息,并根据需要链接源文件进行展示,减少制单、审单过程中逐个翻阅附件的时间;在任务处理过程中,也能够随时提供业务咨询服务;还能根据员工的需求和偏好提供个性化服务,提高员工的满意度(见图7-2)。

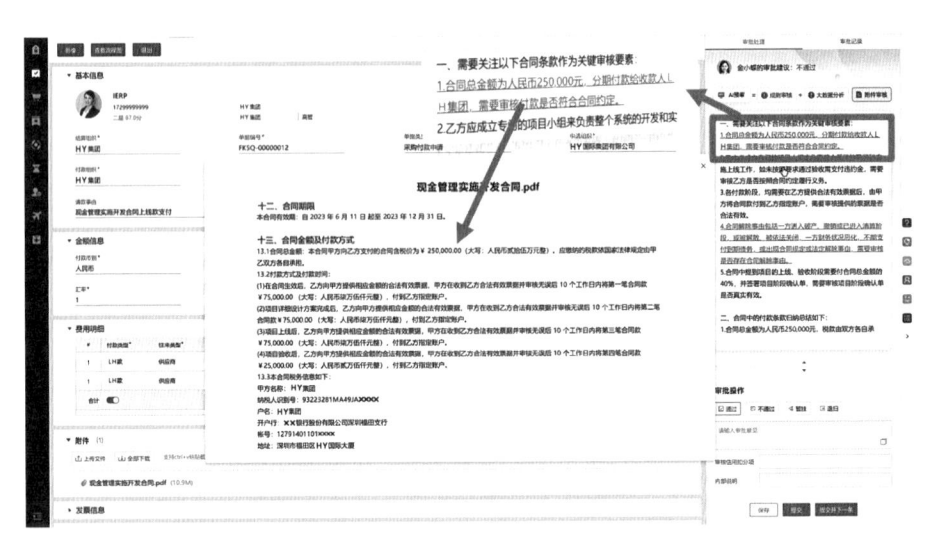

图7-2 数字员工重构作业方式

三、重构决策分析

数字员工可以通过对大量财务数据的分析和处理,提供有关业务绩效和趋势的见解和建议。以销售预测为例,系统利用预测模型可计算往期预测数据,与实际数据进行比较,可判断数据拟合度。过去,系统分析提供数据后任务就到此为止,需要借助管理者的经验分析,是引入更多的判断因素还是对现有分析因素的权重进行调整。而企业在引入财务大模型之后,数字员工则可以进一步提供模型改进建议。另外,在数据分析方面,数字员工支持自然语言交互的探索式分析(见图7-3)。

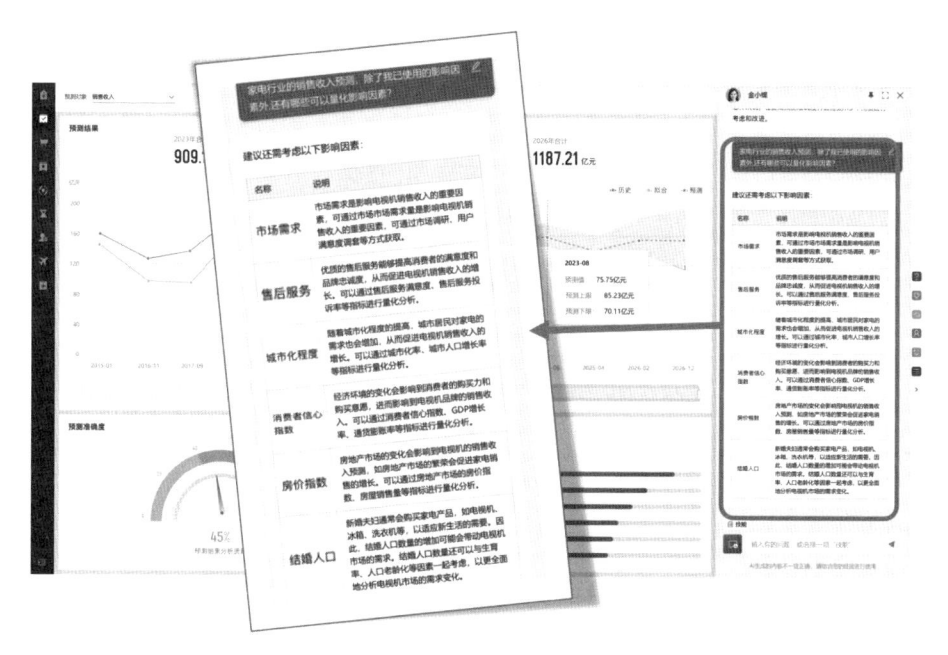

图7-3 数字员工重构决策分析

四、重构员工技能要求

数字员工的应用,尤其是生成式人工智能(Artificial Intelligence Generative Content,AIGC)技术的引入,标志着企业的数字化、智能化再上新台阶。AIGC技术一定会对现有的职能结构产生冲击,甚至有人将AIGC比作第一次工业革命时期的蒸汽机,它的发明对马车夫的工作冲击很大,但随着火车的发展,它不仅需要司机,还要增加乘务员、乘警以及配套的车站和工作人员的工作岗位。因此,作为企业员工,不用担心 AIGC 替代人类员工,而应当积极学习新技术,并合理分配工作任务和资源,强化与数字员工的合作,取得更高效、更优质的工作成果,使自己成为企业数字化转型过程中不可或缺的角色。

AIGC 技术会让员工工作职能从数据处理逐渐转向规则制定与维护,以及为管理者提供更快捷精准的决策支持。因此,也需要员工具备更广泛的技能,如数据分析、信息技术、自动化等方面的知识和能力。同时,需要对数据安全更加敏感,防止数据泄露及相关风险。AIGC 技术仍在发展,AIGC 更需要不断地训练,企业员工应当通过对新技术的掌控和应用,积极训练 AIGC,使其更好地为员工服务,为企业服务。未来冲击员工职业的不是 AI,而是会使用 AI 的人。

财务数字员工的技能管理

财务中台能力中心通过数字员工管理平台对财务数字员工技能库进行统一管理和绩效评估。财务数字员工技能主要分为通用技能和专业技能两类。通用技能包含财务中台 PaaS 层的智能化基础能力,如 RPA 机器人、语音助手、视觉识别服务、智能搜索等。专业技能则涵盖了能力中心中财务管理服务能力和财务数据服务能力,如各类引擎、语音出差申请、发票识别、智能审单等。

数字员工管理平台是对数字员工形象、语音、技能接入及效能监控等应用进行统一管理的平台和智能化门户。可定制数字员工形象、声音,需要支持第三方虚拟数字人服务及语音能力接入(见图 7-4)。

数字员工管理平台可以将上述能力以"技能"的方式封装至技能库中,通过数字员工入职及调整的方式赋予财务数字员工,实现对财务数字员工的人格化管理(见图 7-5)。

第七章 能力中心：财务数字员工技能

图 7-4 数字员工管理平台

图 7-5 财务数字员工技能管理

数字员工管理平台以关键指标的方式展示财务数字员工的处理数据量、节省人效和资金等信息，使管理者能够更全面地了解财务数字员

171

财务中台:新一代财务共享平台

工的表现(见图7-6)。

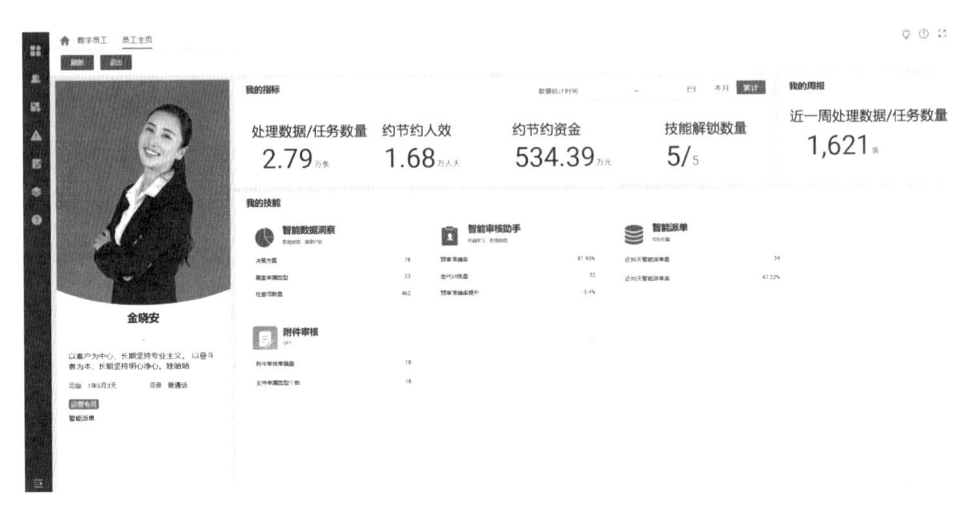

图 7-6　财务数字员工主页

此外,管理者也可以通过数字员工效能看板,按照不同领域管理财务数字员工,例如,查询某领域财务数字员工、评价财务数字员工整体绩效、批量维护财务数字员工技能等(见图7-7)。

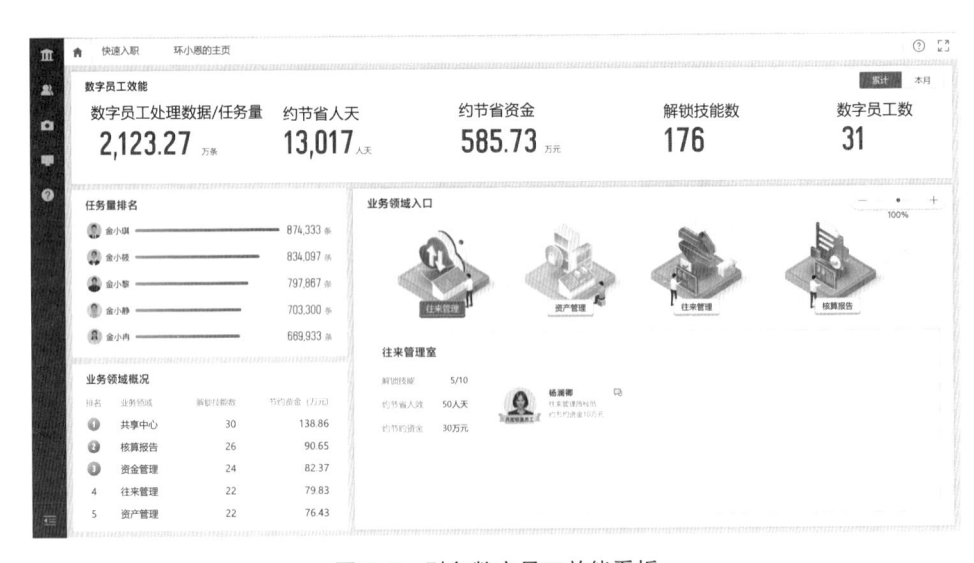

图 7-7　财务数字员工效能看板

财务数字员工技能也可以进行灵活拓展,为企业员工提供更符合岗位需求的协作者。财务数字员工技能拓展可以概括为横向和纵向两方面。

从横向来看,财务数字员工根据岗位需求不断新增、删除、调整技能,适应岗位职能变化。系统需要提供动态化的技能管理能力,支持技能扩展、组合;

从纵向来看,财务数字员工的许多技能需要基于大数据、深度学习和大模型技术,根据业务数据的积累不断自我成长,处理业务越来越高效、精准(见图7-8)。

图7-8 财务数字员工技能拓展

通过管理平台将财务数字员工的上述"技能"统一管理后,就可以参照企业员工的工作职能分析已上岗的财务数字员工的具体价值,通过数字员工处理的任务数量评价其节约的人效和资金情况。例如,某共享中心统计,某财务数字员工近三个月审核了共享中心近31%的单据,如果长期维持这个比例,按照200元/人/天的价值估算,每年可节约1911人/天的时间,实现38.22万元的经济价值。

财务数字员工的通用技能

如图 7-9 所示，财务数字员工具备全局对话交互、自定义预警通知、自定义催办、工作汇报等通用技能。

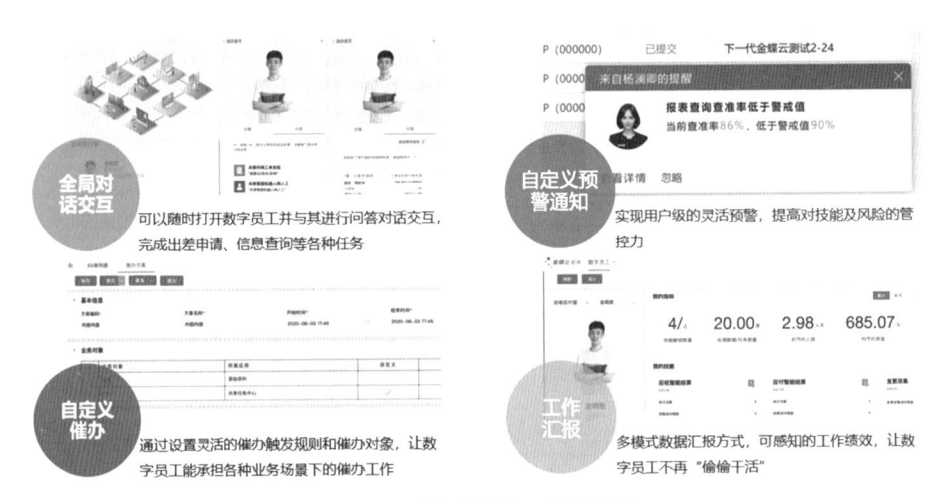

图 7-9　财务数字员工通用技能

一、全局对话交互

财务数字员工的全局对话交互可放置于企业财务系统的首页、PC 端用户界面中的侧边栏、移动端、大屏等多种界面，确保用户随时随地可以发起数字员工对话交互，通过后者的帮助轻松完成各种任务，如出差申请、信息查询等（见图 7-10）。

二、自定义预警通知

针对专业技能的某个指标（预警项）可以设置警戒值（大于、小于或位于警戒区间）及预警对象，对关键指标进行监控，及时提醒用户采取相应措施，从而规避风险（见图 7-11）。

第七章 能力中心：财务数字员工技能

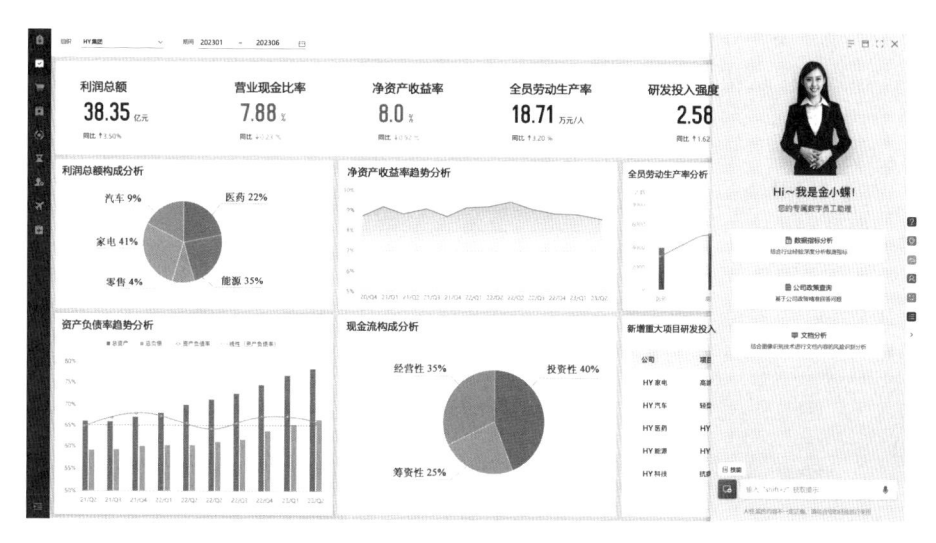

图 7-10 财务数字员工全局对话交互

图 7-11 数字员工自定义预警通知

三、自定义催办

通过设置灵活的催办触发规则和催办对象，数字员工可以承担各种业务场景下的催办工作,包括异常挂起/待分配流程催办、备用金报销/归还催办、机票/酒店未报销订单催办等(见图 7-12)。

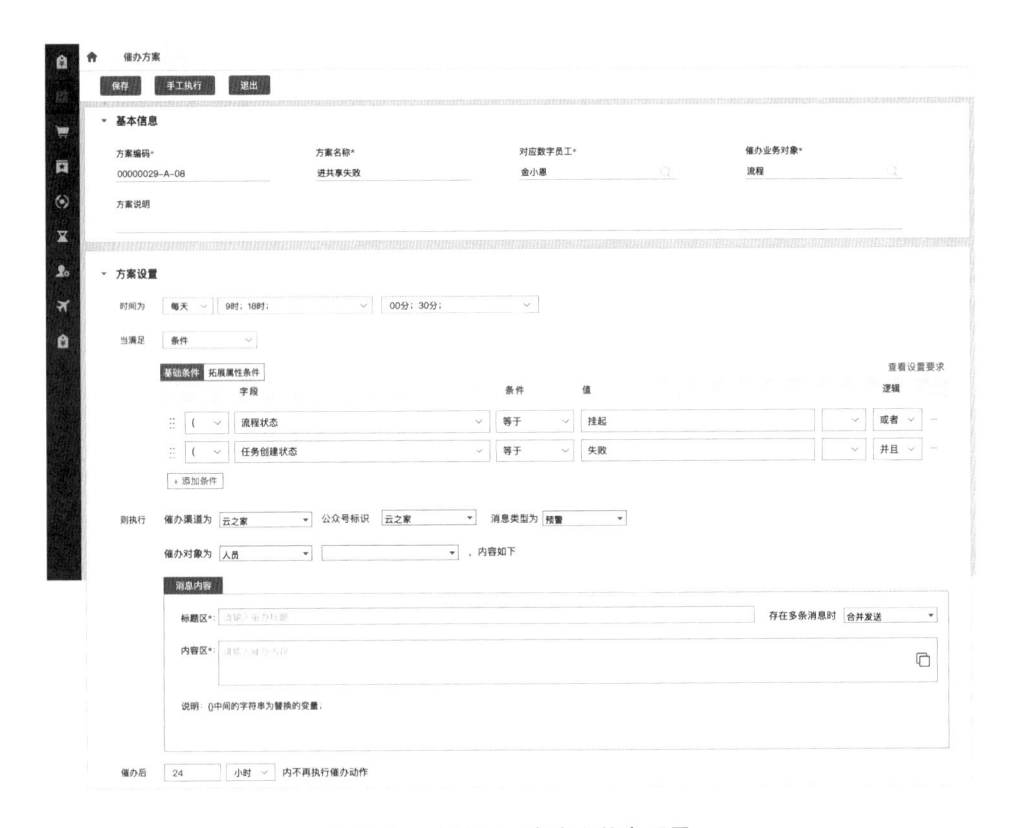

图 7-12 数字员工自定义催办配置

四、工作汇报

数字员工可汇总各项技能在汇报周期内的处理数量、成功数量、失败数量及失败原因等数据,通过配置主动向管理者汇报,形成数字员工与企业员工的良好协作关系,让企业员工及时掌握事务处理进度,以及异常状况以便积极应对(见图 7-13)。

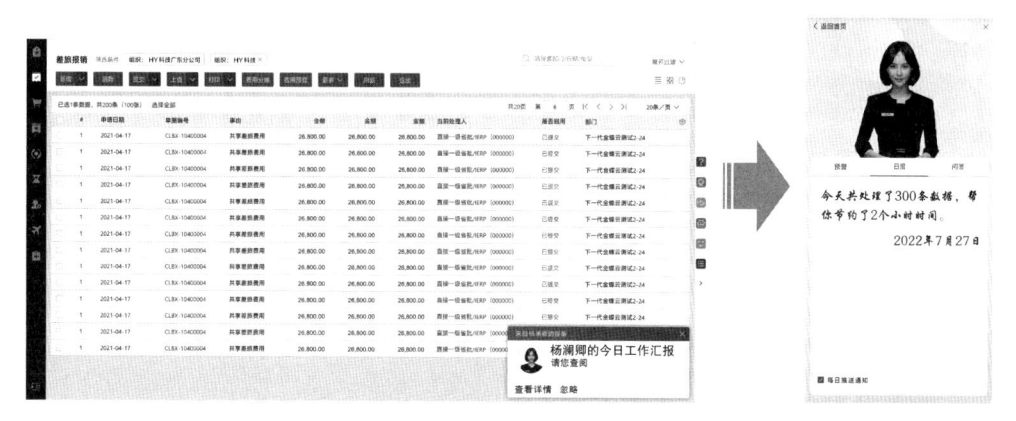

图 7-13　数字员工工作汇报

财务数字员工的专业技能

财务中台需要具备标准的异构技能接入方案,可将分散在各个不同厂商系统或企业自研系统的智能化专业能力组合管理。财务数字员工可以选择具体领域快速入职(见图 7-14)。

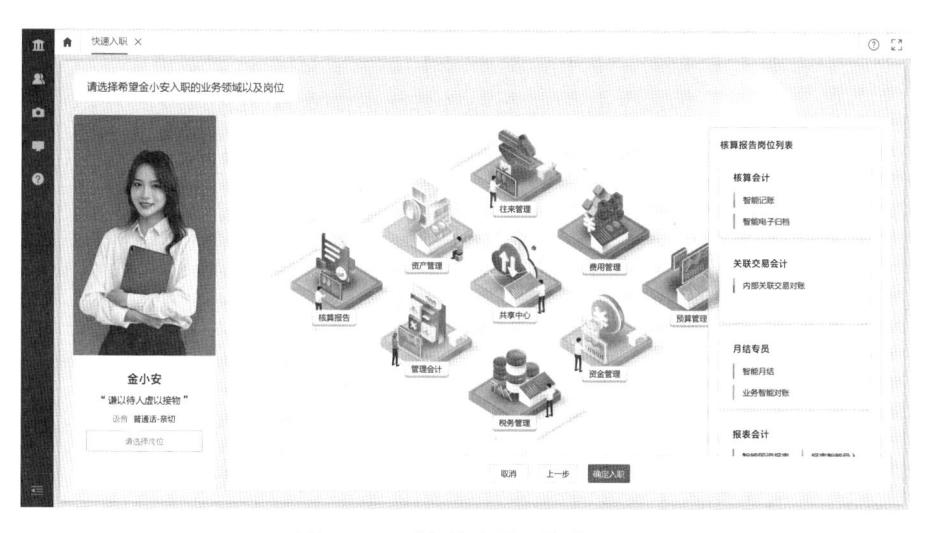

图 7-14　财务数字员工快速入职

财务领域的专业技能及所使用的关键技术实例,如图 7-15 所示。

① 费用管理领域	② 应收应付管理	③ 资产管理领域
• 智能语音出差申请(NLP) • 智能语音差标查询(NLP、规则引擎) • 智能发票报销(规则引擎、OCR) • 报销提醒(规则引擎)	• 自动开票尾差调整(规则引擎) • 智能三单匹配(规则引擎、OCR) • 自动对账(RPA) • 智能结算(规则引擎)	• 租入合同识别(OCR、财务大模型) • 租凭续约助手(规则引擎、RPA) • 资产到期预警(规则引擎、RPA) • 员工入/离职资产流转(规则引擎)
④ 核算报告领域	⑤ 预算管理领域	⑥ 资金管理领域
• 报表查询语音助手(ASR、NLP) • 智能记账(规则引擎、RPA) • 财务报告辅助生成(财务大模型) • 智能月结(RPA)	• 国资报表填报(RPA) • 预算智能分析(ASR、财务大模型) • 分析语音助手(ASR、财务大模型) • 智能预测及规划建议(财务大模型)	• 网银智能直连(RPA) • 流水匹配(RPA、规则引擎) • 智能付款排程(RPA、规则引擎) • 智能对账机器人(RPA、机器学习)
⑦ 共享中心领域	⑧ 管理会计领域	⑨ 税务管理领域
• 智能审核(RPA、机器学习) • 智能质检(RPA、机器学习) • 共享客服(ASR、财务大模型) • 智能派单(RPA、规则引擎)	• 费用、成本和收入分摊(规则引擎) • 风险预警场景(规则引擎) • 财务置指标场景(机器学习) • 指标分析报告(财务大模型)	• 数据采集(规则引擎、RPA) • 交易计税、智能算税(规则引擎) • 税务申报(规则引擎、RPA) • 风险监控(规则引擎)

图 7-15 财务数字员工主要技能

财务数字员工的应用场景

随着财务管理概念的拓展及数字化转型的深入,财务工作已经由企业的后台部门逐渐延展到业务各个环节,服务于企业全体员工。财务数字员工的应用场景,也伴随财务工作的拓展而触达企业各个层面。在共享中心大厅,需要数字员工提供迎宾和业务咨询服务;在管理者办公室,需要数字员工能随时展示数据并提供决策建议;在员工 PC 或移动设备,需要数字员工提供填单、审单、查询等服务;不同的场景下,数字员工需要在不同的设备上以不同的形式提供个性化的服务。概括来说,财务数字员工在财务能力共享服务过程中,主要有全员助手、专业助手、决策助手三类应用场景。

一、全员助手

全员助手面向企业全员提供服务,借助语音交互能力及规则引擎技术,可以为企业员工提供差旅申请与查询、报销提醒、智能问答等服务,辅助员工完成出差申请、商旅预订、费用报销等工作。其中智能问答则是借助财务大模型,通过学习专业知识、法律法规以及企业内部规章制度,为员工提供更精准的业务问答(见图 7-16)。

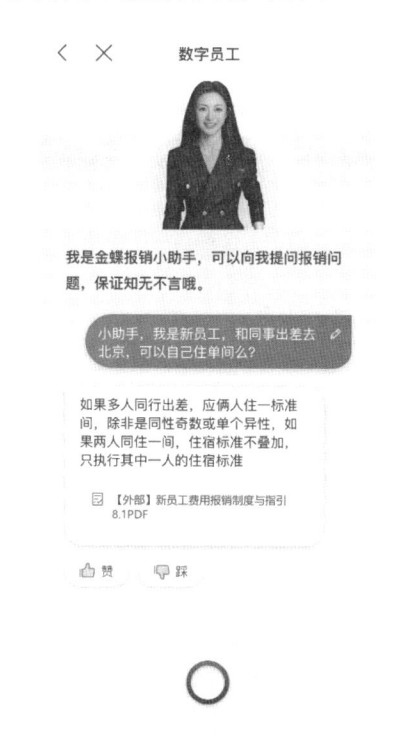

图 7-16　全员助手智能问答交互场景

二、专业助手

专业助手集成了 RPA 的任务执行能力和大模型提供的交互能力,并设计了特定场景可视化框架,面向专业岗位提供服务。这里就一些典型的场景进行介绍。

1. 总账结账场景

财务月末结账时,用户可以在总账系统中调出数字员工交互界面,利用语音或键盘输入结账指令,数字员工利用 RPA 执行结账任务的同时,实时显示结账任务中每一个任务的完成情况(见图 7-17)。

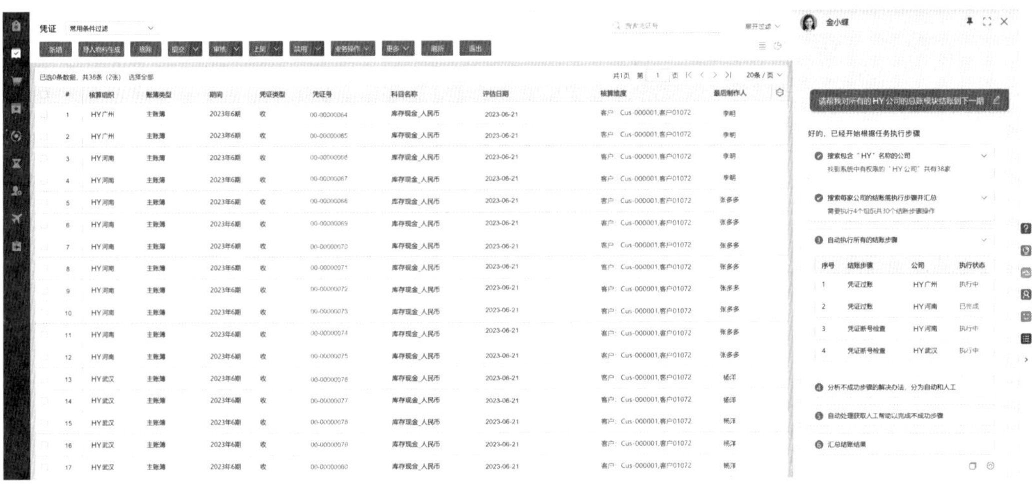

图 7-17 专业助手处理财务结账交互场景

2. 合同付款审批场景

审批人员处理合同付款审批业务时,数字员工可以提供 AI 预审、附件信息展示及自然语言问询功能。AI 预审基于历史数据深度学习,可分析识别单据风险等级。针对附件信息,通过 OCR 识别、大模型提取附件摘要信息,以链接的方式展示。并且,利用财务大模型理解和对话能力,专业助手可以就合同具体内容提供问询交互(见图 7-18)。

3. 生成财务报告场景

由于财务大模型经过专业训练,并提供了常规报告的模板,专业助手可以帮助财务人员编写报告。用户只需要给专业助手一个指令,例如:"生成 HY 家电预算分析报告",助手对话界面会给出生成报告的按

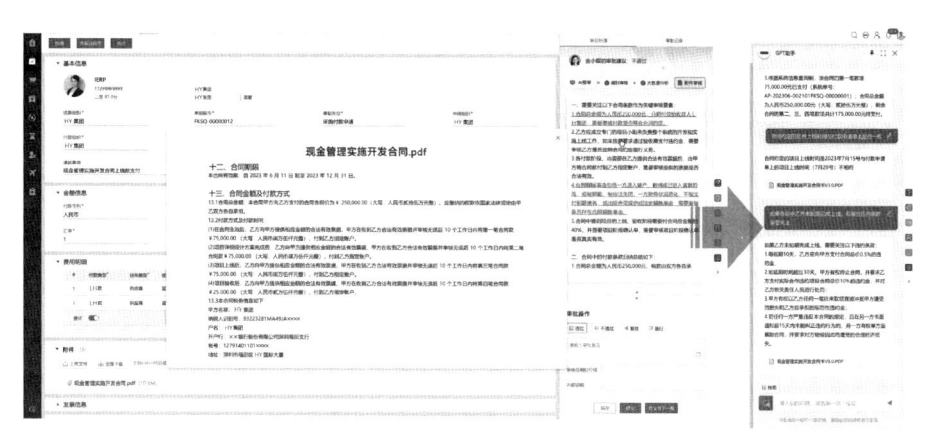

图 7-18 专业助手提供附件问询

钮,点击即可开始撰写报告大纲、正文、图表等内容。编写过程可视可交互,支持表图互转、人工修订。报告撰写完成后,智能文档自动保存,支持下载、发送等后续操作(见图 7-19)。

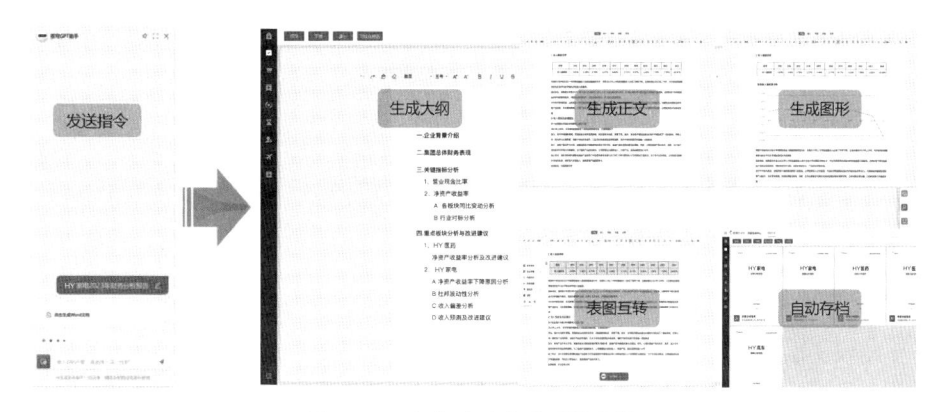

图 7-19 专业助手生成预算报告

三、决策助手

通过财务管理系统查询数据、了解公司经营情况时,需要登录系统并找到报表相关菜单、选择查询条件,才能获取准确的数据。而企业管理者则通常没有时间精力学习系统操作,而将相关查询分析及报告工作

181

交给下属处理,决策时效性则会受到影响(见图 7-20)。

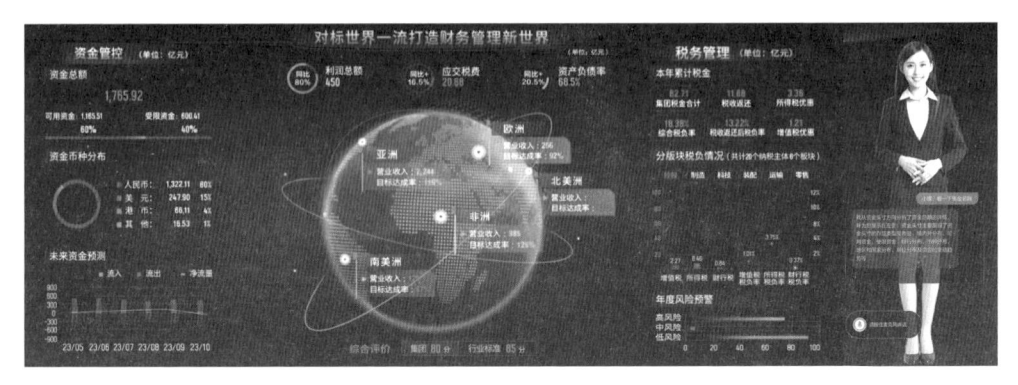

图 7-20　决策助手大屏交互场景

决策助手可以解决此问题。它通过智能大屏进行多模态交互,为管理者提供便捷、实时的经营状况诊断、风险分析、预警提醒;并借助财务大模型能力提供引导式指标分析、数据解读并提供预测、决策建议等,让企业管理者实时掌握公司经营情况,提高企业的风险防控能力和财务管理水平(见图 7-21)。

图 7-21　决策助手指标分析交互场景

财务数字员工的伦理安全防控

随着人工智能技术的进步,其安全与伦理问题近年来引发了广泛讨论。2023年7月18日,联合国安理会举行了主题为"人工智能给国际和平与安全带来的机遇与风险"的高级别公开会议。中国常驻联合国代表张军提出了AI治理五条原则,强调必须将"以人为本""智能向善"作为基本准则,规范人工智能的发展方向,逐步建立并完善人工智能伦理规范、法律法规和政策体系,要确保人工智能技术始终造福人类。

2021年1月,全国信息安全标准化技术委员会发布《网络安全标准实践指南——人工智能伦理安全风险防范指引》,其中指出了人工智能伦理的五类安全风险,分别是失控性、社会性、侵权性、歧视性、责任性风险。

国家新一代人工智能治理专业委员会于2021年9月发布了《新一代人工智能伦理规范》,提出人工智能各类活动应遵循以下基本伦理规范:增进人类福祉、促进公平公正、保护隐私安全、确保可控可信、强化责任担当、提升伦理素养。

这些风险和相关规范对数字员工的发展都具有重要的参考价值,但数字员工更多用于垂直领域的具体业务场景,因此,在数字员工的建设和应用过程中,可能不会造成社会性、歧视性问题,但仍然要保障数字员工可控可信、有明确的责任主体、有效保护隐私安全、数据安全及知识产权等。

一、可信可控

根据中国信息通信研究院联合清华大学、蚂蚁集团共同发布的《可信AI技术和应用进展白皮书(2023)》，人工智能固有技术风险持续放大，可信AI技术成为AI领域关键底层能力。该白皮书构建了包括隐私保护检测、可解释性检测、公平性检测和鲁棒性检测的可信AI检测指标体系，具体内容如表7-1所示。

表7-1 可信AI检测指标体系

检测维度	检测指标	评估方式
鲁棒性检测	泛化性	使用模型建模时未见过的数据，评估模型性能指标与建模时的差异
	数据鲁棒性	模型对自然噪声和数据缺失时表现的鲁棒性。评测时可以模拟噪声和缺失，观察模型性能指标降低的情况
	对抗性鲁棒性	模型在人为恶意攻击如梯度攻击时的鲁棒性。评测时可以进行模拟攻击，观察攻击前后模型性能指标变化情况
公平性检测	分组公平性	模型对于不同群体之间的公平性，如性别、种族、年龄等。评测时将数据按照特定群体属性进行分组，比较模型在不同群体上的性能差异
	差异公平性	模型对于不同群体之间差异的敏感性，如收入差异、地理差异等。评测时将数据按照特定差异进行分组，比较模型在不同差异水平上的性能差异
	机会公平性	模型提供给不同群体或特征的机会是否公平均等，如就业机会、贷款机会等。评测时统计分析不同群体之间的机会差异
隐私保护检测	数据隐私	模型对于训练数据中个人身份、敏感信息的保护程度。评测时使用不同的隐私攻击方法，如成员推断攻击、属性推断攻击等，评估模型对于数据隐私的防护能力
	参数隐私	模型在训练过程中参数的隐私保护程度。评测时使用参数反演攻击、模型倒推攻击等方法，评估模型对于参数隐私的保护程度
	输出隐私	模型对于预测输出中个人隐私信息的泄露程度。评测时使用敏感信息推断攻击、后处理方法等，评估模型对于输出隐私的保护程度

(续表)

检测维度	检测指标	评估方式
隐私保护检测	差分隐私	模型在差分隐私保护下的隐私保护程度。评测时应用差分隐私机制,评估模型在不同隐私预算下的隐私保护能力
	泛化隐私	模型对于未见过数据的隐私保护程度。评测时使用未见过的数据集进行测试,评估模型在新数据上的隐私保护性能
可解释性检测	解释正确性	模型解释是否忠实地反映了模型判断的理由。评测时使用增删重要特征的方法,检测其对模型判断的影响程度,若特征重要性与影响程度匹配则正确性越高
	解释完整性	模型解释对于模型覆盖的完整度。评测时使用解释对模型进行重构,若重构误差较小,则解释对于模型行为覆盖得越全面、详细,完备性越高
	解释一致性	模型解释在相同输入下的解释一致性程度。评测时对不同部署下的模型及其解释,检测其模型输出及模型解释的一致程度
	解释连续性	模型解释在相似输入下的解释连续性程度。评测时对样本进行轻微扰动或选择相似样本,比较其解释与原样本解释的连续程度
	解释差异性	模型解释在针对不同目标变量解释时的差异程度。评测时选择不同的目标变量要求模型进行解释,比较其在不同目标变量下的解释的差异度
	解释简洁性	模型解释信息是否简洁。评测时对模型解释的信息熵及头部信息含量进行评估

在财务数字员工应用范围内,公平性相对不涉及,主要应当关注其他三个维度:

鲁棒性(Robustness):亦称健壮性、稳健性,是指系统或者算法在不同的情况下,仍能够保持稳定和可靠的能力。财务数字员工应减少因数据问题或受攻击问题而导致数字员工技能无法正确运行,避免因反馈错误信息而导致决策失准的情况。企业应当选择成熟的厂商,引入相关技术进行充分测试,并加强防御,确保数字员工各类技能的鲁棒性。

隐私保护:企业 ERP 系统中会存入个人信息、企业工商税务信息以及大量的财务数据,保护隐私一方面是在 AI 训练过程中,将隐私信息脱敏或屏蔽;另一方面是数字员工在输出数据的过程中,应当有相应的权限设置,且因数字员工应用场景的复杂性,企业还应当充分考虑场景环境对隐私保护的影响。

可解释性:AI 通过神经网络中的参数,实现输入到输出的转换,并通过对参数权重的设定或调整,影响 AI 输出的准确性。因 AI 参数及内部工作原理对用户是不可见的,其输出结果可信度是值得怀疑的。因此数字员工建设过程中,需要依据场景优化 AI 的输出,以星瀚的审单助手为例,其输出结果不仅需要展现"通过"或"不通过",更要展现不通过的原因,以保证结果的可信度。并且,用户对于 AI 解释的正确性、完整性、一致性、连续性等方面都要验证。

二、责任主体

生成式 AI 诞生后,其生成的内容将会对使用者产生影响,而生成式 AI 以及使用了生成式 AI 技术的系统,本身都不具备承担法律责任的主体性质,因此,需要明确生成式 AI 的责任主体,以确保 AI 及使用 AI 的人受到法律保护。

国家网信办联合国家发改委、教育部、科技部、工信部、公安部、广电总局发布《生成式人工智能服务管理暂行办法》(简称《办法》),自 2023 年 8 月 15 日起施行。

《办法》明确了 AI 服务提供者的义务与责任,提供者是指利用生成式人工智能技术提供生成式人工智能服务的组织、个人,包括通过可编程接口等方式提供生成式人工智能服务的组织、个人。在训练数据处理环节，提供者应当使用具有合法来源的数据和基础模型，并采取有效措施提高训练数据质量，增强训练数据的真实性、准确性、客观性、多样性。

我们对主要条款解读如下：

1）安全评估与算法备案双管齐下

根据第十七、十八条规定，提供具有舆论属性或者社会动员能力的生成式人工智能服务的，应当按照国家有关规定开展安全评估，并按照《互联网信息服务算法推荐管理规定》履行算法备案和变更、注销备案手续。参与生成式人工智能服务安全评估和监督检查的相关机构和人员对在履行职责中知悉的国家秘密、商业秘密、个人隐私和个人信息应当依法予以保密，不得泄露或者非法向他人提供。

2）细化了提供者的义务和责任

构建生成式人工智能治理体系，涵盖生成式人工智能从研发到落地需要经历多个环节，包括训练数据处理、数据标注、提供服务等。《办法》清晰界定了提供者在不同环节的业务和责任，有利于降低生成式人工智能的安全风险，增强制度的可落地性。例如，在提供服务环节，提供者应依法承担网络信息内容生产者责任，履行网络信息安全义务；对使用者的输入信息和使用记录应当依法履行保护义务；发现违法内容的，应当及时采取处置措施、进行整改并向有关主管部门报告。

3）提供者要对训练数据负责

根据《办法》规定，在训练数据处理环节，提供者应当使用具有合法来源的数据和基础模型，并采取有效措施提高训练数据质量，增强训练数据的真实性、准确性、客观性、多样性。

4）人工智能生成内容需要标识

根据第十二条规定，提供者应当按照《互联网信息服务深度合成管理规定》对图片、视频等生成内容进行标识。

5）加强对生成式人工智能服务的监督管理

《办法》规定，提供者应当建立健全投诉、举报机制，设置便捷的投诉、举报入口，公布处理流程和反馈时限，及时受理、处理公众投诉举报并反馈处理结果。使用者发现生成式人工智能服务不符合法律、行政法规和本办法规定的，有权向有关主管部门投诉、举报。网信、发展改革、教育、科技、工业和信息化、公安、广播电视、新闻出版等部门，依据各自职责依法加强对生成式人工智能服务的管理。完善与创新发展相适应的科学监管方式，制定相应的分类分级监管规则或者指引。

6）人工智能技术不得"作恶"

第十四条规定，提供者发现违法内容的，应当及时采取停止生成、停止传输、消除等处置措施，采取模型优化训练等措施进行整改。提供者发现使用者利用生成式人工智能服务从事违法活动的，应当依法依约采取警示、限制功能、暂停或者终止向其提供服务等处置措施。

数字员工使用的生成式AI，必须明确责任方，对数字员工行动负责，且应保持程序更新迭代的可追溯性。一般来说，在系统交付之前，厂商是服务提供者，应确保生成式AI向国家网信部门申报安全评估并依法备案，应对AI预训练的数据合法性负责，并对生成的内容进行标识；而在系统交付之后，用户作为数字员工的管理者和使用者，应对数字员工利用生成式AI生产出来的内容负责。用户在使用AI进行优化训练过程时，应确保训练数据的来源合法；应确保使用过程中生成的内容合规合法；如果用户需要自行修改算法，同样需要进行安全评估申报并依法备案。

三、知识产权

数字员工用户应当关注三个方面的知识产权问题。

1) 生成式 AI 训练数据的知识产权问题

OpenAI 近来遭遇了几起起诉,先是有人匿名起诉 OpenAI 及微软,声称其使用了私人谈话和医疗记录等敏感数据。紧接着,又有几位全职作者提出,OpenAI 未经允许使用了自己的小说训练 ChatGPT,构成侵权。虽然官司结果尚未可知,但这无形中影响了企业的声誉。企业应当避免使用未经授权的数据训练大模型。

财务数字员工训练过程中,可能会使用企业内部的聊天记录,以及一些行业相关财务数据,这些数据的使用,一定要经过相关授权。

2) 生成式 AI 输出内容的知识产权问题

生成式 AI 不仅能生成文字信息,还能生成图片及音视频,如果生成的内容来自其他图片或音视频作品的拼接,就可能造成侵权。

财务数字员工输出内容相对来说不太容易侵权,但依然需要注意生成内容是否侵犯个人隐私或者暴露一些合同条款等商业机密信息。

3) 虚拟数字人相关的知识产权问题

(1) 数字员工形象可能需要录制企业员工或外聘模特的音视频,企业在录制前需要取得被拍摄者的授权,音视频材料应当妥善保存,防止造成侵权事件。

(2) 数字员工形象可申请外观专利,特定条件下,数字员工名字、形象、元素都可注册商标,成为企业的无形资产。因此,企业在条件成熟时,应当尽早注册相关知识产权,防止被侵权。

(3) 利用数字员工制作的音视频,可能用于企业宣传的公开场合传播,因此在制作过程中,音视频脚本应避免抄袭;而生成的音视频文件,作为加入了创作者思想的文创作品,同样具备著作权,司法实践中,已有认定 AI 文创作品著作权的案例。

四、数据安全

人工智能与数据之间既相互依存又相互博弈,人工智能需要获取

数据,又不可避免地会导致数据流转、传播。需要从以下方面保证数据安全:

第一,数字员工的应用会在多种场景下展示数据,企业应当防止数据泄露,包括通过技术手段窃取数据,以及在非必要场合展示隐私数据、机密数据。

第二,企业还需要防范数据入侵。包括通过在训练数据中加入恶意的样本、深度伪造数据内容等,使得训练的算法模型在做出各项决策时出现偏差,造成 AI 识别技术可信度下降。例如,在 AI 训练数据时投入"剧毒",导致数字员工发表不当的言论或者攻击性较强的言论。

第三,数据采集也需要注意。《中华人民共和国个人信息保护法》规定了信息收集者收集用户个人信息应当获得用户的同意,并且不得过度收集个人信息。然而,企业信息系统与 To C 场景中的略有区别。招聘及入职过程中,企业要充分了解员工个人背景,因此会收集并录入较多个人隐私数据,并存入企业信息系统。而数字员工的 AI 在抓取数据过程中,如果对数据不加以控制,数字员工就有可能产生越界行为,过度采集并滥用数据,从而给数字员工的管理者带来不必要的麻烦。

企业在应对人工智能数据安全风险过程中,应结合相关风险情况,健全人工智能数据安全相关规章制度、打造安全的人工智能技术。应以数据为核心,构建安全治理平台和安全保障体系,例如,完善数据安全风险感知体系、完善零信任数据安全机制、完善数据质量管理智能平台等。

第八章

财务中台的技术架构

财务中台系统落地的核心是财务能力共享，涉及的技术难点主要是财务能力库的体系化构建和迭代、财务能力与所服务流程在迭代状态下的交互、财务管理不同场景之间的大规模并发统筹计算，以及财务能力对业务和管理应用创新的实时响应。这些难点的解决依赖云原生、微服务、RPA、大模型、集成、可组装等关键技术的整合。

阿里等头部互联网企业一般会选择自建平台来应对，但投入的资源会非常多，建设周期也比较长。对于大多数企业来说，基于产品化的PaaS平台来构建财务中台的技术底座，往往更为可行。这里PaaS平台的核心定位是能够将上述技术结合企业管理领域的背景进行整合，并且能够以服务化的方式使企业的技术和财务部门更容易应用相关的技术能力，降低资源投入，缩短建设周期。

下面我们以金蝶云·苍穹（简称苍穹）平台[1]为例，结合财务中台的需求，对财务中台系统实现所依赖的关键技术能力或特点进行说明。

---

[1] 据Gartner发布的"Market Share：All Software Markets，Worldwide，2023"，金蝶云·苍穹平台获得高生产力aPaaS市场中国第一、全球前十的成绩。

总体架构

财务中台 PaaS 层的总体技术架构如图 8-1 所示。财务中台 PaaS 层需要具备应用能力、流程能力、数据能力等。

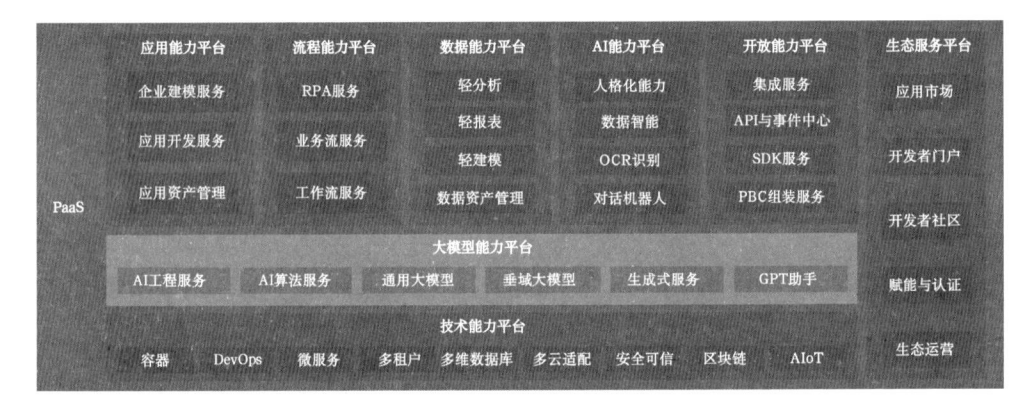

PaaS	应用能力平台	流程能力平台	数据能力平台	AI能力平台	开放能力平台	生态服务平台
	企业建模服务	RPA服务	轻分析	人格化能力	集成服务	应用市场
	应用开发服务	业务流服务	轻报表	数据智能	API与事件中心	开发者门户
	应用资产管理	工作流服务	轻建模	OCR识别	SDK服务	开发者社区
			数据资产管理	对话机器人	PBC组装服务	
	大模型能力平台					
	AI工程服务	AI算法服务	通用大模型	垂域大模型	生成式服务	GPT助手	赋能与认证
	技术能力平台					
	容器	DevOps	微服务	多租户	多维数据库	多云适配	安全可信	区块链	AIoT	生态运营

图 8-1 财务中台 PaaS 层总体技术架构

1. 应用能力

财务中台的技术团队可以快速响应业务前端系统的个性化场景需求，通过企业管理域的低代码和无代码开发快速地规模化交付。例如，一家房地产集团企业在开拓房屋在线租赁业务后，需要使用中台的应用能力平台在之前的售楼业务收入确认、收款结算、销售提成等财务应用之外，快速构建基于租赁合同的应收账款记账、租赁收入确认、租金收款结算和预警、租金清欠处理等应用。应用能力平台需要有在线的代码管理、建模、开发、构建、组装、测试、部署、体验、服务等完整的产品生命周期管理能力。

2. 流程能力

基于 RPA 服务、业务流服务、工作流服务快速实现业务协作，如跨系统业务处理自动化、端到端业务流处理与跟踪和流程审批。例如，一家正在进行数字化转型的企业，分三年将其用户体验全旅程运营变革由"销售到收款"逐步拓展到"商机到收款""线索到收款"，与此业务变革相适配，需要通过流程能力平台将销售漏斗能效监控、销售费用控制、品牌溢价评估、市场活动投入产出评价、市场费用控制等创新性财务服务整合到该企业不断扩展的客户服务端到端流程中。

3. 数据能力

提供从数据的加工、存储、建模，到分析、报表的一体化低代码的数据中台解决方案。对于鼓励业务创新，并且倡导用财务数据赋能各级业务部门甚至员工个体的企业，数据能力对于基于事项法思想构建高效可用的会计事件库以及千人千面的实时财务报告体系至关重要。

4. AI 能力

为财务中台的各类应用提供人格化能力、对话机器人、数据智能及图像识别、语音识别服务。与我们所认知的人工智能技术不同，AI 能力是经过工程化方法封装的 AI 服务能力，以方便财务人员在使用各类智能化应用（如收银机器人、对账机器人、财务数字员工、预算模拟、财务预测）时，能快捷甚至无感知地调用相关 AI 能力。这也使得人机协同智能成为财务中台应用的前提环境之一。

5. 开放能力

财务中台能够提供和第三方系统集成能力、开放 API 及业务事件、PBC 组装平台。开放能力是支撑财务中台高效连接前台业务系统和后台管理系统的关键。绝大多数企业在数字化转型的过程中需要保留已有的大量业务系统和管理系统，同时也会根据创新业务的需要快速建设新的系统。财务中台不仅要解决和这些系统的集成需求，更需要基于封装的业务能力思想，通过业务事件驱动架构和 PBC 组装平台，全面实时从相关系统采集业务数据，形成财务能力沉淀，并能够快速将这些能力嵌入到业务场景中，切实赋能业务，帮助业务实现数字化创新。

6. 大模型能力

提供 AI 算法服务、AI 工程服务、通用模型能力、垂域模型能力、生成式服务、GPT 助手。企业可以借助 PaaS 平台的大模型能力，以很小的投入部署财务大模型的预训练框架，并基于企业自身的财务管理知识体系（如制度、标准、流程等）进行财务大模型的微调，构建并不断优化企业自己的财务提示语工程，助力财务人员的专业技能转型。

7. 技术能力

财务中台 Paas 层可以为企业提供公有云、私有云及混合云的解决方案，以及中间件适配，也可以为企业提供线上部署、线下部署及其混合部署等多种交付方式。

8. 生态服务

生态服务的核心是可交易流通的应用市场体系，旨在为企业开发部门及其生态伙伴提供应用市场、开发者门户、开发者社区、开发者赋能及认证等全面的生态服务体系，支撑开发者基于 PaaS 平台开发出更多优秀的特色解决方案并上架到应用市场中，方便财务中台快速补充或扩展特定场景的服务能力。

下面我们从技术能力的可靠性、管理服务的敏捷性、数据中台的轻量化、智能服务的平台化、财务能力可组装和平台的安全合规这六个方面，来说明一下相关的关键技术。

技术能力的可靠性

财务中台技术能力的可靠性主要体现在企业级云原生、微服务、分布式、多租户、高可用架构及相关技术上。

一、企业级云原生架构

云原生计算基金会（Cloud Native Computing Foundation，CNCF）

将云原生定义为：使用开源软件进行容器化，其中应用程序的每个部分都打包在自己的容器中动态编排，以便每个部分都能被主动调度和管理，以优化资源利用率和面向微服务的应用程序，提高应用程序的整体灵活性和可维护性。

简单来说云原生就是包含了一组应用的模式，用于帮助企业快速、持续、可靠、规模化地交付和管理业务软件。云原生由微服务、DevOps和以容器为代表的敏捷基础架构组成。

同时CNCF给出了云原生应用的三大特征。一是容器化封装。以容器为基础，提高整体开发水平，形成代码和组件重用，简化云原生应用程序的维护。在容器中运行应用程序和进程，并作为应用程序部署的独立单元，实现高水平资源隔离。二是动态管理。通过集中式的编排调度系统来动态地管理和调度。三是面向微服务。明确服务间的依赖，互相解耦。

对财务中台来说，云原生应用还需要具有以下特点：一是对实时的数据一致性要求非常高，即强事务一致性；二是相关业务流程大多都是长流程；三是微服务的最小粒度在开发态和部署态有可能不一致。苍穹进行架构设计时在云原生架构的特征基础上同时结合财务中台应用的差异点做了设计上的优化（见图8-2）。

如图8-2所示，金蝶云·苍穹在适配财务中台应用的云原生架构上主要做了两方面的优化。一是完善了DevOps管理（技术术语，是开发Development和运维Operations两个单词的合并，全称为研发运维一体化管理），将敏捷研发流程与持续集成、持续交付、自动化运维完整结合起来，实现了产品研发从规划、迭代开发、质量保障与监控、灰度发布、线上监控的全流程管理。二是采用了弹性扩容架构。苍穹实现了应用节点无状态，或者称微服务无状态，用户会话状态或者上下文不绑定在某个节点上，这样可以保证任意扩容。财务中台的PaaS需要支持

图 8-2 金蝶云·苍穹云原生架构图

将会话数据和服务相关的状态数据存储到 Redis 分布式缓存中存储，让业务服务变成一个无状态的计算节点，从而实现按需动态伸缩，确保微服务在运行时动态增删节点。

二、微服务架构

微服务架构是一种将单个应用程序开发为一组小型服务的方法，每个小型服务在自己的进程中运行，并与轻量级机制（通常是 HTTP 资源 API 或 RPC）进行通信。这些服务围绕业务功能构建，可通过全自动部署机制独立部署，采用最小限度的集中式管理，可以用不同的编程语言编写，还可以使用不同的数据存储技术。微服务架构和单体架构的比较，如图 8-3 所示。

单体架构把所有功能模块都打包成紧耦合的应用，并运行在同一个进程中。传统应用包括主流的 ERP 产品都是单体架构。微服务架构倡导把功能模块划分为功能自治的、可以独立部署、相互隔离的、彼

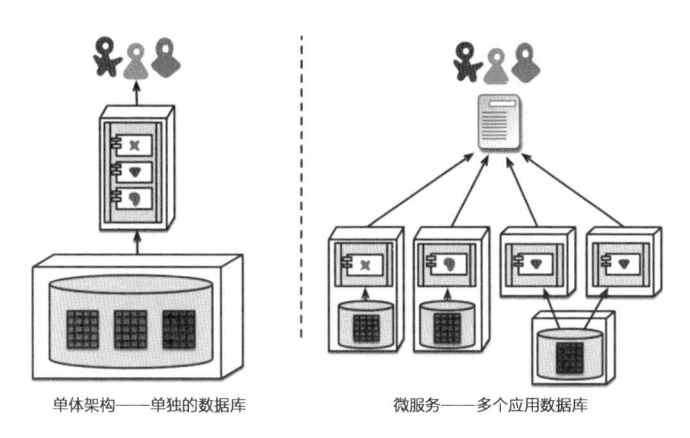

图 8-3 微服务架构和单体架构的比较

此之间松耦合的服务。相对于单体架构，微服务架构有以下优势。

1）高可靠性

微服务架构下微服务作为单独节点部署，故障容易识别、定位、隔离和修复，系统的可靠性可以得到整体的提高。而单体架构下应用程序发生故障往往难以被快速响应，进而导致系统的可靠性的降低。

2）高容错性

在微服务架构下系统的单点故障可以通过自动化的方式进行的定位和修复，微服务架构的服务自治和隔离的特性使故障的自动化处理更加高效。而单体架构下，某个功能组件的故障在没有得到及时处理的情况下可能会扩散并影响到整个系统，进而导致全局不可用。

3）高性能

微服务架构可以针对每个微服务的实际的资源需求进行扩展，例如，根据二八定律，20%的功能消耗了80%的性能，在微服务架构下系统可以针对20%的功能进行资源扩展，以保证系统的高性能运行。

4）低成本

微服务架构可以在监控到业务负载降低时自动地销毁部分计算资源，在不影响系统性能的前提下，最大限度地保证系统的低成本运行。

5）支撑更快地业务创新

满足企业不同业务板块、不同经营单元的差异化应用并存。支持在线快速发布升级新产品、新功能、新版本，以快速响应市场变化。业务功能开发、交付和进行市场验证可以被更快速的迭代，进而缩短新想法、新功能、新服务的验证周期。新服务可以被更容易地推向市场以引领行业趋势，已经占据市场的旧服务可以被容易地优化以继续保证生命力。

6）融合组装式技术

与阿里中台的微服务架构侧重技术路线不同，财务中台的微服务架构需要兼顾技术与业务服务的平衡，因此微服务的粒度标准是基于场景而非单一功能，并和财务能力组装式技术架构进行了有机结合。关于组装式技术架构详见本章财务能力组装式部分。

三、分布式架构

随着大数据时代的到来，业务系统的数据量日益增大，集中式的数据库逐渐成为影响系统性能的瓶颈。随着微服务架构、分布式存储等概念的出现，数据存储问题也渐渐迎来了转机。数据库按业务应用垂直拆分和大表数据水平分片是目前解决海量数据持久化存储与高效查询的一种重要手段。财务中台 PaaS 层需要结合企业管理软件特点、业务耦合度和事务一致性的综合考虑，可以按财务细分领域应用进行垂直分库，并通过数据库中间件，按业务发生日期、业务组织等维度进行水平拆分（见图 8-4）。

除了关系数据库内部分表分库，数据存储还需要进一步向外延伸。当纯数据库解决方案在大数据存储、搜索等场景存在更多瓶颈时，"数据库存储＋非关系数据库存储"便成为解决海量存储和高效查询的重要手段。分布式混合存储架构在数据库存储之上，由数据同步服务和

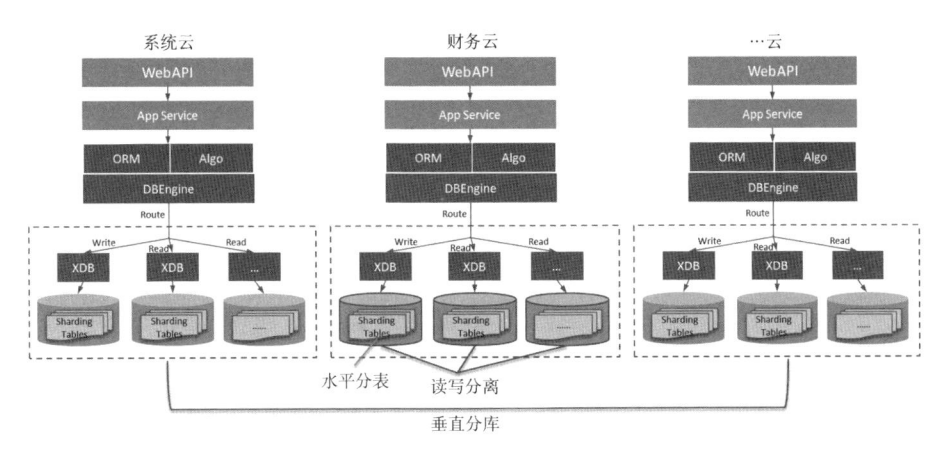

图 8-4 企业级分布式数据架构

数据查询路由两大部分组成。

为了降低数据库压力,提高系统响应时间,还需要应用分布式缓存技术,如静态资源的内容分发网络(Content Delivery Network,CDN)缓存、反向代理缓存、动态数据的分布式缓存、远程字典服务(Remote dictionary server,Redis)等技术。

在微服务架构下,财务中台不同应用和微服务节点之间,自上而下有很多需要交互的场景。这就需要使用分布式消息队列(Message Queue,MQ)服务技术来支持各个层次的数据交换、消息传递、应用集成等。

四、多租户架构

多租户简单地说是指一个平台可以为多个租户服务,在数据和配置上进行虚拟分区,从而使得系统的每一个租户均能使用单独的系统,租户可根据自身需求对系统进行个性化配置,同时实现租户间数据隔离。多租户架构一般分为三种类型:

(1)资源隔离型。最小投入快速上线,运行与租户现有的环境类似，便于区分每个租户的花费，具有租户特定的软件版本和维护窗口。潜在的资源利用率低下，租户成本较高。

（2）集装箱型。提供更好的云主机密度，与隔离资源相似的运营模型，针对非SaaS模式上建立的应用程序维护操作系统隔离，通过分区更好地支持存储密度，快速部署。低使用率的应用程序，投资回报率偏低。

（3）完全共享型。提高所有层优化资源利用率，对用户使用的基础架构成本进行细粒度跟踪，包含应用程序和功能使用的详细信息，这种类型是最具扩展性和自动化的模型，以及最具弹性的设计，可重复使用的SaaS平台支持多产品供应。客户数据隔离性差，安全性和按租户提取数据困难。

企业不同业务板块因为行业差异、上市要求等原因，会要求财务中台相关内容也采用多租户部署，需要在技术上实现应用层的完全共享和数据层的集装箱化，一方面提升资源利用率，降低租户成本，又在数据层提供了高安全的隔离，减少租户之间数据层性能和安全的相互干扰。所有租户模型支持个性化数据接口和定制化表单界面，在共享实例模式下，能够快速隔离某个出问题的租户，并能按片区进行灰度升级。

五、高可用架构

高可用架构旨在确保系统能够在面对各种故障、异常、硬件或软件问题，以及不可预测的事件下，继续提供稳定的服务。这种架构追求提供连续的服务，不受单点故障、服务中断或其他问题的影响。为了实现高可用性，通常会采用容错和故障排除、负载均衡、灾难恢复和可观测技术。财务中台的系统实现也会要求技术平台具备高可用能力。

管理服务的敏捷性

财务中台的管理服务能力共享，除了能自动适配业务创新需求，还需要针对企业应用和数据标准难以统一、业务和 IT 部门沟通效率低、业财端到端流程能力弱、异构系统多等情况,运用动态领域模型、在线开发、动态流程服务、低代码集成等敏捷的平台开发技术,确保对业务变化的快速响应(见图 8-5)。

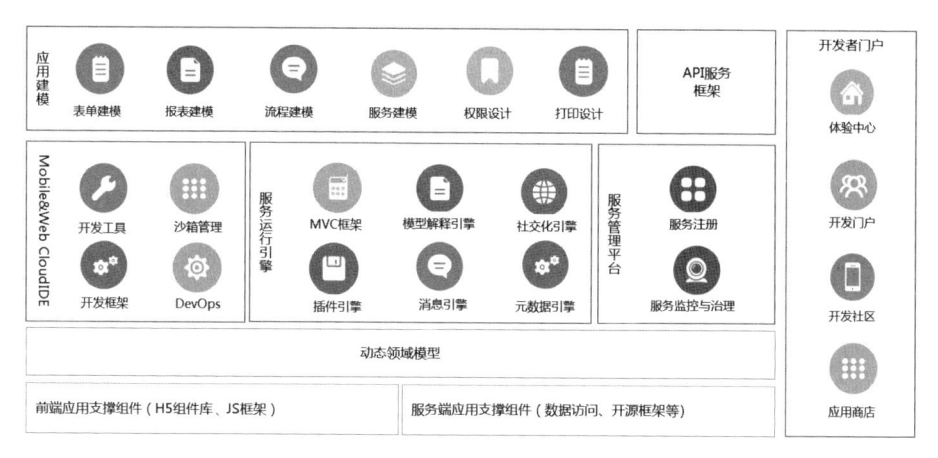

图 8-5 财务中台管理服务敏捷性相关技术

一、动态领域模型

动态领域模型用于企业管理领域内的概念类或现实世界中对象的可视化表示,又称概念模型、领域对象模型、分析对象模型。它专注于分析问题领域本身,发掘重要的业务领域概念,并建立业务领域概念之间的关系。通过对领域模型进行元数据化,可得到一个能在系统运行期动态构建并运行的模型。相比传统的领域模型,动态领域模型的粒度更细,能够有效提升 SaaS 应用模式下业务前端不断迭代的创新需求的开发效率和交付质量。其结构如图 8-6 所示。

动态领域建模总体上由模型库、领域模型、领域模型动态解释引擎、可视化动态领域建模工具、柔性领域构建、企业服务库等部分组成。

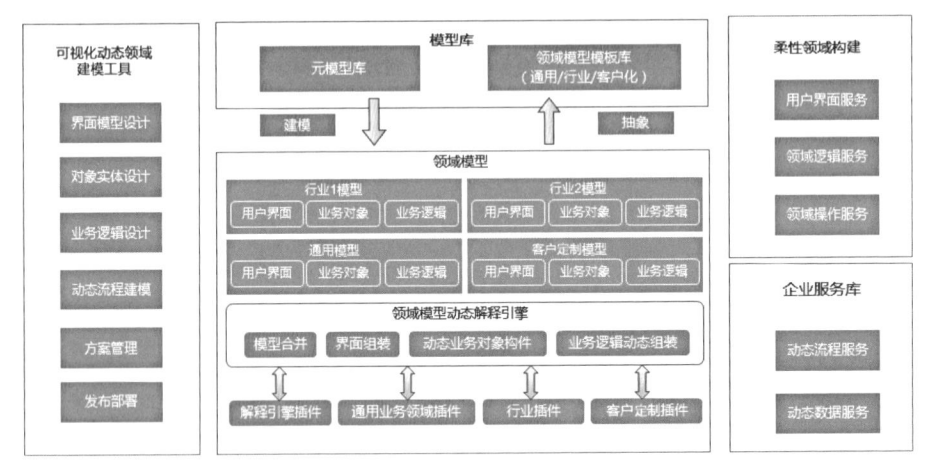

图 8-6　动态领域模型框架

它也是在线开发平台的基础，采用动态领域模型技术，企业个性化需求中至少有 80% 的内容可以通过所见即所得的方式进行设计实现，不需要修改代码；还有 20% 的功能以插件的方式来实现。插件通过实现系统接口的方式参与既定逻辑，完成特定功能。

例如，使用动态领域模型设计一个具体的表单的步骤如下：

（1）确定该表单要完成的功能（需求）。

（2）将选定的基本元素（文本输入框、列表、菜单、按钮等）放置到表单上。

（3）设定各元素的属性。不同的页面元素对应不同的属性值。属性值可能是页面元素的位置、长度等外观信息，也可能是校验规则、数据库字段等逻辑信息，也可能是操作等控制信息。

（4）将表单上的所有元素及它们的属性保存到 XML 文件中。

动态领域模型采用差量化建模技术，能够支持标准、行业、伙伴、客户的多层次开发模型，能够支持成果组合应用与平滑升级，形成平台批量交付能力，并为业务对象继承关系、模块组合设计、界面多语言提供技术支撑。动态领域模型具有如下技术特点：

(1)面向业务用户的交互设计,实施顾问和最终用户都可以配置出专业的应用。

(2)能够自我学习和进行行业知识积累,是智慧元模型系统。

(3)能够保障动态性和开发效率,是独特的模型解释系统。

(4)微内核架构设计,模型可持续发展。

(5)技术无关性,能够适应IT技术发展变化。

二、在线开发平台

在线开发平台主要包括在线表单设计器、在线工作流设计器、在线脚本开发工具和在线打印设计器等技术。

在线表单设计器需要具备纯Web且完全在线的可视化能力、零安装、零编译、零部署。通过简单点击拖拽,使得新增和定制应用表单、字段、列表非常简单(见图8-7)。

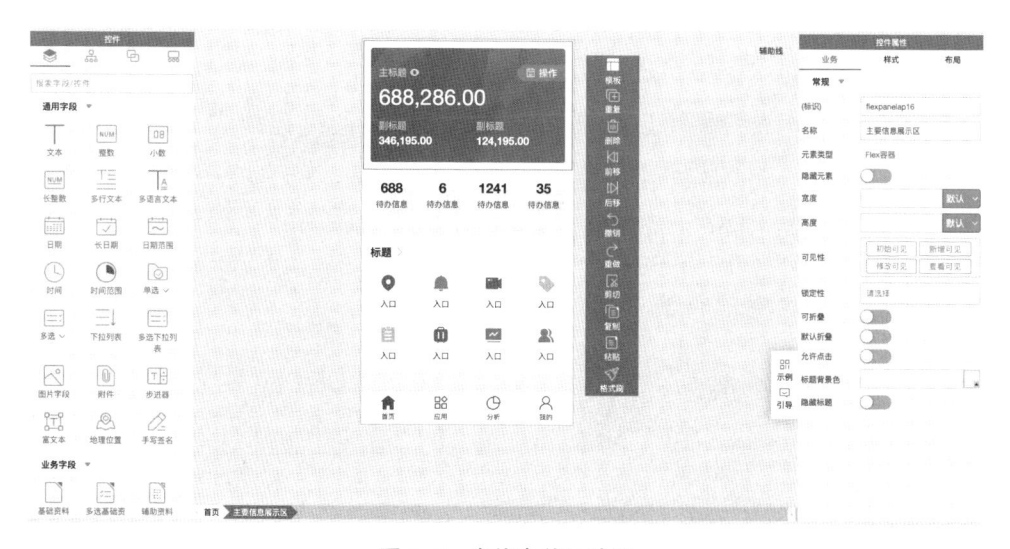

图 8-7 在线表单设计器

在线表单设计器的主要特点有:

（1）通过配置的形式，轻松地自定义相关领域的业务需求。

（2）无需掌握数据库知识，通过简单的配置完成业务对象创建，实现增删改查审核等对业务对象的操作。

（3）无需进行复杂的编码，以及表示复杂的数据关系。

（4）零编码配置界面计算和控制的逻辑。

（5）零编码配置业务对象操作的校验规则。

（6）支持动态表单、单据、基础资料、账簿、系统参数、向导、过滤等各种业务类型界面设计。

在线工作流设计器能够方便开发人员和用户使用，可以通过拖拽式和无代码方式来随时定制和动态修订各业务板块及各种业务类型的端到端业务流程。

对于一些极具创新或个性化的业务需求，开发人员和管理员使用的在线脚本开发工具，支持通过插件开发创建灵活的业务逻辑，支持复杂的程序逻辑，并具有强大的调试能力，可以确保二次开发的代码持续迁移到已有的财务中台最新版本上。

在线打印设计器可以让开发人员以及用户通过拖拽式工具生成表单对象的相应打印模板，支持移动打印，并支持多语言应用，实现一个打印模板依据不同的语言展示相同或者不同的样式。

三、动态流程服务平台

动态流程服务平台需要遵循业务流程建模标注（Business Process Modeling Notation，BPMN）最新规范，可以基于动态模型元数据，通过业务模型库提供各行业及各种业务类型的端到端业务流程模型，支持各种复杂业务应用场景，支撑企业业务高效高可靠地运营与流转。动态流程服务平台通常以工作流引擎为核心，依托其中的流程引擎及消息引擎驱动处理能力，通过流程设计中心、流程管理中心、流程监控中心、流程配置中心、消息中心及帮助中心,实现对流程建模定义、流程实例管理监控、流程流转统计分析、流程参数配置及流程任务处理等流程全生命周期管理。

四、低代码集成平台

低代码集成平台基于集成元数据驱动,提供可视化配置,实现财务中台与各类业务前端系统以及后台系统的数据集成,需要支持基于个性化场景动态集成的扩展能力,支持 Java 数据库连接(Java Database Connectivity,JDBC)、API 接口(WebAPI)、MQ(RabbitMQ 和 Kafka)等通用集成技术,支持用户自行扩展 WebAPI 自定义型连接器,以满足不同类型第三方系统的集成。可包含值转换规则引擎,支持人工、常量转换、候选键、结构化查询语言(Structured Query Language,SQL)、集成脚本、组合规则等多种值转换规则。低代码集成平台聚焦频繁变动的交易型业务数据和高价值密度的结构化分析型数据的业务集成,如基础资料、业务单据、用户埋点数据、设备监控数据、物联网数据、报表等信息。

数据中台的轻量化

如上一篇关于财务中台和数据中台关系的辨析部分所言,无论企业数据中台是否先于财务中台搭建,要实现管理服务和数据服务两类企业级财务能力的共享,都需要考虑应用必要的数据中台相关技术,实现业财数据集市更快捷、更经济的搭建。我们将这类技术统称为数据中台的轻量化技术,主要包括轻量级数据管理与开发服务平台、轻量级数据分析服务平台两大类。

一、轻量级数据管理与开发服务平台

轻量级数据管理和开发服务平台需要包含数据交换、数据开发、数据资产、标签中心、数据共享等工具，助力财务中台快速汇聚相关业务系统的数据并进行资产化。要解决的核心问题是多源异构系统的数据交换、业务数据化、数据资产化、资产服务化、服务业务化，其技术体系架构如图 8-8 所示。

数据共享	标签市场	AI市场	服务市场	计量计费	数据运营	应用管理	组织管理
标签中心	标签模型	标签加工	标签应用	标签探查	群体洞察	自助取数	项目管理
数据资产	数据地图	数据标准	数据模型	数据质量	数据安全	资产全景	数据源管理
数据开发	离线开发	实时开发	算法开发	数据服务	发布中心	运维中心	账户管理
数据交换	离线同步	实时同步	整库同步	监控告警	数据计量	数据审计	集群管理
数据引擎	调度引擎	统一元数据	执行环境	资源管理	任务管理	任务监控	权限管理
存储计算	大数据集群						审计日志

图 8-8 轻量级数据管理和开发服务平台技术架构

下面对数据开发、数据资产、标签中心三类关键技术做进一步说明。

1. 数据开发

数据开发技术的架构如图 8-9 所示。在数据开发过程中，通过离线开发，对批量数据进行可视化开发，构建复杂业务流程和依赖关系，实现离线数据的全链路处理；通过可视化建模、Notebook 建模模块，满足不同层次算法开发人员设计开发算法模型的诉求；通过服务开发模块，快速创建不同类型的数据服务，提高完成数据服务开发的工作效率；通过发布运维，掌握系统各环节的运行状态，及时发现、定位、解决系统异常，保证系统稳定提供服务。

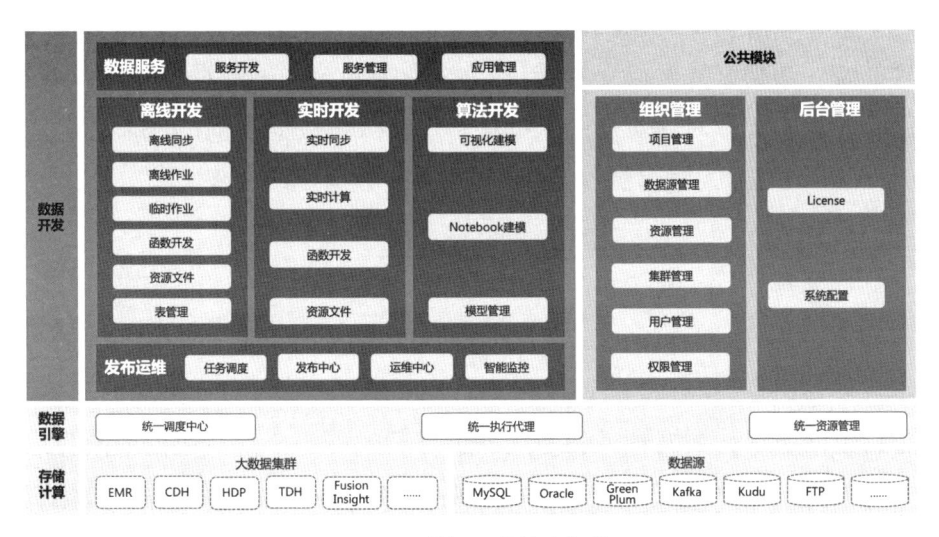

图 8-9　数据开发技术架构

离线开发需要基于 Hadoop 大数据存储计算引擎，搭建一站式离线数据开发平台，提供"开箱即用"的数据开发管理和托管式任务流服务，具备海量数据的离线加工分析和数据挖掘能力，可用于构建 PB 级别的数据仓库，实现超大规模数据集成，对批量数据深度挖掘，实现数据资产化。

实时开发基于 Flink 实时流计算引擎，搭建一站式实时数据开发平台，提供低延迟、高吞吐、高可靠的分布式流数据实时分析工具，可用于实时数仓构建、实时联机分析处理（Online Analytical Processing，OLAP）等，实现实时数据的资产化。

算法开发基于主流的机器学习、深度学习计算框架和丰富的标准化算法组件，搭建数据准备、模型开发、模型训练、模型预测、模型管理、模型服务化的一站式机器学习挖掘平台，提供可视化建模和 Notebook 建模两种建模方式，快速构建企业核心算法服务能力，在数据智能、数据科研、预测分析等方面帮助企业快速支撑人工智能应用的构建与落地。

数据服务提供可视化、零代码快速生成 API 服务和全生命周期管理的统一数据服务开放平台,旨在为企业搭建统一的数据服务总线,帮助企业统一管理对内对外的数据服务 APT,将数据查询、分析、预测能力以 APT 的形式输出到业务应用中,实现数据资产变现。

2. 数据资产

数据资产技术架构如图 8-10 所示。数据资产管理能够提供数据标准定义工具,并内置国家、行业规范,开发者可以基于标准进行可视化建模,并可根据标准配置规则进行质量稽核,最终实现标准的落地,提高数据质量。数据管理和使用人员可通过资产全景与数据地图盘点并组织数据资产,也可通过数据搜索服务,快速找到对应的数据。数据资产管理主要包括数据地图、数据标准、数据模型、数据质量和数据安全。

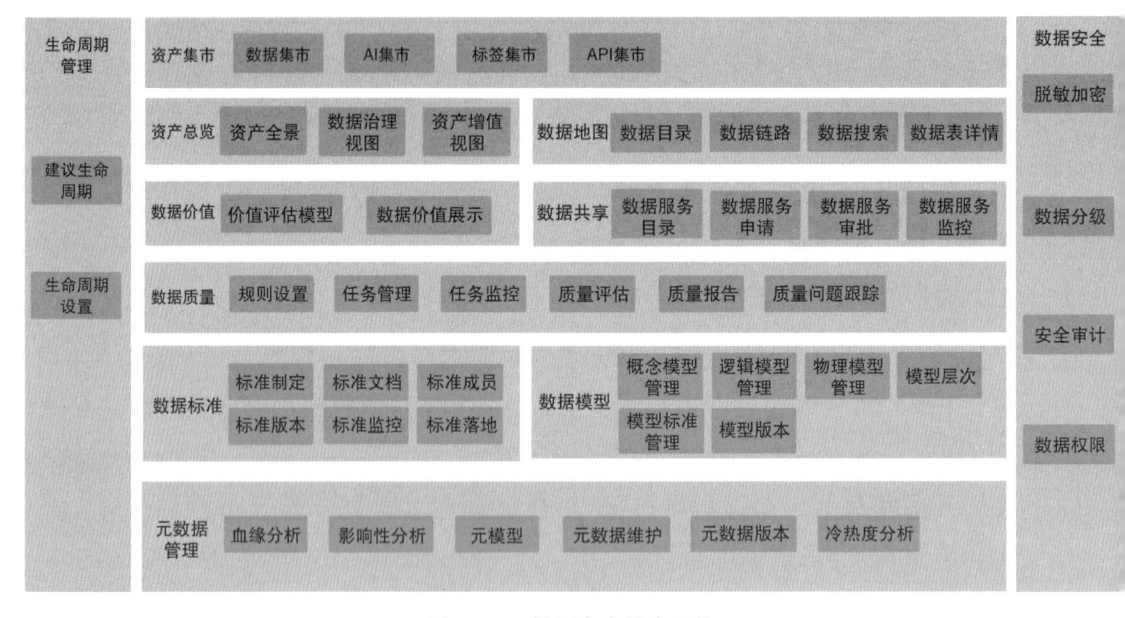

图 8-10 数据资产技术架构

数据地图是数据资产盘点的输出物之一。首先,从资产化管理和展示数据的角度出发,数据地图不承载具体数据内容,却可以帮助业务人员快速精确查找他们想要的数据。其次，数据地图作为企业数据的全盘映射，帮助数据开发者和数据使用者了解数据，并成为对数据资产管理进行有效监控的手段。

数据标准管理包括设计标准和质量标准管理，通过制定数据元、码表、模板规则，保证逻辑数据模型设计的一致性。设计标准管理是指制定各类数据实体（数据元、码表、模型等）的设计约束，规范每类业务实体包含的属性、该属性是否必选、该属性内容约束等规则。质量标准管理是指制定数据字段内容及约束，保证数据的准确性和一致性等。

数据模型是指在数据标准的约束下，对数据进行标准码表、标准元素、层次结构的设计，以及逻辑模型定义等，保证不同的逻辑数据模型设计人员按照统一口径进行操作，以及数据模型可持续的维护性及可读性。

数据质量是指依据规则库，对即时生成的数据或历史结果进行质量判定，并给予监控报警，以避免造成数据污染。数据质量评估和监控的对象包括数据标准、模型、元数据和数据。

数据安全的处理一般包括四个方面的内容：一是数据分级，即对敏感数据资产进行分级，将分类好的数据设置成不同的数据等级，帮助用户更好地管理其核心数据；二是数据分类，对敏感数据资产进行分类，将物理字段分类至不同的数据类别；三是脱敏加密，对敏感数据进行脱敏和加密计算，让用户的核心数据在日常业务和开发测试场景使用中不会出现敏感信息外泄的情况；四是权限管控，需要针对不同角色用户进行不同的数据权限和功能权限控制。

3. 标签中心

标签中心技术架构如图 8-11 所示。标签中心通常指从业务角度出发，提供一套架设在实体、关系、标签的业务逻辑模型之上的数据中台开发套件。通过标签中心，企业可以将治理后的数据以业务视角进行建模、查看、管理及使用，从而实现数据的可见、可懂、可用、可运营。

在实际应用中,又可以分为标签管理、标签加工和标签应用等环节。

图 8-11 标签中心技术架构

标签管理的作用是构建和管理业务模型。通过定义实体、关系、标签构建业务逻辑模型及设置物理表与业务模型的映射关系,结合标签同步,保障数据在流转链路上的理解一致性。

标签加工提供了一种基于业务模型之上的数据加工方式。不懂 SQL 的业务人员可以通过可视化配置方式实现数据简单的二次加工,会 SQL 的数据分析人员可以通过类 SQL 的方式实现复杂逻辑的数据加工。

标签应用主要解决应用的沉淀和复用,以方便不同企业和用户快速搭建满足业务场景需求的数据应用,一般也会采用 OpenAPI 标准,以方便企业进行标签应用的定制开发。

二、轻量级数据分析服务平台

轻量级数据分析服务技术架构如图 8-12 所示。轻量级数据分析服务平台基于轻量级数据管理和开发平台,为企业所有最终用户提供场景化的分析、报表处理及展现服务,它主要的关键技术包括:数据可视化引擎,需要秒级完成百万单元格或几何图形的同屏绘制;内存计算引擎,依靠高性能的内存计算引擎和内存加速技术,相比传统的 ROLAP 引擎,最高可以达到 3 个数量级的性能提升,让终端用户可以得到极致流畅的数据分析体验;非线性报表引擎,可基于扩展公式实现单元格的横纵向扩展,支持多源分片、动态格间运算,无需编程即可满足各种复杂报表需求;列式存储引擎,在包含多种数据类型的性能基准数据集下,数据存储密度可以达到行式存储的 20 倍,综合读取性能可提升两到三个数量级,为内存计算层提供强大的 IO 吞吐能力;并行数据处理引擎,基于分布式架构的高性能并行计算引擎,支持多数据源关联计算、大规模数据处理,相比常规多数据表关联计算引擎性能提升 10 倍以上;数据虚拟化引擎,无需预先物理移动数据,通过数据虚拟化引擎,即可实时连接企业的多源数据资产,为企业提供"联邦式数仓"解决方案,打通数据孤岛;数据源接入引擎,通过安全、可适配的数据接入层,不仅可以轻松连接各种关系型数据库,而且可以连接各种平面数据文件、大数据计算框架、非结构化数据等各种数据来源,更可通过 OpenAPI 编程式地连接各种异构系统数据。

图 8-12　轻量级数据分析服务技术架构

从应用角度,轻量级数据分析服务平台包含轻分析、轻报表、轻建模三类应用,实现在数据展现层的快捷应用。

1. 轻分析

轻分析所提供的数据分析和数据可视化能力需要具有如下特点:

一键开始、即刻分析——依靠内存计算引擎、列式存储引擎等核心技术成果,实现毫秒级启动,秒级分析方案加载。

数据可视、智慧呈现——通过强大的数据可视化引擎,可以根据业务用户的分析意图,实现数据与图形的高效转换,为用户自动推导和呈现最优的数据可视化结果。

分析探索、拖拽自如——无需编写代码,仅通过简单拖拽,即可完成多维透视的图表呈现,丰富的分析类型结合直观的分析操作,为数据分析工作提供更高生产力。

交互式分析、与数据对话——通过强大的数据筛选器、公式引擎以及明细数据穿透等功能,业务用户可以与海量数据实时交互,快速聚焦和识别异常数据,轻松寻找特定数据问题的答案。

2. 轻报表

复杂报表是企业的刚性需求,企业50%以上的数据应用都是报表场景,这些报表的展现形式多种多样、数据来源纷繁复杂、开发成本高、报表总量大、需求的变动也非常频繁,轻报表就是应对这些场景的高生产力工具。

轻报表可以连接各种类型的数据源,灵活定制各类格式固定、样式复杂的报表,通过自定义查询界面实现终端用户的自由查询,支持报表的发布和授权,满足企业不同场景下的复杂报表需求。

3. 轻建模

轻建模是为进一步提升轻分析和轻报表使用效率提供的建模服务工具。通过轻建模,企业能够建立权威、可复用、受权限管控的数据模型。只需一次建模，便可以在轻分析、轻报表中使用。技术上需要具有如下特点：

（1）数据虚拟化。支持实时连接二十余种数据库、文件、业务实体等多种类型的数据源，支持自定义连接器扩展。提供对各种数据源的"联邦式数据查询"能力，在不物理移动数据的前提下，让异构数据可以直接协同计算。

（2）并行数据处理。依靠自主研发的高性能实时计算引擎，支持将数据处理过程并行处理，并且可以通过横向扩展随时增加计算能力，支持千万级用户的并发计算，以高效地处理数据并提供快速访问。

（3）可视化建模。无需编写代码，通过拖拽、组合和配置各种转换节点，即可完成数据的处理及建模，可以大大降低使用门槛，提升建模效率。

（4）指标多维计算和存储。基于超高的计算性能、大规模的数据存储和访问能力，高效组合各种维度成员，进行指标的预计算，并且将指标计算结果存储到分布式数据仓库，支持在百亿数据、数百并发用户的前提下，仍能做到指标查询的秒级响应。

智能服务的平台化

企业级财务中台所需要的人工智能技术应该具备智能代理、智慧交互、自动服务、安全可靠、经济高效的能力。简单来说，相比分散的人工智能技术探索，财务中台更需要自主可控的智能服务平台，以便能从业务出发统筹应用AI的能力。结合人工智能技术的最新发展，我们建议的智能服务平台架构如图8-13所示。

下面对企业级大模型能力、财务大模型、对话机器人、视觉识别、数

```
┌─────────────────────────────────────────────────────────────┐
│                      AI能力服务                              │
│  ┌──────────┐  ┌──────────┐  ┌──────────┐  ┌──────────┐    │
│  │ 对话机器人 │  │ 视觉识别  │  │ 数据智能  │  │ RPA服务  │    │
│  └──────────┘  └──────────┘  └──────────┘  └──────────┘    │
├─────────────────────────────────────────────────────────────┤
│                    大模型能力管理                             │
│  ┌───────────────────────────────────────────────────────┐  │
│  │                     模型服务                           │  │
│  │  ┌─────────────────────┐  ┌─────────────────────────┐ │  │
│  │  │     基础能力         │  │      引擎服务            │ │  │
│  │  │ 大模型适配、训练、评估、│  │ 提示工程、多任务编排、    │ │  │
│  │  │ 推理，大知识索引      │  │ 插件、多轮对话等         │ │  │
│  │  └─────────────────────┘  └─────────────────────────┘ │  │
│  ├───────────────────────────────────────────────────────┤  │
│  │                     模型管理                           │  │
│  │  ┌─────────────────────┐  ┌─────────────────────────┐ │  │
│  │  │     通用大模型        │  │    企业级垂域大模型       │ │  │
│  │  │ 百度文心、阿里通义、   │  │ 财务、HR、供应链、        │ │  │
│  │  │ 微软OpenAI等         │  │ 应用开发等大模型          │ │  │
│  │  └─────────────────────┘  └─────────────────────────┘ │  │
│  └───────────────────────────────────────────────────────┘  │
└─────────────────────────────────────────────────────────────┘
```

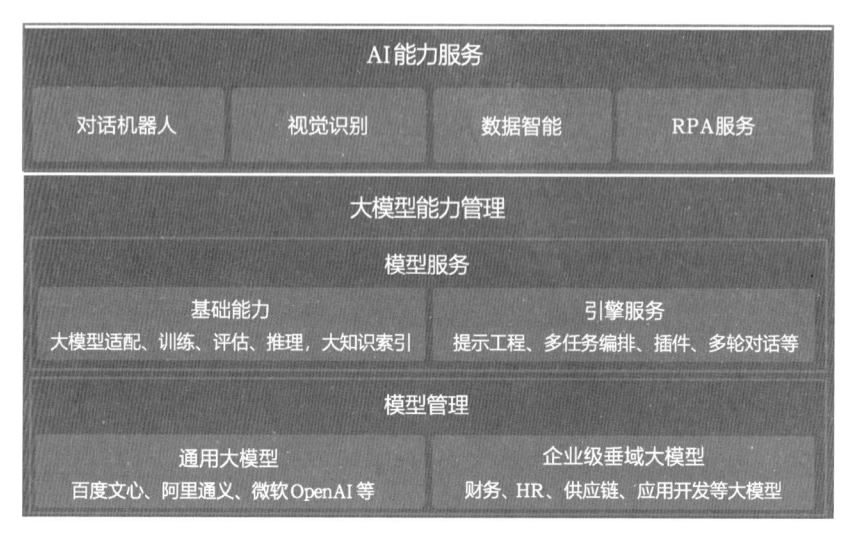

图 8-13 智能服务平台架构

据智能、RPA 服务等关键技术进行说明。RPA 从流程自动化的角度为财务能力和业务前端系统的端到端流程提供了串联的能力,也可以归类到流程服务相关的技术,我们在这里一并展开表述。RPA 也是财务数字员工应用的基础。

一、企业级大模型能力

为应对企业场景复杂、内容专业、数据量大的现状,以及应用 AIGC 服务时安全可信、内容严谨、个性化可拓展等要求,财务中台需要在智能服务平台构建企业级大模型能力(见图 8-14)。

企业级大模型需要采用主流、开源的 AI 基础算法和工程框架,支持多模型接入,企业可以选择接入百度文心、阿里通义、微软 OpenAI 等多个厂商或开源的通用大模型,借助垂直领域知识及相关数据进行继续预训练、模型微调后,可以通过 GPT 助手的形式供数字员工调用。

企业级大模型服务层需要提供大模型训练、大模型适配、大知识索引等基础能力,以及提示工程、多任务编排、插件服务、上下文记忆等引

能力层	能力服务	逻辑推理	内容生成	总结归纳	角色扮演	知识问答	多轮对话	安全治理
服务层	引擎服务	提示工程	多任务编排	插件服务	上下文记忆	智能中控		应用安全
	基础能力	大模型训练	大模型评估	大模型推理	大模型适配	大知识索引		
模型层	垂域大模型	财务大模型	HR大模型	供应链大模型	开发大模型	……		模型安全
	通用大模型	百度文心	阿里通义	华为盘古	腾讯混元	微软OpenAI	……	
技术层	AI工程框架	TensorFlow	PyTorch	PaddlePaddle	……			数据安全
	AI基础算法	神经网络	Transformer	强化学习	……			

图 8-14 企业级大模型架构

擎服务,为 GPT 助手提供逻辑推理、内容生成、总结归纳等基础能力。

此外,企业级大模型还要将安全治理融入整个技术架构,保障应用安全、模型安全和数据安全,并基于"合规+伦理"判断,为 GPT 助手提供可信的用户交互过程。

企业级大模型与财务中台 PaaS 层其他平台组件相互融合,实现多模型按需调用,兼容企业私域知识,自动分解场景任务,支持能力全局调度、问答精准生成、结果多模态展示,结合视觉识别、对话机器人、深度学习等传统 AI 应用,增强 RPA 及规则引擎的智能化能力。另外,企业级大模型支持个性化扩展,模型可开放共创、融合元数据模型、支持插件机制,为 GPT 助手能力扩展预留空间。

二、财务大模型

无论是通用大模型还是企业级大模型,其预训练的成本都非常高且在财务领域的应用准确度不太高。企业在构建财务中台的初期,也可以基于开源大模型,采用第三方财务大模型能力平台,将自身在财务领域的知识沉淀和会计准则、税法、经济法等财务领域专有数据集进行结合,进行继续预训练与模型微调,并预置财务场景提示(Prompt)与财务知识库,从而构建企业私域的财务大模型,进而支持数字员工的财务问答、报告生成、探索分析等业务场景,从而取得比通用大模型更高效、更专业的应用效果(见图8-15)。

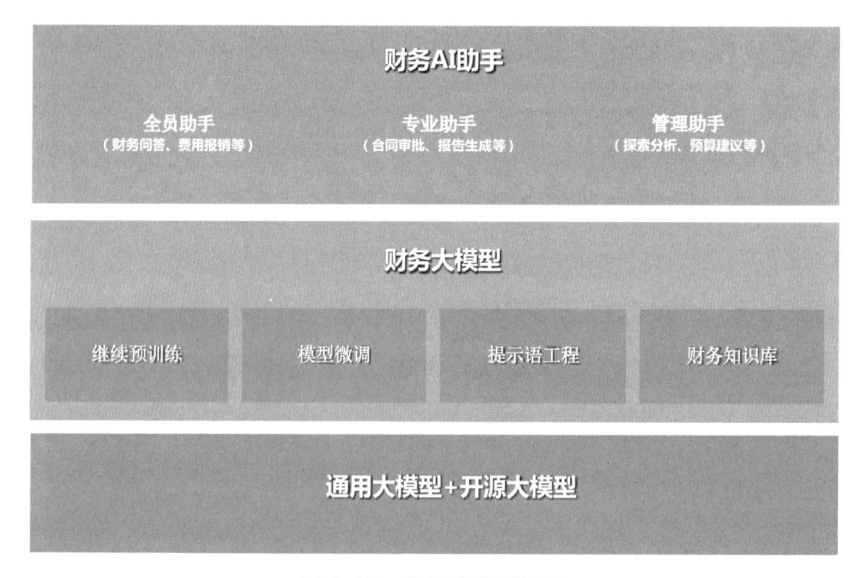

图8-15 财务大模型架构

对于企业来说,部署并应用财务大模型只是第一步,在使用过程中还需要持续收集用户使用模式和交互数据,由人工对生成内容进行高质量的标注,再将标注内容添加到专有数据集,最后,使用新数据集训练、迭代模型,形成"数据飞轮"效应,提升用户体验。

三、对话机器人

随着对话式人工智能技术(Conversational AI)的快速发展,企业管理系统应用的交互模式也从传统的图形化用户界面 GUI(Graphical User Interface)向对话式用户界面 CUI(Conversational User Interface)

升级。

对话机器人平台需要为财务中台应用提供基于语音和自然语言理解的对话交互能力,方便企业开发人员进行对话机器人的开发、配置和管理,连接企业业务前端和后台系统,在财务洞察、员工助手、共享协同等领域实现交互体验的智能化升级。图 8-16 是对话机器人平台架构示意图。

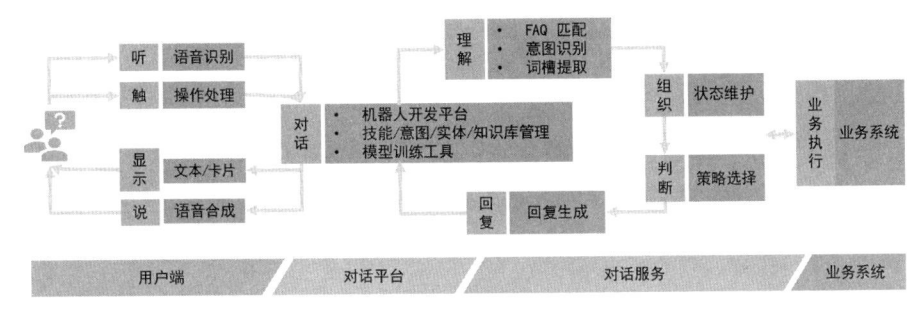

图 8-16 对话机器人平台架构

对话机器人平台主要包含对话界面、对话平台、对话服务三部分。对话界面一般以智能语音助手的形态提供和用户的交互,需要支持用户的语音、文字以及触碰等多种交互模式,并支持丰富可扩展的卡片消息。对话平台需要支持在线管理,以实现对话机器人的开发、构建和管理,包括对话意图、实体和知识库的管理,业务系统的对接管理以及多种模型训练工具。对话服务一般包含自然语言理解(包括意图识别和词槽提取)、对话状态管理(包括对话状态维护和策略选择)以及自然语言生成等。

四、视觉识别

如图 8-17 所示,视觉识别服务平台一般以低代码方式实现视觉识别驱动的智能化场景,方便企业在自己的核心业务系统实现快捷、高效的视觉识别应用,连接业务前端和后台系统,提升企业在财务中台中进行相关纸面票据、纸面合同的识别能力及数据结构化效率。

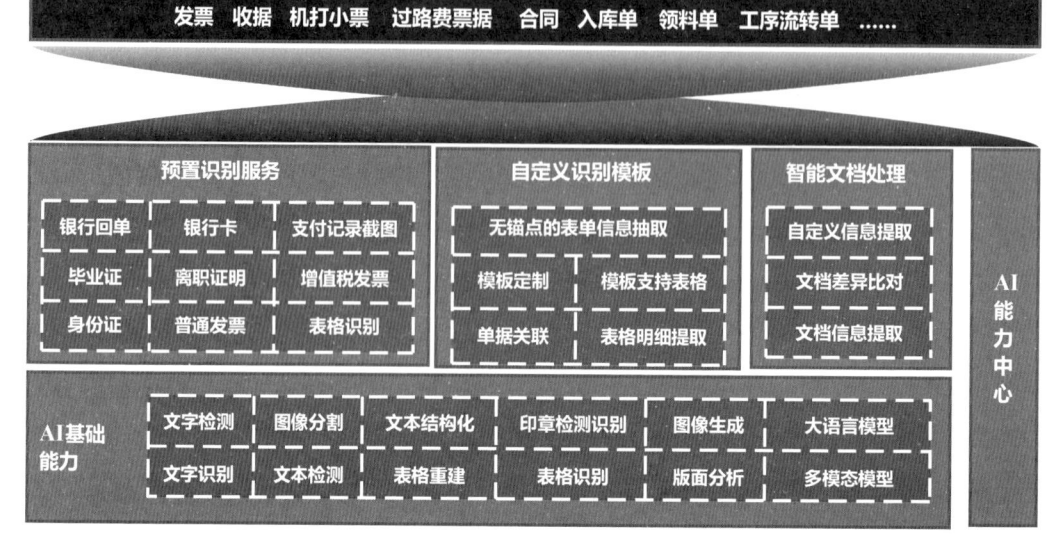

```
┌─────────────────────────────────────────────────────────────────┐
│  发票   收据   机打小票   过路费票据   合同   入库单   领料单   工序流转单   ……  │
└─────────────────────────────────────────────────────────────────┘
```

预置识别服务			自定义识别模板		智能文档处理		AI能力中心
银行回单	银行卡	支付记录截图	无锚点的表单信息抽取		自定义信息提取		
毕业证	离职证明	增值税发票	模板定制	模板支持表格	文档差异比对		
身份证	普通发票	表格识别	单据关联	表格明细提取	文档信息提取		

AI基础能力	文字检测	图像分割	文本结构化	印章检测识别	图像生成	大语言模型
	文字识别	文本检测	表格重建	表格识别	版面分析	多模态模型

图 8-17　视觉识别服务平台架构

视觉识别服务需要基于前沿的图像处理和文字识别技术，包含图片分类、图像分割、图像增强、图片摆正、文本行检测、模板匹配、OCR识别、文本结构化、文本实体抽取、比对等图像及NLP相关的核心技术，能够强有力地支持全场景的文字识别，能够处理扫描件、截图等背景单一的印刷体文字识别，也能够处理拍照场景下复杂背景的文字识别。

五、数据智能

数据智能主要基于数据计算、数据挖掘、机器学习、数据可视化等技术，从数据中提炼、发掘、获取解释性、指导性的信息，为企业管理层、财务和业务人员提供洞察、预测、分析、预警等智能应用。由于财务能力共享需要自动化适配和场景化应用，财务中台需要数据智能提供嵌入式服务，通过能力找人的模式，更好地将财务管理服务和数据服务能力共享给用户使用，而不会形成新的信息孤岛。它可以满足企业不同业务场景的数据智能需求,助力企业实现业务数据化、自动化、智能化,并让用户能够低成本、低门槛地利用数据智能的能力,提升业务价值。智能数据服务的架构如图 8-18 所示。

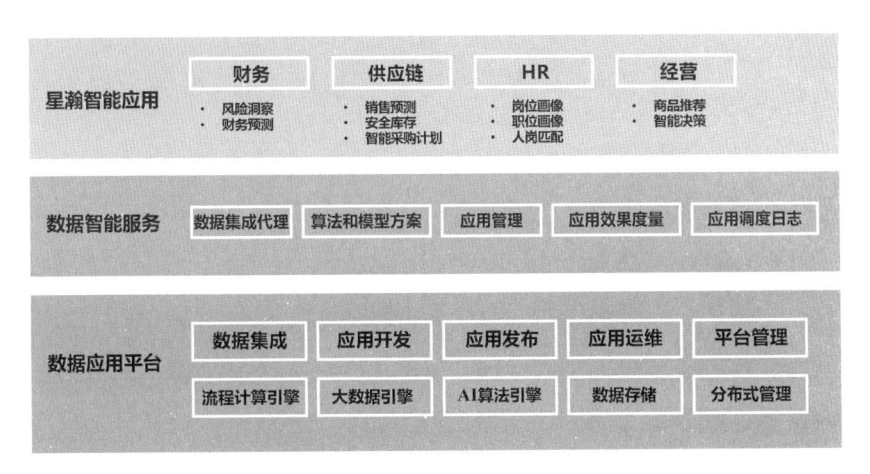

图 8-18 数据智能服务平台架构

数据智能服务一般包括数据集成代理、算法和模型方案、应用管理等部分。具体的数据智能服务应用,需要根据业务场景来决定使用用户。数据集成代理为数据智能服务和财务中台的业财数据集市和可能需要对接的其他数据源之间构建标准、可调度的集成通道。算法和模型方案需要提供基于大数据的机器学习算法及预测模型,并方便用户选择配置。预测模型后台支持不同算法模型,并对运算结果进行指标评估,输出最优的预测结果,且随着业务的发生模型可自学习优化。预测模型要与财务中台融为一体,形成业务的闭环;当业务发生变化以及发生特殊情况时,支持在预测模型中学习和更新并调整未来的预测效果。

六、RPA 服务平台

财务中台所需要的 RPA 服务,其核心能力是和企业管理系统以及

AI能力的融合，并具备以下技术能力：

（1）提供高度可视化的设计界面，实现低代码或无代码设计方式。

（2）流程图画布式设计理念，通过拖拽即可进行流程设计。

（3）最好使用Python语言作为底层编译语言，无缝衔接Python工程师。

（4）丰富的可视化组件库，近400个可视化组件，满足更多自动化场景。

（5）强大的元素拾取能力，覆盖主流浏览器、C/S应用程序、Java应用程序，以及主流ERP系统等。

（6）支持多样化的拾取方式，含元素拾取、图片截图、区域拾取、CV拾取、UIA拾取等。

（7）灵活的编译运行环境，支持多种运行调试方式。

（8）AI技术能力加持，如OCR、验证码、NLP、CV。

（9）高效协作开发，可以将流程自定义为组件，并分享给他人，实现复用、共享、敏捷的设计需求。

（10）支持国产化操作系统的适配部署及运行。

财务能力可组装

组装式技术是财务中台能力共享思想得以落地的核心技术。Gartner建议的组装式技术包含智能业务流程管理套件、企业低代码应用平台、企业集成平台即服务、全生命周期API管理平台、多经验开发平台、数字体验平台和机器人流程自动化，其中大部分技术已经在全面的技术能力中获得支撑，这里对需要增强的PBC和组装管理平台、事件网格、API中心和数据流技术进行补充说明。

一、PBC 管理与组装平台

PBC 管理与组装平台将企业业务能力进行模块化抽象打包,进行 PBC 的统一管理,并提供 PBC 在线组装调试运行工具,使企业快速组装构建韧性高、应变力强、自主可控的数字化技术能力,帮助企业解决多样化需求和挑战,实现业务的快速创新和持续发展。其架构如图 8-19 所示。

PBC市场		
PBC组件市场	组装案例库	运营管理

PBC组装平台		PBC能力中心
流程与编排	UI组装	业务能力导航
组装流测试	组装流打包	业务能力绩效看板
组装流运行时管理	日志监控	能力运行监控

PBC管理平台		集成资源
业务能力参考模型	企业业务能力地图	API中心
PBC组件库	PBC全生命周期管理	事件网格
PBC能力指标库	统一领域模型	连接器

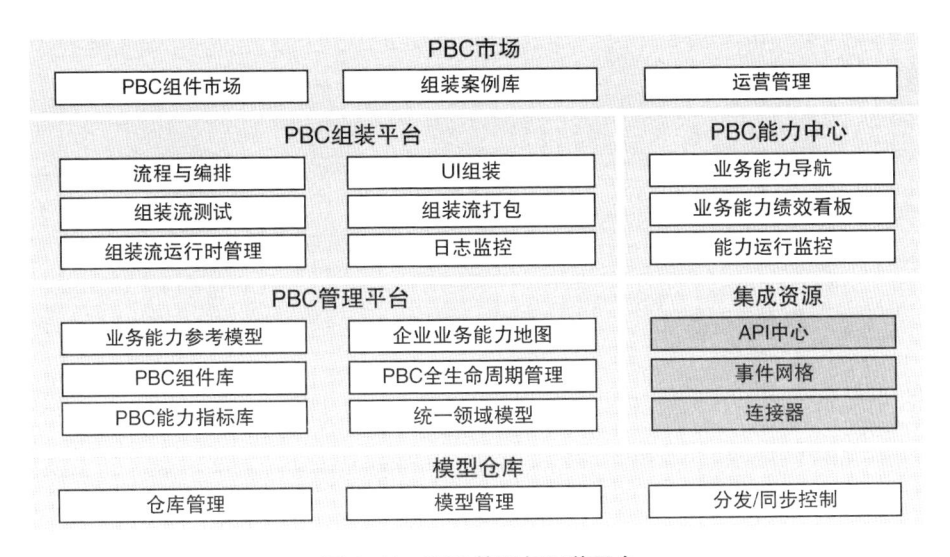

模型仓库		
仓库管理	模型管理	分发/同步控制

图 8-19 PBC 管理与组装平台

PBC 管理与组装平台需要具备企业业务能力管理、统一管理 PBC 模型等能力。

1)企业业务能力管理

预置业务能力地图行业最佳实践参考模型为企业提供一个实用、可靠的参考工具,帮助企业规划和梳理业务能力。业务能力地图将企业的核心业务能力可视化,帮助管理者洞察企业经营能力的优势和薄弱点,有助于企业优化和调整数字化技术能力。

2）统一管理 PBC 模型

PBC 管理中心遵循 PBC 标准和规范进行 PBC 全生命周期管理，将企业 IT 资产标准化，集中管理企业 PBC 资源，为 PBC 组装提供丰富的资源，避免 IT 资产重复建设，节省开发成本。

3）基于业务价值流的 PBC 组装

提供可视化 PBC 组装设计器，通过拖拽 PBC 组件和逻辑组件，进行简单配置后即可完成异构系统组装，以便快速实现或定制业务功能，同时提供组装流调试、配置检查、版本管理等功能，帮助用户快速运行组装流。

4）衡量业务处理能力的 PBC 绩效

提供 PBC 绩效展示门户，可视化衡量 PBC 业务处理能力，帮助管理者洞察 IT 资产价值，并提供数据支撑，持续优化业务流程和 IT 能力。

二、事件网格

事件网格是一个以事件驱动架构为核心的事件代理网格，将第三方系统的事件资产服务化，提供灵活、可靠和快速的事件分发和动态路由能力，实现异构系统间高可用、松耦合的事件消息通信，帮助企业快速进行业务能力的动态组装。

事件网格主要包含外部连接器、事件源/事件、事件目标、事件订阅、事件运行时监控等功能。通过事件执行引擎对业务事件进行监听、触发、过滤、路由、映射等处理，并将业务事件传递到目标系统服务。其架构如图 8-20 所示。

事件网格需要具备统一管理事件资产、松耦合事件订阅等特性。

1）统一管理事件资产

预置相关系统的事件目录和事件资产，供财务能力共享时使用；提供事件源及事件生命周期维护，统一事件数据格式；通过开放门户将事

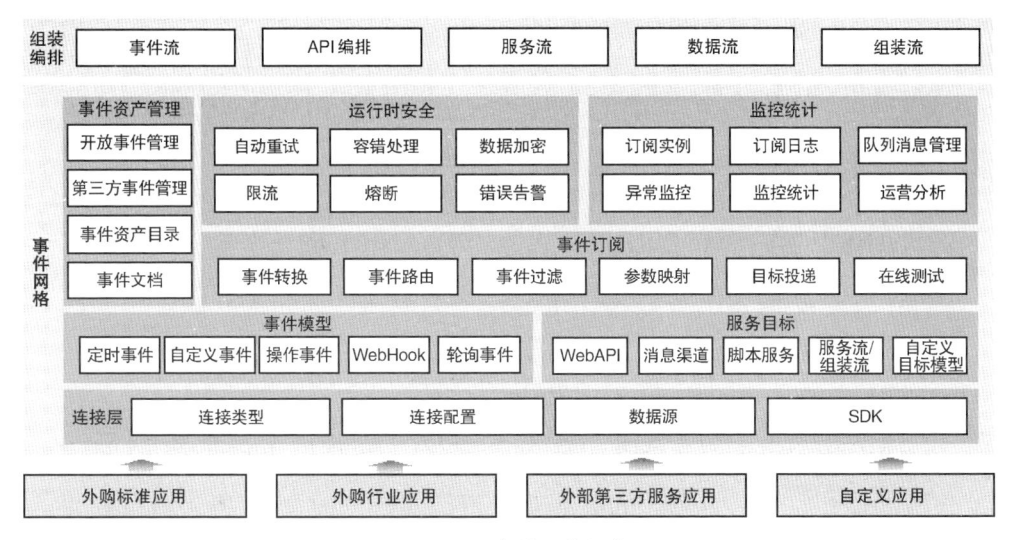

图 8-20 事件网格架构

件资产对外开放,方便接入方查阅和快速接入。

2) 松耦合事件订阅

支持 WebHook、MQ、轮询等多种方式监听业务事件;对事件进行规则匹配过滤、数据映射、转换和函数逻辑处理等;通过 API 调用、消息队列、服务流等方式将事件传递到目标系统。

事件源系统与目标系统经过事件网格进行松耦合业务集成,源系统只需关注事件的发生,无需关注事件的处理和被分发给了哪些订阅者。订阅者可在事件网格上按需灵活动态配置事件订阅规则,满足各种业务场景需求。

3) 安全可靠防护

要提供统一的身份认证、鉴权服务;支持异常容错、投递重试,以及限流控制,确保业务数据完整性;支持运行时数据持久化存储、传输日志追踪、监控等安全管理服务。

4) 运行时可观测

支持查看通道下事件订阅拓扑展示,支持多项统计监控(包括事件数、订阅数、通道数、热门事件源排行、热门事件排行等)、多项运行时指标监控(包括成功率、失败率、事件大小、处理时间、投递时间等)。

三、API 中心

API 中心提供基于 Restful 规范的 OpenAPI,涵盖企业管理的所有领域,将企业常用的 API 接口场景化,开发者基于平台创建的应用能被企业其他外部系统通过 API 调用。它可以帮助企业快速接入外部第三方应用,连接用户、员工和上下游伙伴。

API 中心主要包含 API 引擎、API 安全、API 服务、统计监控、在线测试等功能。它支持将企业的后端业务资源对外开放,覆盖各领域系统间的集成使用场景,同时支持无代码快速发布 API,极大提升开发效率(见图8-21)。API 中心需要具备 API 全生命周期管理、零代码配置等关键能力。

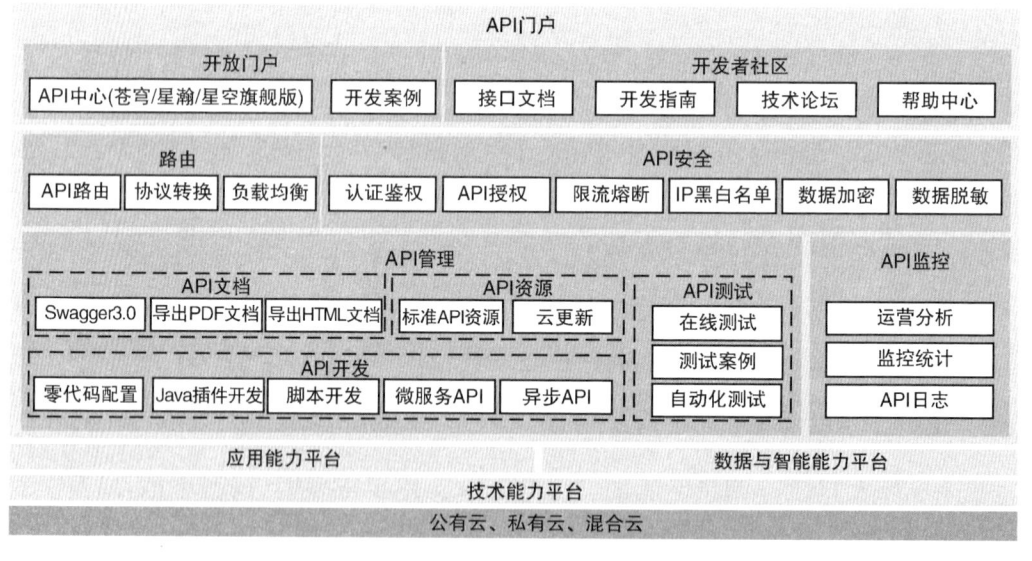

图 8-21 API 中心架构

1) API 全生命周期管理

提供 API 接口从开发、测试、发布、维护直至最终下架的 API 全生命周期管理。其中 API 在线测试能一键模拟示例数据,快速测试 API 接口,无需配置 Postman 即可完成一键调用,支持 Json、XML、SOAP1.1、SOAP1.2 四种格式。

2）零代码配置

可将业务对象快速发布生成 Restful 及 WebService 接口,并自动生成 API 接口文档。基于模型驱动的架构,财务中台所有的单据、基础资料及相关操作都需要支持通过界面配置来实现全面开放,无需编写任何代码即可将业务对象和业务操作快速发布生成 Restful 或 WebService 接口,并能自动生成 API 接口文档。

3）二次开发

支持使用自定义 Java 代码开发,通过注解的方式定义出入参数据,并自动解析生成 API 服务和文档,以解决复杂的业务场景。

支持脚本插件二开能力,可以通过前置脚本和后置脚本对接口的入参和出参数据进行处理。用户可以通过脚本快速实现对入参数据进行转换或自定义返回参数。API 脚本引擎还可实现多个 API、微服务、函数库等之间的组合调用。它还可以预置通用脚本片段以及脚本帮助手册,帮助用户快速高效地进行脚本开发,支持脚本在线测试,提升开发效率。

4）安全可靠

支持接口调用登录认证 & 鉴权、加签防篡改、传输加密、防重放攻击、IP 白名单限制、调用限流、调用日志等多重机制和措施对 API 调用安全做重点防护。可以满足企业安全方面的各种需求,实现系统集成安全可靠。

四、数据流

数据流是对现有的不同类型资源建模,之后通过流程化设计编排成数据流服务,支持复杂、大数据集成场景下的组装问题。主要包括以下内容。

1) 统一的资源建模体系

将集成资源组件化,定义每一类资源的输入输出,为组装提供基础。提供了数据模型、事件模型、公共函数、数据抽取、数据加载、数据编织等组件。

2) 可视化资源编排

财务中台可以提供流程设计向导,按照不同场景的需求,将各类资源编排并发布为可运行的数据流。

3) 大数据流式并行处理

数据流运行引擎支持中断恢复、分批处理、并发执行等高级特性,具体体现在:源端数据读取中断恢复,大数据集处理失败后重试时,跳过已处理数据行;数据并发流式处理,大数据集按行生成数据线,多数据线并发执行,模拟流式处理效果;多数据线合并批量处理,对于批处理性能更高的环节,对数据线自动分批,对数据执行批处理;数据线分裂并发处理,在数据流中嵌入数据查询节点,实现查询结果的流式处理(如层次结构类数据的并发同步、密切关联的层级数据同步)。

4) 完善的运行监控平台

财务中台能够提供运行过程实例、数据线的查看和日志监控管理,实现组装过程的可视化。

平台的安全合规

企业的财务中台需要严格遵循行业的标准和规范,采用互联网先进的安全技术,保障业务的机密性、完整性和可用性,为用户打造一个"技术+管理"预防为主、纵深防御的云服务安全保障体系(见图8-22)。

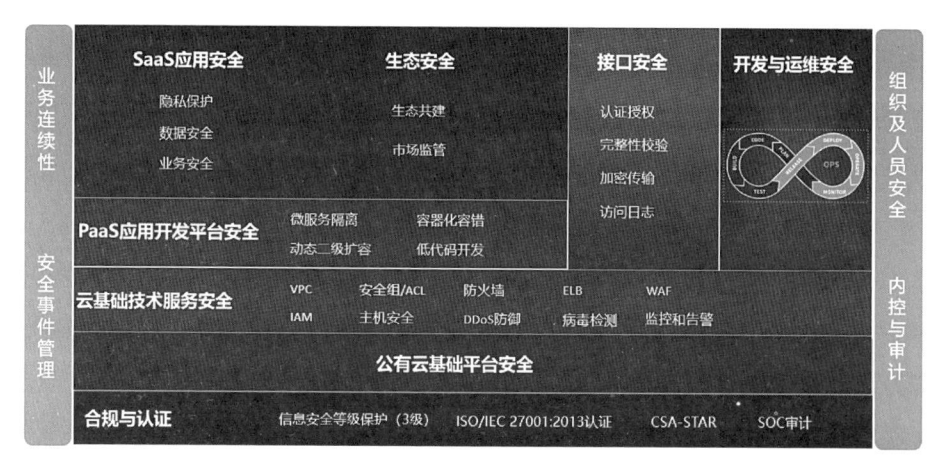

图 8-22 财务中台安全保障体系

一、安全责任范围

安全责任一般包含应用软件责任和企业/用户责任。前者（包含基础云服务）主要包括如下安全责任：

（1）云基础设施及服务的安全，包括计算、存储、网络资源等基础设施。

（2）操作系统、数据库、中间件满足基线安全要求，确保基础安全服务正常运行。

（3）PaaS应用平台包括容器、微服务的部署和运行安全，以及平台接口的安全。

（4）SaaS应用的安全，包括应用和接口安全。

（5）PaaS和SaaS层云应用数据的安全。

对于企业以及IT、财务等部门的用户来说，也需要承担一定的安全责任。

1）根据应用提供的安全特性进行合理化配置

（1）密码策略配置。用户应该及时进行密码策略配置，符合国家相关法律、法规要求，满足客户所属企业的信息安全规定及客户所在行业的普遍要求。

（2）重要参数配置。用户根据需要正确进行各种参数配置，包括附件上传的大小和后缀限制，水印是否显示、单点登录等，确保应用的可用性和安全性。

（3）权限配置。用户根据权责分离的原则，依照实际业务情况配置对应的角色、权限（包括例外），贯彻执行信息系统管理相关规范和要求，包括但不限于权限申请、变更、撤销等。

2）妥善保管应用的重要信息

企业需要确保各级管理员和业务员妥善保管应用的访问信息，包括登录用户名和密码等，不得外泄、私自转借等，避免因为账号信息被他人冒用，执行非法操作，给客户带来损失。

3）业务操作安全

企业所有管理员和操作员应培训合格后上岗，按照客户正常的流程和制度进行规范化操作，避免因为不规范操作，导致业务异常。

4）二次开发的安全保障

如果企业研发团队或者企业聘请第三方研发团队基于财务中台进行二次开发，如有必要，建议聘请第三方专业安全服务公司进行安全节点把关，确保二次开发的安全，其需承担如下责任：

（1）确保二次开发源码安全，包括代码不能留有后门，妥善保存、备份，防止丢失和泄露。

（2）调用的中间件应符合安全基线要求，进行相应的安全加固。

（3）二次开发相关的数据应该符合数据生命周期管理的要求，进行相应的加密和脱敏处理。

（4）对二次开发产品进行全面安全测试，尽最大努力发现漏洞并进行修复；二次开发产品须经过严格的病毒查杀处理，不能留有木马、病毒等。

5）相关联的第三方应用的安全

如果企业使用了和财务中台相关联的第三方应用，则需要保障第三方应用的安全。

6）企业数据安全

如果企业选择将业务数据备份或者数据同步到本地存储（含对接其他集成系统），则应采取妥善的保管措施，确保业务数据的安全，避免非法数据访问、数据泄露等。

二、基础架构安全

1）安全技术架构

如图 8-23 所示，在基础设施及技术服务安全的基础上，财务中台需要重点保障 PaaS 应用开发平台的安全、集成开发与运维安全、SaaS 应用安全及生态安全等。

SaaS	SaaS Application Security SaaS应用安全 （用户业务、数据及隐私等）	Ecological Security 生态安全	Interface Security 接口安全	DevOps Security 开发与运维安全
PaaS	PaaS Application Development Platform Security PaaS应用开发平台安全			
	Cloud Computing Infrastructure Services Security 云基础技术服务安全			
IaaS	Public Cloud Infrastructure Security 公有云基础设施安全			

图 8-23 财务中台安全技术架构

此外，基础设施即服务层（IaaS）建议要符合国际国内的主流权威安全认证，包括但不限于 ISO 27001、等级测评三级（关键区域、节点为四级）、SOC 鉴证、ISO 27017、ISO 27018、ISO 22301、CSA-STAR、可信云等。

2）安全防御

安全防御主要包括边界安全防护和系统加固及检测。

（1）边界安全防护。一般需要具备以下能力：在网络边界部署ELB负载均衡、Firewall（防火墙）设备，并部署相应的安全防护策略，有效地防止异常流量对业务的冲击；通过WAF（Web应用防火墙）对Web访问数据包进行有效过滤，减少对系统的破坏，包括SQL注入、XSS跨站脚本等攻击；通过云基础平台能力可抵御普通的DDoS/CC攻击，如果达到流量预警阈值，可以快速切换到高防系统，进行流量清洗，避免或减少业务的中断。

（2）系统加固及检测。一般包括所有云服务器、数据库、中间件等均按照行业推荐的基线标准进行安全加固。在运行环境部署IDS入侵检测系统，对所有服务器进行监控和检测，对非法入侵和攻击能够及时发现和响应。运行环境还应部署病毒防护系统，有效防止各种病毒的入侵。

3）安全域管理

通过划分VPC，将生产环境、测试环境和运维环境隔离，实施ACL访问控制列表和安全组访问控制策略，对网络实施分权分域的管理和内部控制。

4）集中监控管理

企业需要对财务中台的日志进行集中管理和集中监控，部署安全监控系统，实时监测业务整体环境的运行状态和安全状况。

三、PaaS平台安全

PaaS平台的安全重心在于部署环境、运行环境，具体分为以下四个方面。

1）微服务隔离

微服务隔离是指在微服务架构中，通过资源层面的隔离，避免一个服务的资源耗尽影响其他服务。微服务之间的相互隔离消除了应用程序安全的蝴蝶效应,避免了单个应用程序受到安全威胁而导致整个系统不可用的情况。

2)容器化容错

一旦微服务或者容器实例感染病毒,或者被恶意入侵,PaaS平台能够直接秒级启动新的实例替换掉异常实例,这种排除系统安全事件的效率远高于对安全事件进行定位和修复的效率。

3)动态两级扩容

多数情况下,平台发现资源不够会首先触发容器级扩容,如果容器级扩容失败则会触发虚拟机级扩容。这种动态管理方式充分保障了资源和业务的可用性。

4)低代码开发

通过低代码的开发模式,可以减少因为人为等原因造成的低级错误,降低了不规范编码带来的安全风险。低代码的可视化开发模式,也较好地保证了对集成软件和接口的兼容性,有效保障了系统集成的安全。

四、SaaS 应用安全

1)用户管理策略

在 SaaS 应用层面,建议企业基于 RBAC(基于角色的访问控制)扩展的权限控制模型,通过角色定义不同的用户权限。

用户分为企业内部用户和企业外部用户(商务伙伴用户)。内部用户和外部用户各自访问的应用按角色类型隔离,即内部用户不能访问和操作外部用户的应用;外部用户不能访问和操作内部用户的应用。

同时,内部用户和外部用户都支持管理员和业务用户的管理策略,可以分别设置管理员和业务用户,但是各自的管理范围和业务操作范围不同。管理员与业务用户的权限是分离的,即管理员不能做业务,普通用户不能做系统管理工作。

建议采用三权分立的权限管理策略,即可以将管理员分为系统管理员、安全管理员、审计管理员三种类型。系统管理员负责系统运维相关的操作和权限分配,如组织人员创建、参数配置等;安全管理员负责系统安全相关的权限分配与管理,如角色配置、用户授权等;审计管理员负责对系统操作日志、审计日志等进行稽核。

2) 身份识别及认证

财务中台的每个注册用户须具备唯一的身份标识,多种身份识别和验证方式,如静态密码(可定制密码策略)、图形验证码(CAPTCHA)、短信验证码等,以及组合验证。当输入密码达到预定的次数,则强制启用图形或短信验证码进行二次验证,以防止恶意及暴力破解。另外,还为高安全级别用户提供数字证书、动态密码(OTP)等金融级多因素认证(MFA)方式。

3) 密码策略

财务中台需要具备完善的密码定制管理策略,如密码规则、失效规则和控制规则,以达到用户安全管理需求。密码规则包括密码长度及复杂度(大小写字母、特殊字符、数字等各种组合);失效规则可设置密码失效天数;密码控制规则可设置输入错误次数,如果达到该阈值则对该账号进行锁定,还可以设置密码的间隔输入次数,比如不能再次设置最近5次用过的密码等。同时,用户在首次登录的时候会强制修改初始密码,使用过程中,用户也可以修改密码,但是要求先确认旧密码,以防止密码被非法恶意修改。

4) 文件上传

财务中台需要对上传的文件进行有效性检验,只有用户认证通过并且授权上传文件，才可以执行该操作。对于上传的文件，将验证文件的大小，对于超过阈值大小的文件禁止上传；同时支持针对文件扩展名设置白名单功能，并对文件头进行甄别，只有满足指定类型的文件才能上传，有效防止非可信来源的文件和程序进入运行环境。上传的文件会放置在独立的无执行权限的存储对象中，防止恶意程序的非法执行和攻击。

五、数据安全

为保护用户隐私及数据安全，财务中台在数据创建、存储、使用、共享、归档至销毁的整个数据全生命周期过程中，都应对数据进行保护。通过数据分类分级，识别数据保护风险，并通过采取数据加密、脱敏等安全技术措施对数据进行保护，满足法律上的约束条件和合同上的限定条件，有效防止内部和外部未经授权的数据访问、使用和披露，保障数据的保密性、完整性、可用性、真实性、授权性、认证性和不可抵赖性。进一步讲，建议采取以下具体措施。

1）数据及信息隔离

企业是数据的所有者，数据是企业的资产要素之一。财务中台需要通过数据库级别的数据隔离和业务附件信息的隔离，切实保障数据及信息的独立性和安全性。只有经过授权的用户才可以访问其拥有的数据，并需要根据不同场景，支持对象级、记录级、字段级等不同颗粒度的数据访问权限控制。

2）数据加密存储和显示

财务中台需要对敏感字段进行加密存储。其中，用户密码采用主流单向加密算法进行加密存储；对于其他敏感业务数据，支持不同的加密算法进行加密，如 AES（高级加密标准）、SM（国密算法）等通用安全加密算法。同时，财务中台也需要支持对敏感信息的显示具备隐藏显示功能（企业也可选择叠加进行数据加密存储与隐藏显示），为企业信息提供高强度的安全保护,有效防止非法人员的窃取和利用,保护企业和用户的隐私信息。

3)数据加密传输

我们也建议财务中台要采取更安全的 HTTPS 数据传输协议,信息在互联网传输的数据为加密数据(非明文),防止信息被非法窃听和使用,并采用主流权威的商业数字证书,应用完善的证书管理系统,使用安全的 SSL/TLS 加密方式,以有效保障数据传输的安全。

4)数据可迁移性

财务中台需要具有数据管理工具,用户可通过管理工具导入、导出标准 SQL 格式文档,实现企业业务数据迁移和本地备份。

六、API 接口安全

财务中台和企业其他系统之间的 API 接口也应该满足安全的要求,具体包括接口安全认证、接口数据完整性校验等。

1)接口安全认证

对接口访问使用基于 Token 的系统身份认证方式,验证通过后才能调用 WebAPI 接口,防范非法访问。

2)接口数据完整性校验

接口数据中包含数字签名、随机数及时间戳等,对接口数据进行完整性校验,防范重放攻击和注入攻击等。

3)接口数据加密传输

支持 SSL/TLS 加密传输协议,建立非明文的传输通道,保证数据的机密性。

4)接口访问记录

需要通过平台记录访问日志,便于问题跟踪和审计。

实践篇：
财务中台建设实践

纵观国内的财务中台建设实践，目前已经有部分企业（如携程、H集团等）完成了财务中台的建设，也有很多企业还处于从财务共享向财务中台的迭代建设过程中，或仍然处于观望考察阶段。从已有的财务中台建设实践来看，现阶段企业往往依托业财一体化或者财务共享服务中心，来进一步整合业财数据并构建自己的财务能力库。这些企业在财务共享服务经典的组织、流程、运营和系统建设的基础上，侧重业财数据底座的深化建设，并结合端到端流程构建场景化的财务数据服务，逐步实现财务能力的沉淀和共享，实现财务共享平台的中台化升级。

如果从财务能力建设的角度，我们可以把现有的财务中台实践模式分为三类。

第一类是能力共享中台模式。这种模式从财务共享升级、建设能力中台入手，将建设目标更多定位在支撑战略、赋能业务上。实践上又结合企业自身的转型战略、发展阶段和管理水平，选择不同的建设路径。例如，H集团基于战略重心从B端迈向C端、经营布局从国内跑向海外的大变革背景，主动求变，将已运行了十多年的全球化财务共享体系升级到财务中台，沿着明确的能力共享思想，从底层构建了18个能力中心，成功支撑了集团的战略转型。再如，重庆医药为了支撑布局全国、规模翻番的集团"十四五"战略，主动对2019年已建设的财务共享体系进行了平台升级、技术升级和模式升级。在已有端到端流程体系上进一步统一数据底座，积极落地智能技术在场景上的应用，并秉承赋能企业经营的理念将这些应用进一步提炼总结为企业级的财务能力，在承担更多的战略决策支持任务的同时推动资源共享平台向能力共享平台演进。

第二类是业财中台模式。这种模式从业财一体化切入，对原来和下属板块业务系统紧耦合的财务应用进行解耦，在集团层面统一建设业财中台，强化财务的管理服务能力中心建设，并且共享平台更多是从技术角度为业财中台提供能力支撑，对财务人员不做集中。例如，金地集团将业财数据底座、收入和成本处理、收款认领和付款统筹等资金结算能力都统一在业财中台中，构建了面向多业务板块的财务管理服务能力中心，显著加强了财务对业务的监控和管控。总部和分散在区域的财务人员通过共享平台的服务能力参与相关端到端流程的会计事务处理。

第三类是"资源共享+数据服务"模式。这种模式从构建统一的企业业财数据底座入手，采取财务共享服务和数据中台同步建设的策略，并在财务共享服务中心下设置独立的数据服务部门，主动为业务板块和相关部门提供数据服务。例如，Z集团面对下属建设、交通、金融等行业差异明显的业务板块，明确构建统一的新型财务共享中心，集财务核算、数据中心、管理决策支撑、人才培养为一体，在提升传统的财务共享服务能力的同时,通过构建业财数据中台探索强化财务的数据服务能力。

我们在本书中收录了上述四个企业建设财务中台的实践案例,希望通过这些不同行业、不同管理模式、不同发展阶段的企业在面临外部环境大变化、自身战略大调整下主动求变,探索财务数字化转型的经验,为大家提供更多的参考和借鉴。

第九章

H 集团:基于能力共享的财务中台模式

立足新时代,擘画新未来。"高质量发展"是全面建设社会主义现代化国家的首要任务。H 集团作为老牌国企,始终响应国务院国资委"对标世界一流企业,构建世界一流财务管理体系"的号召,以财务转型与财务共享升级为契机积极探索,应用先进的技术平台及前沿技术线路,率先建设基于能力共享的财务中台:在一个财务中台之上构建订单到收款、采购到付款、投资到资产、费用管理、总账到报表、资金管理、发票管理、共享运营管理共八类端到端流程,覆盖 27 类智能化应用场景,包括应收资金的智能催欠、广告费的金额一体化校验、发票校验自动化、资金付款自动排程等,支撑 H 集团高效的业财协同、深度的业务洞察、有效的资源配置。通过构筑统一的财务中台数字化底座,架起财务管理与业务活动的"桥梁"。财务中台作为前台业务变化与后台稳定发展的"变速箱",向前服务赋能,实时响应业务的快速变化,向后降压求精,保障企业财务后台管理更稳。

智慧新生活的引领者

H 集团有限公司(简称 H 集团)成立于 1969 年,拥有四家上市公司,旗下有多个品牌。2022 年,H 集团继续保持稳健增长,全年营收近

2 000 亿元,利润总额超过 100 亿元,同比增长 21%。海外收入近 800 亿元,自主品牌占比超过 83%。H 集团总部位于中国,自成立以来坚持"诚实正直、务实创新、用户至上、永续经营"的核心价值观和"技术立企、稳健经营"的发展战略,业务涵盖多媒体、家电、IT 智能信息系统和现代服务业等多个领域。在已成为核心业务的家电 B2C 产业,H 集团始终处在全球行业前列;在智慧交通、精准医疗和光通信等新动能 B2B 产业,H 集团也占据了全国乃至全球领先位置。家电板块与科技板块相得益彰,H 集团正在实现由家电公司向高科技公司的转身。

经过多年的稳健发展,H 集团目前拥有近 10 万名员工,在全球拥有数十家工业园区和研发中心,面向全球引进高端人才,促进国内的设计、研发人员"走出去"。海外分支机构覆盖美洲、欧洲、非洲、澳洲及亚洲等全球市场,产品远销 160 多个国家和地区。在中国外文局对外发布的《中国国家形象全球调查报告》中,H 集团已经连续 6 年成为海外民众最熟悉的排名前十位的中国品牌。H 集团是国家首批创新型企业,两次获得"全国质量奖"。

新时代下,H 集团继续以技术创新为核心竞争力不动摇,坚持做精做久,行稳致远并持续将产品向高端转型,产业链向高技术延伸,产业架构向高科技转移,持续打造高质量好产品。H 集团宽带是全球领先的光通信器件供应商,推出三类运营商终端产品,其中光融合终端和直播星产品国内领先。在新兴的智能交通领域,H 集团在城市智能交通市场占有率较高,产品和解决方案应用于全国 169 个城市。以 H 集团 CAS(计算机辅助手术系统)为代表的精准医疗产业,目前已服务全国百余家三级及以上医院,服务 2 万余例患者;H 集团彩色超声产品 HD60 泰山系列在 30 多家三级医院开展临床使用,累计诊断病例 5 万多例。

政策及行业形势变化,加速数字化转型

家电行业经过40余年的发展,国内家电市场已是红海,规模难以大规模增长,而海外市场的部分区域仍是蓝海一片,有增量空间,各家电企业纷纷进军海外市场,夯实全球化经营能力。中国家电出海从最初追求出口订单和贴牌生产的1.0时代,到海外创牌和战略收购的2.0时代,如今已经进入到部分企业实现海外本土化生产和运营的3.0时代。

当前,国内外环境不利影响及行业形势变化,使得家电行业在承压中前行。从消费端来看:消费方式发生了变化,线上消费加速发展;消费需求发生了变化,消费者更加追求个性化、健康、绿色和智能,更强调品质和用户体验;产品形态也发生了变化,由单纯的硬件变成"硬件+软件+服务"。从供给端来看:劳动力短缺、原材料价格上涨、环保要求愈发严格导致制造成本增加;工业互联网、大数据、AI、5G等创新技术快速发展,催生了跨界、融合、协同、生态等新型创新模式;供给侧改革、结构升级、效率提升、品质升级、品牌升级促进了行业转型升级,迈向服务型制造;国家"双碳目标"持续推进全面绿色转型,建设绿色工厂、绿色产品和绿色供应链,全面满足ESG要求并实现产品碳核算。

此外,政策变化也加速了家电行业数字化转型。从政策端来看:国务院国资委发布的《关于加快推进国有企业数字化转型工作的通知》《关于中央企业加快建设世界一流财务管理体系的指导意见》,都对国企央企数字化转型提出了明确要求和指示。对标世界一流企业,需要构建世界一流财务管理体系,推动四个变革,强化五项职能,完善五大体系,从而提升竞争力、创新力、控制力、影响力和抗风险能力,助力企业数字化转型。身为国企,在"数字化转型"和"对标世界一流"政策倡

导下，H集团如何响应？

作为一个并不完全依赖技术，而更多由消费趋势引领的行业，家电企业要走到市场的最前面，积极布局基础设施云化、产品智能化、经营数智化和组织敏捷化四大核心方向，加速企业数字化转型。基础设施云化：要基于云基础设施稳健与高可用，技术与性能领先，成本与风险可控，大数据&AI与互联网技术架构赋能，支撑业务快速创新。产品智能化：要立足用户使用场景，快速低成本实现产品智能与互联升级，强化用户连接互动与体验，数据反哺用户运营与产品迭代。经营数智化：要构建全域精准营销、全渠道销售、智能财务、数字供应链、智能制造等能力，打造以数据智能驱动的全链路运营体系，上下游协同高效与DTC转型升级。组织敏捷化：要打造以用户价值为共同目标、以成员的自驱力和创造力激发为根本、以业务和组织的网络协同为机制、以共治共生为文化，能柔性动态敏捷响应内外部环境变化的组织。

H集团财务共享中心虽成立时间较早，但依然还有大量基础核算事项集中在业务财务分散处理。随着集团的产业的发展、业务增长以及战略转型，H集团的管理难度和管理幅度与日俱增。同时，在企业快速发展中对财务内控与分析的需求也趋向敏捷精准。然而，财务共享系统及相关辅助系统缺乏统一规划，还不足以支撑发展和业务的需求。H集团希望通过"制造、销售、智慧办公和财务管理"等领域的数字化建设，提升上下游之间运营效率，这也是H集团财务数字化转型的源动力。

1. 战略发展的诉求

H集团在发展的过程中不断进行战略升级，目前已经从2011年的智能化战略升级到"智慧新生活"战略。依据H集团规划，预计5年内实现业绩和利润在当前基础上翻一番并持续保持稳健经营，要达成这一目标，需要大幅度扩大财务人员的储备和培养，目前显然难以保障。

如果采取人员提效,则需要构建一套财务数字化信息系统,去支撑整个集团高效运营的财务管理体系,降低内控风险,加强财务管控。

面对高速发展的企业规模以及多产业跨国并购,智能化财务转型已成必然趋势,内外部经营环境迫切要求 H 集团加快构建数字化业务能力。

2. 财务转型的诉求

数字技术的发展,推动财务管理从信息化向智能化不断发展,语音识别、影像识别、电子发票、移动应用、RPA、财务机器人、大数据、机器学习等技术的应用,让标准化的财税处理工作实现了自动化,让数据分析、数据洞察、数据预测等发挥出更大的价值潜能。

同时,财务组织也需要持续变革。财务共享将分散、重复、基于规则可以标准化的工作进行集中处理,实现了财务工作效率和质量的同步提升。数字时代的财务组织应该是敏捷地深度融入企业端到端业务流程和管理活动,并向着"战略财务、业务财务、共享财务"三位一体的方向不断发展。

为了支撑 H 集团的数字化转型,H 集团的财务管理也需要借助智能技术进行转型,通过管理模式的重构实现价值创造。

3. 信息化整体建设的诉求

H 集团传统的孤岛式财务信息化导向,难以支撑数字化转型的需要。

在费用报销业务方面,由财务部门主导定义的场景复杂,不仅要处理员工的个人费用报销,还包括了物流费、广告费、服务费等经营费用的报销,费用金额大、管控难、业财割裂,无法达到稽核要求。

在财务核算方面,基础核算工作非常繁重。例如,发票校验需要手工处理、工作效率低,且发票校验业务集中在月末,形成月结瓶颈;当月进项认证发票与增值税进项账务由财务手工核对,存在收票税务风险和工作量极大等问题。财务人员加班严重,职业成就感低,财务人员现有的职业发展通道也不能适应业务发展带来的新变化。

在资金管理方面,H集团以资金精细化管理见长,十分重视资金计划的编制和执行,为了提高资金使用效率,要求资金部门按日制订精准头寸计划,每天早上将当天拟支付的资金调拨到位。但资金计划基本通过手工编制,系统支撑性较差。

面对以上现状,H集团意识到在当下"5G+AI"带来新的数字化浪潮背景之下,传统"烟囱式"的系统架构已属于过去,创新的中台架构属于未来。所以H集团认为财务系统应引入先进的中台架构,为财务系统的快速构建、服务化交付、分布式存储、模型驱动、持续集成、数据可视化等能力提供统一的技术支撑。

积极拥抱数字化浪潮,打造数字战斗力

H集团财经数智化创新中心相关负责人表示:企业数字化转型中财务至关重要,要把整个财务的工作往前推,快速地进行财务技术的更新,提高整个财务工作的效率,让财务的数字化转型能够在一定程度上驱动整个集团的数字化转型,保证整个集团的稳健经营真正落到实处。

2019年,H集团在多个领域开启数字化转型,涵盖集团经营管理的五个方面,分别是产品全流程数字化、供应链全流程数字化、生产制造全流程数字化、财务数字化转型和人力资源数字化转型。H集团基于"技术立企、稳健经营"的核心发展战略,对整个集团的数字化建设进行全面推演后,明确将财务数字化转型和财务中台建设作为集团数字化转型的先头部队。

H集团的财务转型框架主要包括组织职能重构、财务转型路径规划、财务共享升级再造、信息系统支持(见图9-1)。

财务中台：新一代财务共享平台

01 组织职能重构
按照专业化的原则，划分专业财务（战略财务）、业务财务和共享财务三级职能体系

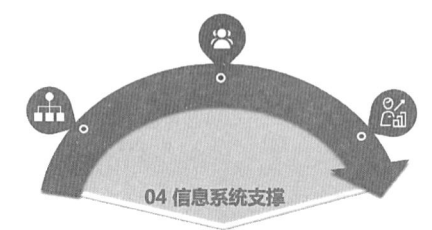

02 财务转型路径规划
随着财务转型，财务工作的重点从核算转向辅助战略决策和支持业务管理与监控，因此需对财务转型路径予以规划，以推动变革转型

03 财务共享升级再造
按照高效、标准、规范的原则对原有财务共享组织、流程和系统进行梳理再造，提升财务共享整体价值

04 信息系统支撑
财务转型后，当地财务更加关注财务分析、决策支持等价值创造工作，因此需要相应的信息系统工具提供支撑，确保财务人员转型迅速完成并取得成果

图 9-1　H 集团财务转型框架

同年，H 集团启动了集团财务管理变革工作，计划用 3~5 年的时间完成 H 集团财务中台的建设，建成世界一流的财务管理体系。H 集团财务中台建设的出发点是重构业财融合的模式，具体分为推进财务变革、深化业财融合、促进提效增值、提升运转效率、标准化核算处理、加强流程合规六大方向（见图 9-2）。

- 推进财务变革　用财务中台拉通业务前台和后台
- 深化业财融合　端到端的流程 业务财务无缝对接
- 促进提效增值　效率提升 流程精益 服务增值
- 提升运转效率　提供面向业务、员工、生态的优质服务
- 标准化核算处理　全场景标准化核算 财务结果口径一致
- 加强流程合规　财务流程合规 符合内控规定

- 智能高效的数据处理中心
- 数据赋能的决策支持中心
- 灵活弹性的运营支持中心
- 高价值的专业服务中心

图 9-2　H 集团业财融合的六大方向

在建设路径方面，H 集团财务中台采取了项目分三期的建设策略。项目一期：用两年的时间，重点打造财务中台的业财融合、财务管

理、税务管理、司库管理、供应商等协同能力,记录业务场景的全貌,推动集团的财务共享向 3.0 迭代,实现国内的业务系统和共享服务全覆盖。

项目二期:通过一年多的时间,打造财务中台的全面预算管控能力、风险管控能力;根据集团的业务特点以及业务全球化发展战略,优化海内外业财系统,建设全球司库管理。完善差异化管控模式,建成服务于 H 集团全球业务的财务中台。

项目三期:将充分运用集团业务活动中产生的数据,利用财务中台的业财数据沉淀分析能力,挖掘数据的价值,拓展服务范围,将财务作为经营数据分析的出口,建成全球化的运营支撑体系。

H 集团希望通过财务数字化转型,在集团层面统筹 IT 系统建设,完善智能财务应用,支撑更多的业务场景,提升业务的处理效率,链接生态伙伴,提升业务的处理的效率,保障生态价值最大化和提高用工满意度。H 集团将财务中台数字化底座作为业务系统和核算系统之间的桥梁,协同全面预算系统、司库管理系统、风险控制系统、决策分析系统以及未来更多的业财系统,构建 H 集团财经云平台。

变局时代,从 ERP 到 EBC 以应对挑战

彼得·德鲁克说:"大变局时代,企业最大的危险不是变化本身,而是采用昨天的逻辑去应对变化。"身处世界百年未有之大变局,面对迅速的商业变化、不熟悉的经营风险、多样化的客户体验,企业更需韧性应变,于变局中开新局。

在成熟行业中,变革往往意味着"大动干戈",企业更需要以一种非破坏性创新来减少对尝试新事物的恐惧,降低变革成本,可组装的 EBC 正是这样一种模式。通过将一个个业务场景变成一个个颗粒化的"积

木"，对"积木"进行不同的组装，打造一组新的应用程序以应对外部环境的变化，充分增强组织韧性。

H集团在数字化转型过程中，成立"EBC财务数智化联合创新中心"，揭开高科技先进制造业EBC财务数智化建设的新篇章。

H集团明确提出"以财务共享升级为手段，提升业财融合度，降低内控风险，加强经营管控"，然而面对高速扩张的业务需求，仍存在信息化管理、组织管理、风险管理、资金管理等问题，制约了目标的达成。

1）信息化：系统孤岛、业财未充分融合，系统架构过时、功能应用不全，难以应变

从信息化整体来看，业财信息化系统已基本建立，覆盖销售、研发、采购、制造、物流等各个领域，然而业财衔接存在断点，系统之间存在重复建设且未充分集成，导致数据在业务系统和报账平台中重复录入，数据的时效性和准确性大打折扣，业财未充分融合。以财务领域信息化系统为例，仅财务核算系统就有9套，且各个系统相互独立、形成孤岛。

从财务系统功能来看，共享平台功能应用不全，仅实现了费用共享、资金共享、总账共享及报表共享，缺少税务共享、资产共享、应收共享、应付共享等功能。系统功能不全导致集团业务、财务标准化工作推进缓慢，共享业务职能上受到集团的阻力较大。

从系统架构来看，系统应用时间长、数据量大导致性能下降严重，个性化开发成本高、新需求响应所需时间长，各种主数据、流程、权限等基础管理需要重复在不同的系统中配置和分发，系统维护及配置工作量较大。2018年左右，集团IT部根据业务需求做了很多规划，但是发现H集团的ERP后台系统主要是SAP系统，系统架构重到基本上动不了，这与前台灵活多变的需求十分不匹配。

2）组织定位：人才体系未完全建立，共享定位低，子公司人员流失，战略支撑不够

从集团财务定位来看，侧重财务报表、经营分析和预算管理，会计规范与指导、税务管理、内部风控、财务体系规划建设与人才培养选拔能力较弱。人员管理及职能发展均面临挑战，人员流动频繁，缺乏积累与沉淀。职能发展失衡，专业化没有亮点、专家化不明确。

从财务共享职责定位来看，共享中心被认为是不懂业务的部门，业务部门误以为进入共享会影响业务效率和灵活性，推进缓慢。共享中心在业务支撑方面面临挑战，无法体现业务中台和数据中台的基础作用，职能相对单一，无法支撑财务转型。

从子公司财务能力来看，基础工作占比较高，加班严重，管理会计和财务业务管理职能严重弱化。人员缺乏成就感，流失严重，人才断层严重。

从集团战略支撑来看，因标准化程度较低，数据缺乏统一的管理规则，财务数据存在口径差异，数据时效性和准确率都有待提升，无法为经营分析提供数据支撑。

3）财务风险频发，风险管控亟待加强

随着H集团业务规模和产业范围的扩大，运营管控风险增加，财务管理能力亟待加强。大量发票校验需要手工处理、缺少标准化工具和方法，纠错率无法保障；供方发票需邮寄给业务再转财务处理，挤压财务校验时间；财务月结时间紧张，容易形成月结瓶颈；未对发票进行验真查重，存在税务风险。为保证成本信息准确性，经常使用复印件校验，存在原始发票遗失的风险，抵扣和税金核对工作滞后，税务风险无法及时规避，导致财务风险问题频发。

4）资金精细化管理要求较高，流程智能化程度无法支撑

作为一家全球化企业，H集团对资金精细化管理要求极高。一方

面,资金计划手工编制、层层汇总,准确性和效率较低;各产业板块公司编制方式不一,无法统一管理;资金的月计划与日头寸未能有效关联,无法在执行过程中做到有效管控。另一方面,集团缺乏业财一体化的到期款及逾期款提醒机制,无法做到计划性地对客户及责任人的资金到期进行提醒及催欠;集团层面催收职责不清晰,催收行动缺少过程与结果的跟踪管理;缺乏催欠策略,催欠效率低,资金回款风险高,问题资金占用高居不下。

财务共享升级,新理念、新技术、新管理

一、理念创新,从共享到中台

H集团于2010年成立财务共享中心,是业内做共享较早的一批企业,H集团财务共享中心把整个H集团大部分公司的费用审核和资金支付都上收处理,当时共享中心只有60人左右,但是业务处理效率非常高,尤其在费用的审核效率和RPA的智能应用上,在整个国内都是比较先进的。稳定地运行了七八年之后,在家电行业激烈竞争的大环境下,管理层对数据的及时性要求越来越高,财务人员加班频率越来越高,月底几乎都是通宵结账,越干越累,而共享中心的存在感却是越来越低。

2018年左右,集团IT部根据各业务端的信息化需求做了很多规划,却发现ERP后台系统很难匹配前台灵活多变的业务需求。比如业务上提的需求"通过提报一个单据自动生成财务凭证",内部评估后发现流程再怎么改造都无法实现,必须要思考新的方案进行突破。

H集团开始走访调研了像中兴、华为这样正在考虑做或者已经做好财务转型的企业,吸收优秀经验后,随即在内部成立了财务转型与共

享升级项目组,定位就是要做对标世界一流的财务管理转型升级,实现助力财务转型、降低内控风险、支持业务扩张、提升财务运营效率与质量、未来发挥数据中心价值五大管理价值提升。

H集团财经数智化创新中心相关负责人表示:"H集团财务中台既是一个数字化平台、是一种思想,也是一个平台化组织的目标。"企业始终要利用财务中台来消除信息化孤岛,以降低IT系统构建成本和员工使用成本。为此,H集团成立卓越财务中心(Finance Center of Excellence,FICOE),并以其作为财务变革的"发动机",承担财务中台的建设工作,打破多重组织边界,促进企业级价值链协同,汇聚销售、采购、财务、信息、人力的专业人才,拉通端到端的业务能力,形成企业级价值链协同。

H集团财务共享中心相关负责人表示:"如果说财务共享是动车其中一节车厢,而财务中台就好比是一辆高速行驶的动车,轨道就是PaaS平台,平台上面就是由财务应用组装而成的一节节车厢。"因此,在系统构建能力方面,财务中台的建设不仅仅是对原有财务系统的升级,更是将业务领域与财务领域两个平台资源共享,由流程驱动的管理升级到数据驱动的全价值链管理。首先,财务中台要以沉淀的通用能力管控和赋能敏态的业务,强调无处不在数据智能服务赋能人人,侧重懂财务、善金融、知业务、会分析的整体财经能力提升。其次,借助面向AI工程化的新一代技术,支撑高达27类核心业财协同场景全流程端到端闭环管理,在链群整体价值最大化中实现生态共赢。最后,财务中台打造的是数字化共创平台,财务引领、能力复用、伴随业务持续成长,借助AI、事件驱动会计、组装式等技术,创新业财融合的DT驱动模式。在理念创新下,从共享到中台,一种全新的财务管理模式和体系正破茧而出(见图9-3)。

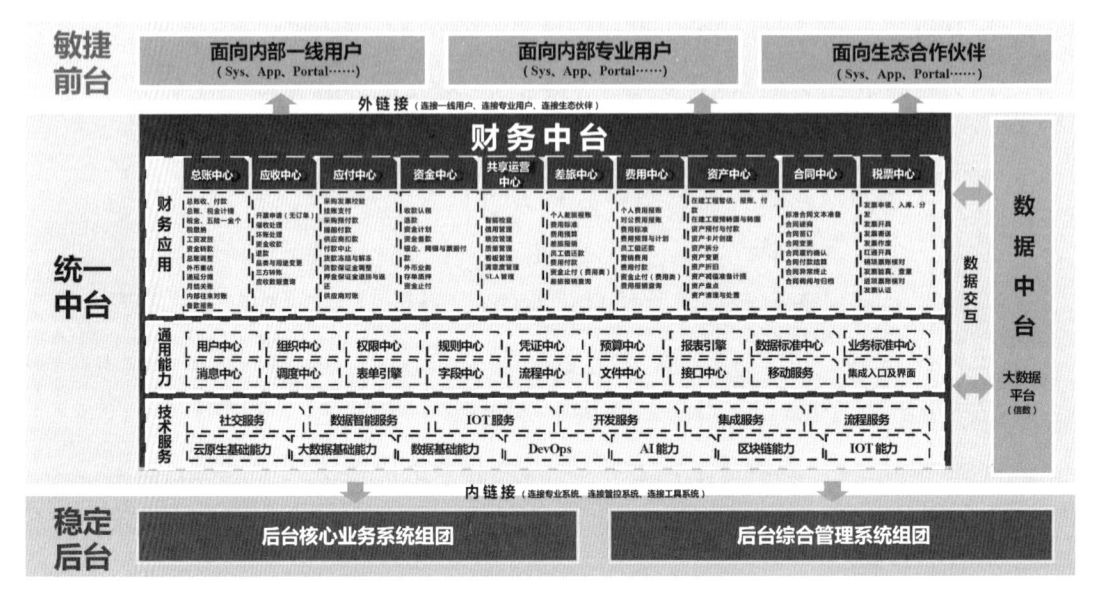

图 9-3 H 集团财务中台应用架构

二、技术升级，构建 18 大能力中心

H 集团在初次接触财务中台的共享、复用、组件化、敏捷化等特点时，就被其先进的理念深深打动，并坚信本次的财务数字化转型应引入先进的中台架构，借助微服务、容器化、低代码、大数据和人工智能技术，打破原来"烟囱式"的系统构建方式，从点对点的系统集成到一对一数字化共创平台，从流程驱动到数据驱动，为财务系统的快速构建、服务化交付、分布式存储、模型驱动、持续集成、数据可视化等提供统一的技术能力。

H 集团通过构筑统一的财务中台数字化底座，架起财务管理与业务活动的"桥梁"，并建设了 18 大可复用的能力中心，可被 H 集团的八大业务循环灵活组装复用，极大地降低业务循环的建设难度，高效支撑 H 集团数字化运营战略落地（见图 9-4）。

H 集团致力于成为智能财务的探索者，价值点体现在以数据为核心的可组装、智能化、中台架构。H 集团财务共享中心相关负责人将其总结

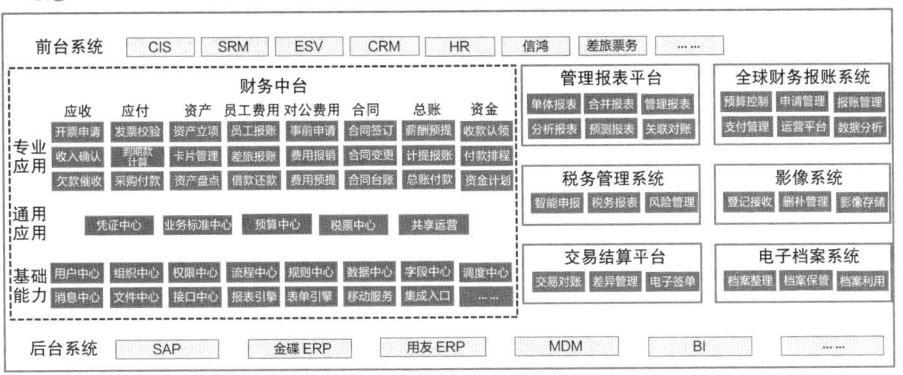

第九章　H集团：基于能力共享的财务中台模式

图 9-4　H集团财务中台的18大能力中心和八大业务循环

为三个关键词：

第一个关键词是"**可组装**"，像是搭积木，把这些系统拼接在一起，快速实现连接。中台就好比是一个桥梁，连接用户和财务，连接业务和数据，助力实现数据驱动的管理。财务中台能基于事件驱动的会计引擎与各种前端业务系统零代码集成，快速组装生成会计凭证和会计事件，在财务结果信息基础上还包含原汁原味的业务财务统一信息，形成会计事件库，为企业管理提供各种精准的数据分析能力。以应用可组装为例，实现与18个异构系统的可组装；以流程可组装为例，实现与200多个业务流程的可组装。

第二个关键词是"**智能化**"，H集团在各基地使用收单机器人30多台，使用内嵌式RPA44个，在PTP应用中心，使用了全票池、OCR等智能技术；在资金结算中心，使用了银行U盾大机柜和智能付款排程技术；在费用管理中心，应用机器学习技术实现嵌入式审单规则中心应用。例如，采购发票校验，供应商只要把发票上传到供应商关系管理（Supplier Relationship Management，SRM）系统，就会自动调取中台能力，发票会自动验真查重。还有采购到期款自动计算，中台会自动推

251

送汇总的采购付款报账单,大幅节约了提单时间。又如,智能填单时在发票拍照之后,发票信息就自动填在报账单上了。在共享运营方面,"智能审单机器人""智能调度机器人""智能对账机器人""收款自动认领机器人"等创新应用,是基于其沉淀的业财大数据与PaaS平台的机器学习技术构建的新功能,使智能机器人替代人工成为可能。在效率提升层面,智能审单提效超过55%,票税账核对提效超过85%;在智能收款层面,收款自动认领率达73%,且收款认领平均时效达到40s,被动付款自动入账率达100%。

第三个关键词是"**中台架构**"。H集团以财务共享升级为契机,依托苍穹平台和星瀚,率先建设H集团财务中台。基于"变速箱"的价值定位,H集团的财务中台在数据整合层面,汇聚所有业务系统的数据,进行统一的筛选、核算、转换,自动生成财务数据。在通用能力层面,中台提供了18大能力中心,可被八大业务循环灵活组装复用,极大地降低业务循环的建设难度,高效支撑H集团数字化运营战略落地。

三、链接生态,优化产业链价值

解决数字化孤岛,是"炸岛造陆"还是"跨海搭桥"？H集团基于财务中台全新构建了订单到收款、采购到付款、资金管理、投资到资产、费用管理、税票管理、总账到报表、共享运营管理八大业务循环,涉及27类业务流程,包括应收管理的智能催欠、应付管理的发票校验自动化、资金管理的智能收款认领及付款排程、投资到资产的全生命周期管理、费用管理智能化报账、税票管理及发票验真查重、总账到报表的月结自动检查、共享运营管理的智能质检及运营看板等(见图9-5)。

面向业务前端,财务中台在对业务的服务和为业务赋能的同时,借助"智能预测"实现全面预算从管控分析到预见执行,加强对业务精准的预测指导。面向财务后端,财务中台保证了会计核算的真实、完整,

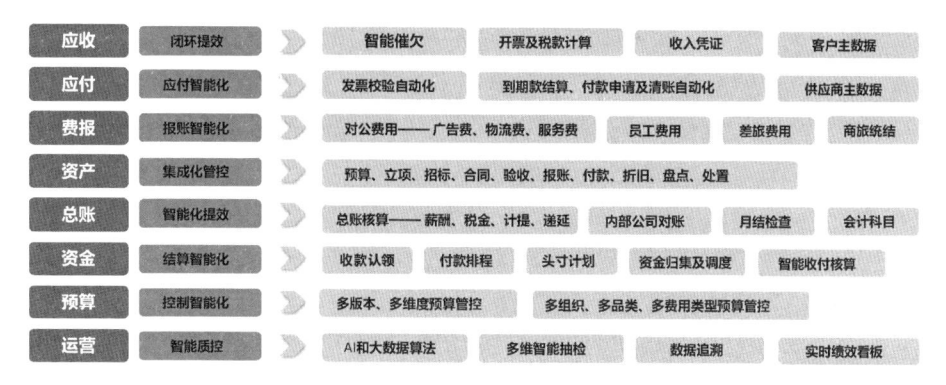

应收	闭环提效	智能催欠	开票及税款计算	收入凭证	客户主数据	
应付	应付智能化	发票校验自动化	到期款结算、付款申请及清账自动化	供应商主数据		
费报	报账智能化	对公费用——广告费、物流费、服务费	员工费用	差旅费用	商旅统结	
资产	集成化管控	预算、立项、招标、合同、验收、报账、付款、折旧、盘点、处置				
总账	智能化提效	总账核算——薪酬、税金、计提、递延	内部公司对账	月结检查	会计科目	
资金	结算智能化	收款认领	付款排程	头寸计划	资金归集及调度	智能收付核算
预算	控制智能化	多版本、多维度预算管控	多组织、多品类、多费用类型预算管控			
运营	智能质控	AI和大数据算法	多维智能抽检	数据追溯	实时绩效看板	

图 9-5　H 集团财务 27 类智能化应用场景

更借助"数据驱动"实现高效的决策分析，加强对管理决策的数据支撑，为业务赋能。财务人员不需要在各个业务系统间来回切换，核对业务数据。财务中台帮助财务部门提炼出相关的共性服务，支撑前台业务更灵活地发展，并做好财务管理、战略分析和风险防范。

1. 以共享仓，实现统仓统配一盘货

"中台"的先进思想不仅在财务领域生根发芽，同时也拓展到了供应链领域。2019 年，H 集团中国区营销总部启动了营销业务变革，希望通过 H 集团强大的物流体系、仓储能力和信息化能力来赋能经销商和客户，改善库存管理水平、减轻库存仓储和物流管理的负担，让经销商和客户能够专注于销售和市场的开拓。

基于业务上的要求，H 集团创建了共享仓项目，以全渠道库存中心链接 H 集团库存和商家库存，以及商家、销售、物流、服务、财务等内外部伙伴和部门，实时掌握五大业务领域在七大系统的订单、库存、仓储、配送等数据流向，实现统仓统配、库存共享和产销优化，提升从生产制造到销售出库的运转效率，具体目标表现在：去除压货模式，提高产品库存周转率，减少呆滞料；降本增效，减少商品流通环节，减少物流运输成本，通过串线集配、班车化运营提高物流时效性；提高库存周转率，通过库存共享，加快商品的流通，减少商家的资金压力；库存全局管理，H 集团销售体系全局可见,有利于集团从全局安排销售计划、合理制订库存计划。

2. 采购发票签收业务,从企业内部向价值链延展

采购发票签收业务,原流程为:供应商把发票先寄给采购人员—采购人员再交给财务人员—财务人员检查发票的真实性—财务人员进行三单匹配—财务人员根据发票进行账务处理,存在发票传递周期长、沟通成本高、手工处理节点多等问题。基于"以中台连通生态链"的理念,H集团财务中台对采购到付款的整个业务流程进行梳理,以财务中台为轴,打通了业务前端的SRM系统和后端的核算系统,在中台上构建了发票全面采集OCR识别、税企直连和全票池功能,使得整个业务流程朝自动化、智能化和协同化发展。优化后的业财一体化流程为:供应商将发票扫描上传到SRM系统,系统自动调取中台能力,对发票进行验真查重,并自动推送到财务中台做入账处理。

采购发票供应商协同业务场景,具有以下四大流程优化点:①发票自动识别,自动对比,自动校验。②操作节点减少,由原来的四步操作节点优化为一步操作节点加三步系统自动化流程。③实物送达时间优化,实物送达时间由原来的31号变为次月5号,以及较大比例的电子发票免实物传递。④退票优化,发票在供应商上传、进入系统流程的初始节点,进行验真查重及规则校验。

3. 智能收款认领,加快内外部资金运转效率

H集团拥有多媒体家电、IT智能系统、现代服务业等领域众多业务,拥有总部、子公司、经销商、门店等关联方和客商,以及线上线下多种销售渠道,这必然导致H集团收款业务的收款类型多、频次高、辅助确认项目多。财务中台从银行流水下载自动化、收款认领自动化、收款入账自动的建设目标出发,搭建了电子收银台、银企直连、RPA、收款认领池以及移动端便捷应用等系统或功能,系统植入银行流水同步规则、收款认领规则、信用管理规则、凭证生成规则等,支持商家、业务员、本

地财务多角色认领,有效解决收款认领的效率和质量难题,收款认领平均耗时40多秒,逾期未认领资金下降超50%(见图9-6)。

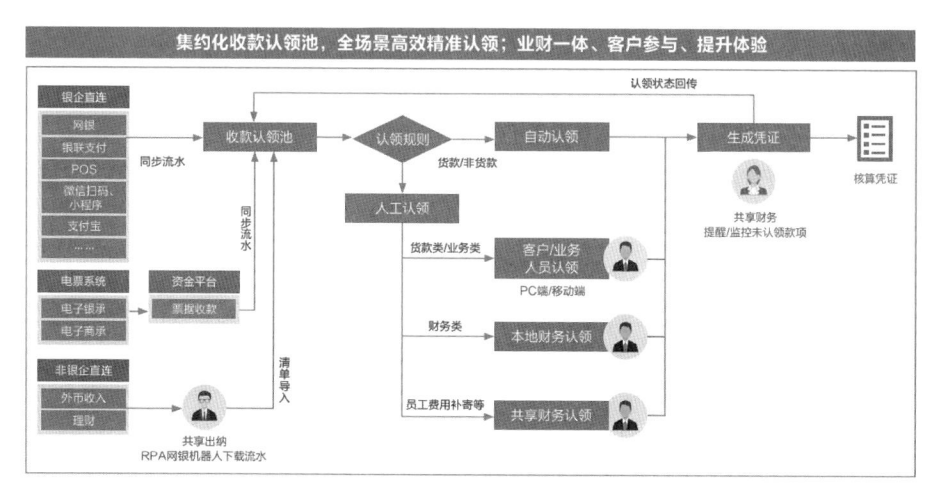

图9-6 H集团智能收款认领流程图

4. 以数据和算法,支持资金智能决策

制造业的资金流具有资金占用量大、周期长、成本高等特点,H集团非常重视资金的使用效率,在财务中台构建资金智能决策能力,用数据解读和预测资金流。

在资金智务化决策场景解决方案中,H集团将具有付款需求的各业务系统与财务中台对接,将各类付款单据汇集到财务中台的付款任务池;财务中台对业务系统推出的付款单据中必须承载特定的业务信息、财务信息、计划付款日期、附言等信息要求;付款任务池对待付款单据按照既定的业务规则进行付款排程,利用资金预测模型和数字化资金指标库动态模拟未来资金头寸,利用资金计划滚动模型和数字化资金指标库动态模拟未来资金计划,形成日/周资金付款计划和头寸预测。

资金智能决策功能启用后,每日下班前,系统自动根据已排程的付款单,排出当天的资金支付日计划,资金部门在次日上午9点前将资金调拨到位,供对内对外结算支付。

H集团财务部门相关负责人这样诠释财务中台:"以财务中台的思路来消除信息孤岛,我们在这一个智能化的平台上,实现了从订单到收款、采购到付款、投资到资产、费用报销、总账管理、税金管理、资金管理、合同档案等业务循环完整的解决方案,通过财务中台来实现业务到财务、从内部生态到外部生态伙伴的协同。"

四、智能应用,全面解放人力

H集团为财务中台创建了多项智能化技术运用实践,包括RPA、OCR、规则自动化、智能查验、大数据算法、智能收单、UKey云柜等,全面解放人力,提升效率。

H集团在各基地使用收单机器人30多台,使用内嵌式RPA 44个。在订单到收款业务中,使用了智能催欠、开票及税款计算、客户对账清账;在采购到付款业务中,使用发票校验自动化、到期款结算、付款申请及清账自动化;在费用管理中心,应用机器学习技术实现嵌入式审单规则中心应用,实现智能填单以及发票拍照自动填单。在资金结算中心,使用了UKey云柜、智能付款排程,以及银企对账、银行流水自动下载等;在税务管理、总账及共享运营中心,也部署了税金智能取数计算、月结检查、智能质检、智能派单等智能化运用。

中台驱动,向管理要效益

H集团的财务中台于2020年11月上线,覆盖了两百多家法人公司,优化了216条业财端到端的流程,固化了316个系统功能上线;上收了201人的工作量,释放提效73人;税金认证由原来的380小时缩减为20小时,提效95%;资金头寸预测准确率超过95%,资金上收归集及时率超过85%,日均资金计划备款节约超过6 000万元,全面提升资金使用效益。

H集团在建设财务中台过程中,对内将抽象聚合的各种核心能力输出给各业务应用,支撑个性化应用及时快速地构建;对外与周边的遗留系统高效集成,最终实现以中台思路消除孤岛、降低成本、共享数据,支撑高效的业财协同,赋能数字化的经营分析与业务洞察,提升财务资源配置的价值创造能力,开启H集团信息化建设的新篇章。

H集团财经数智化创新中心相关负责人表示:"H集团一直秉承技术立企,坚持科技创新。面向未来,我们还会继续加大对制造业的投入,守住制造业本身,然后以制造业来服务于整个亿万家庭;同时,我们认为制造业也是整个民族的实业,我们也希望整个行业实现面向全球化的运转,让中国的民族企业能够走向世界之林。"

一、管理层面的实践成效

H集团构建基于能力共享的财务中台模式,助力传统财务向"业务伙伴""专家型"财务转型,突出管理会计、财务管理职能,提升集团及分子公司经营管控能力;财务共享的独立性,以及其标准化、流程化和信息化的管理模式,天然规避了业务单元对财务的干扰风险,大幅降低内控风险;可迅速为新收、新建企业提供财务服务,实现对新收企业财务的支持和管控,从而支撑集团业务的快速扩张;积累财务数据、业务数据,挖掘高价值信息支撑高效分析,支持集团和业务单位精准决策及数字化转型。

1) 从宏观视角发现问题并系统性解决问题

借助外脑及行业最佳实践,深挖出根因问题,科学规划财务职能及财务信息化,明确了财务战略定位、转型方向及实施路径,为财务管理转型、发展方向上明确了道路。

2）敢于破界，贯彻流程"端到端"

以流程整体视角，设计跨职能优化变革方案，拉通了不同业态的财务和业务流程。优化财务流程216条，形成内控改善点178个、提效点165个，流程审批效率提升30%，内控能力大幅增强。

3）夯实基础，推动核算规范化

大力推动财务数据基础规范化工作，对多个ERP版本的科目进行梳理，累计清理无效主数据1.6万条，定义数据标准369项，为财务转型及核算规范化夯实了管理基础。

4）推动变革，功能落地成效显著

历时22个月，覆盖165家公司，落地316个系统固化功能，实现诸如资金日头寸准确率提升30%；销售回款精准认领、强化收入确认规范性；大幅提高采购付款内控、供方发票自动校验并直达共享；资产立项后评价环节的全流程管理；手机扫码盘点减少虚盘误盘；对接HR系统自动计算工资发放金额并密薪入账；费用报销智能化填单提升用户体验等。

5）培养人才

通过财务转型项目，培养懂财务、懂业务、懂流程优化、懂IT技术的复合型人才50多名、底层架构开发人才20多名，建立了财务体系不断自我演进、不断变革优化的卓越中心（Center of Excellence，COE）基因。

二、架构层面的实践成效

引入先进的中台架构，以及微服务、容器化、低代码、大数据和人工智能技术，打破原来"烟囱式"的系统构建方式，为财务系统的快速构建、服务化交付、分布式存储、模型驱动、持续集成、数据可视化等提供统一的技术能力。中台架构可助力财务转型、降低内控风险、支持业务扩张、提升财务运营效率与质量、发挥数据中心价值。

财务中台重点实现以下业务场景的创新：一是搭建财务中台，建设组件化18大通用能力，支撑大规模个性化定制；二是费用管控前置，金额一体化自动校验；三是建设凭证中心，构建并沉淀智能化会计引擎，实现无人会计核算；四是实现发票数据电子化，一次采集三流共享；五是实现资金智能化管理，创新了资金管理的数字化场景。

财务中台建设既是信息系统项目，同时也寄托了财务人员进行财务转型的希望，H集团将"架构敏捷、流程高效"作为财务中台建设的核心目标，并借此促进业财数字化能力提升。财务中台的建设不应该仅仅承接原有财务共享平台的功能，而应该在此基础上，将业务领域与财务领域两个平台资源共享，从流程、信息系统对原有的财务系统进行全面升级，在系统功能上，财务中台应与H集团原有的ERP等系统进行清晰的分工协作。通过财务中台的建设能够让财务人员在对公费用管理能力、合同执行管理能力、资金利用能力、发票管理能力等方面，相比以往有质的飞跃，从而助力H集团财务数字化转型的加速。

（1）节约成本：H集团的财务中台建设，通过组织、流程、信息系统的全面升级来提升财务的运营能力，并且为H集团的全球化运营提供坚实的支撑。通过领先的共享中心方案设计，首期实现上收200多人的工作量，按照节省人工时，折合经济效益近900万元/年。

（2）提升工作效率：H集团财务中台27类业务应用场景取得明显的效益，例如票单对账提效85%，平均40多秒完成收款认领。

（3）提升产品/服务质量/体验：共享中心服务满意度从86%提升到90%以上。

（4）提升产品性能：H集团财务中台的平均响应时间为3.55毫秒，凸显出云原生、微服务架构在性能上的优势。

财务中台的实践意义不仅在于眼前问题的解决，更是面向互联网时代企业新一代财务管理架构的建设,包括业务架构、应用架构、技术架构、数据架构等,它能够应对未来更快的业务创新和更低的探索成本。H集团实际上是在进行财务共享的再次转型,其关于财务中台的建设思路和做法,对于稳健经营和战略转型并重的多元化集团企业具有很好的借鉴意义。

在科技日新月异的当下,变化无可避免,企业若被时代变化的浪潮裹挟,茫然而无所适从,必会落后,反之,若是乘数字科技之东风,抓住时代的拐点与机遇,定能踏浪前行。H集团便是前行者之一,做精做久,行稳致远,H集团始终坚持长期主义。通过智能财务中台的建设,从内部走向外部、从数字走向智能、从中国走向全球,中台不仅开启了H集团财务数字化转型的新篇章,也开创了行业先河。

第十章

重药集团：财务共享升级下的财务能力中台化探索

重庆医药(集团)股份有限公司(简称重药集团)是上市公司重药控股股份有限公司的子公司。重药集团是服务于医药全产业链的大型现代医药流通企业,同时从事医药研发、医疗器械生产及投资参与医药工业的协同发展,是中国医药流通行业业务数字化转型的领先企业。集团旗下200余家全级次分子公司布局在全国各地,拥有员工1.4万人。2022年重药集团实现营收678亿元,利润总额14.8亿元。

财务共享升级动机

1. 战略引领与政策响应

集团在"十三五"战略中,明确"组织和信息系统支撑"作用,推动财务共享项目的建设和财务共享中心的成立;在"十四五"战略中,以"业务数字化"作为总指导思想,明确数字化建设的战略定位。同时,集团积极响应国务院国资委《关于中央企业加快建设世界一流财务管理体系的指导意见》要求及上级单位"建立以财务为中心的企业经营管理体系"相关通知,加强财务管理、系统建设,加快财务数字化转型,提升价值创造能力。集团从战略层面支持探索智能财务体系建设,以财务先行带动业务变革,全面推进业务数字化。

2. 保持行业头部企业竞争力,保持领先地位

随着医药流通领域行业集中度的不断提高,企业竞争尤其是龙头企业间的竞争也愈发激烈,市场整合加速,高质量发展压力增大。重药集团全面推进"一千两双三百城,三化四能五路军"的发展战略,要求企业在保持核心业务竞争力的同时,持续寻求竞争力增长点,在竞争中提升和发展自身优势。

3. 业务财务和共享财务的协同亟待加强

重药集团完成财务共享一期建设后,财务体系建设基本成型,战略财务、共享财务、业务财务职责界面基本清晰。但在业务协作方面,业务财务与共享财务部分职能仍存在重复;在政策协同方面,成员单位在实际运营中与集团管控要求仍存在偏差。

4. 财税改革不断升级,技术革新不断加码

财税政策及系统为匹配市场发展,不断进行改革升级,企业不断调整内部资源适应政策变化;AI模型、移动支付、银企直连、影像识别、知识图谱等技术的广泛应用,不断展现规模效应与集中价值,技术升级带动企业技术革新与竞争实力进阶。外部信息技术产品日趋成熟,产品适用价格较为公允,与集团内部信息化建设步调、周期极为契合,为集团财务智能系统建设提供有利基础。

财务共享升级方案设计

一、建设目标

1) 全流程贯通平台,实现全面中台建设

打造集团生态化智能财务系统,深度融合业务、财务、人力等集团

异构系统,消除"烟囱式"系统模式,实现系统间互联互通,功能交互顺畅,运行高效。

2)工作效率显著提升

流程系统化整合,去除冗余流程及操作,提升流程自动化效率;业务单据化载体流转,突破时间地域限制;流程化、规模化、集约化业务处理,提升业务处理、流转效率。

3)集团精细化管控到位

依托智能财务系统,达到从系统流程、场景运营最末级颗粒度、管控流程标准执行,达到制度系统管控、偏差动态反馈、风险即时预警等效果。

4)数据标准集中,智能化数据分析

智能财务中台汇集业务数据、沉淀数据资产,培育起数字化数据人才,解析多维度管理、运营业务诉求,建立数据分析模型,出具多层级、多维度、多种类高质量动态数据分析报告。

5)建设一流财务管理体系

参考国务院国资委在世界一流财务管理体系中关于建设财务数智化体系的建议。重药集团通过建设财务三支柱体系、搭建智能财务系统,布局财务数字化转型,并打造集团特色的财务体系,推动财务工作成为企业高质量发展的重要支柱。重药集团的财务三支柱体系架构如图10-1所示。

6)赋能经营,科学决策

充分利用信息技术、数字技术,让技术与业务、管理高度融合,强化大数据分析与决策应用,建立数字化运作标准、数字管理制度,做到组织全级次、业务全流程的实时把控和反馈,实现管理和业务的全程透明化、可视化,赋能公司精细管理和业务经营拓展,保障并促进业务的转型升级和高质量发展,辅助管理层科学决策。

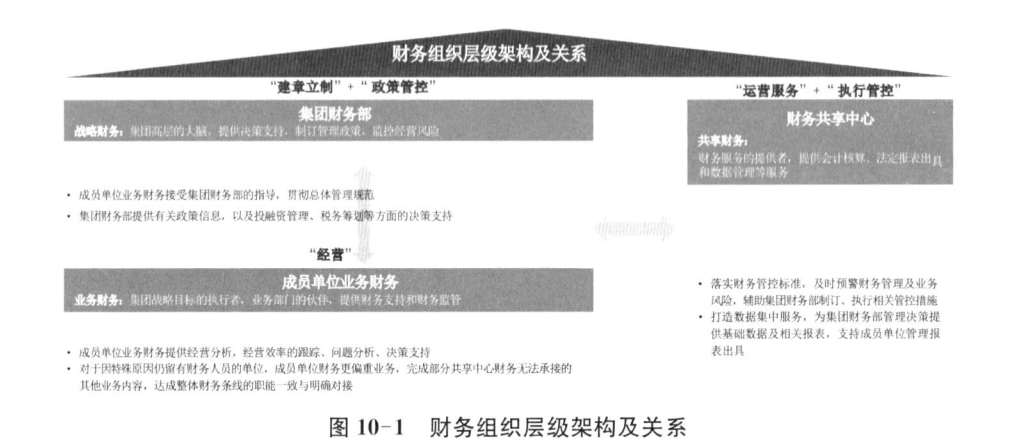

图 10-1 财务组织层级架构及关系

二、财务共享升级的总体思路

重药集团于 2004 年引入财务系统,随着业务的发展和信息技术变革,重药集团的财务系统进行了多次迭代升级;2019 年,重药集团搭建财务共享平台,初步实现业财融合,组建集团级财务共享中心;2018 年至 2022 年期间,集团业务快速发展,实现核算主体数量和营收规模双翻番,这也使得集团的管理幅度拓宽、管理需求更加多元、管理难度加大。为提升整个集团的运转效率和平台的业务支撑能力,集团制定了"以财务先行带动业务数字化变革"的数字化建设战略。

从职能来看,财务管理是企业经营的核心部分,是天然的数据中心;从标准化来看,财务制度完备、流程清晰明确、数据质量较高、政策执行力强;从触达用户来看,费用报销、资金结算、往来管理等系统,几乎覆盖到集团所有员工。2022 年,在集团"十四五"战略和"集团强管控"理念指导下,集团董事长亲自挂帅,启动"探索智能财务体系建设,财务先行带动业务变革,全面推进业务数字化"的财务数字化转型。通过财务平台升级和财务共享升级,进一步提升数据质量和运营效率,深化集团管控,赋能企业经营。

三、财务共享升级的路径方法

重药集团以"集团化强管控模式"为基调,由集团层级统筹信息化建设蓝图及项目建设,采取"统一规划""统一标准""服务全局",集中力量办大事,从数字化蓝图到系统规划再到系统建设和推广,强有力推行集团管理模式及管理思维,保证项目落地资源,加强财务管理,赋能业务拓展。

（1）建立资金管理平台:大幅提高公司内部财务透明度,增强对成员公司的财务及资金流动情况监控。

（2）夯实财务核算基础:进一步对业务流程进行梳理和优化,落实各业务环节职责,充分利用智能化工具,提升工作效率和提高财务数据质量。

（3）搭建智能客服运营系统:统一运营服务口径,接收及处理用户问询、投诉与建议信息,实现共享作业与共享运营通道隔离,共享审核业务持续进行的同时为用户提供专业化的运营服务。

（4）推动财务中台建设:支持销售总部及销售区域的业务财务集中,以及区域财务管理纳入集团统一的财务管理体系。

（5）推进财务信息共享:实现企业经营数字化管控,构建财务数据资产。

（6）持续推进业财融合:搭建"业务＋信息"的协同运营工作机制和上线流程,支持重药集团的数字化系统在投后项目中的快速复制和投后管理支撑。

四、财务共享升级的整体架构

重药集团的财务共享升级项目,引入星瀚中台架构,借助微服务、容器化、低代码、大数据和人工智能技术,打破原来"烟囱式"的系统构建方式,实现系统与系统之间的快速联通和能力共享,链接客商与经营、业务与财务。

重药集团通过升级财务共享平台、数字化工具的应用和财务管控体系的深化,实现集团财务管理的"标准规范能力、业财融合能力、经营分析能力、风险防范能力、决策支持能力"的基础布局,以创造价值、服务发展、防范风险、履职尽责为核心,提升资金运营能力,强化财务合规与提升财务服务能力,支持前端业务发展,从核算型财务向价值创造型财务的转型。重药集团财务共享升级整体架构如图 10-2 所示。

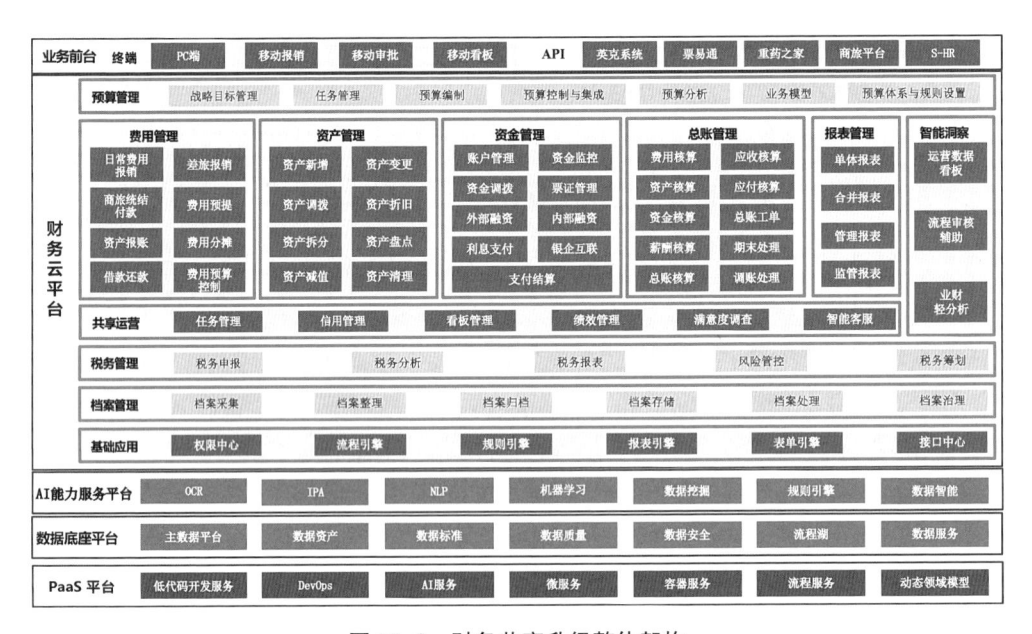

图 10-2 财务共享升级整体架构

五、财务共享升级的组织安排与保障

重药集团财务数字化转型,由董事长挂帅,参与业务联动宣贯,保障关键节点。其财务管控升级项目的建设和运营,具体由集团财务总监主持,联合财务部、财务共享服务中心、信息中心多部门,搭建了专业的组织架构,保障系统的建设和运营(见图 10-3)。

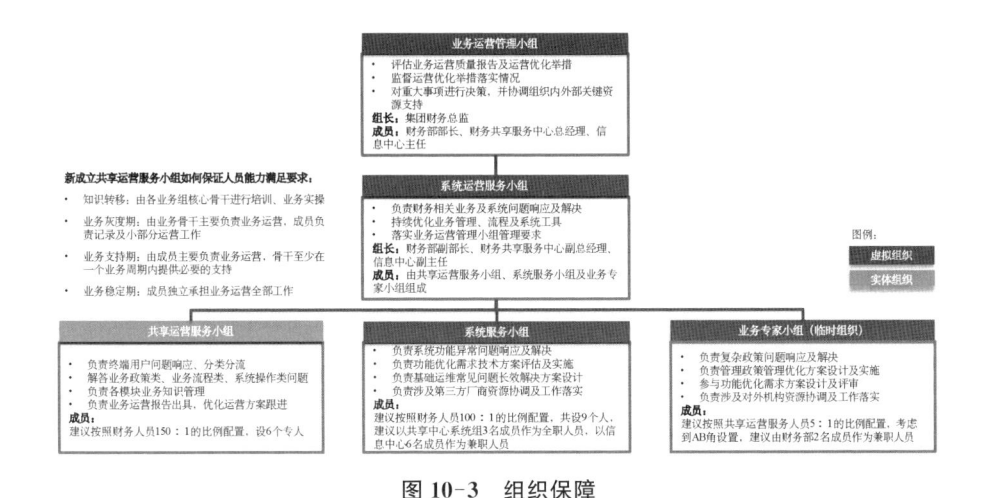

第十章 重药集团：财务共享升级下的财务能力中台化探索

图 10-3 组织保障

1）设立系统运营管理小组，强化体系建设及落实

系统运营管理小组由集团财务总监担任组长，成员有财务部部长、财务共享服务中心总经理、信息中心主任。该小组的职责为：①评估业务运营质量报告及运营优化举措；②监督运营优化举措的落实情况；③对重大事项进行决策，并协调组织内外部关键资源支持。

2）建立系统运营服务小组，保障系统的有效运营

系统运营服务小组由财务部副部长、财务共享中心副总经理、信息中心副主任担任组长，成员由共享运营服务小组、系统服务小组及业务专家小组共同组成。该小组的职责为：①负责财务相关业务及系统问题响应及解决；②持续优化业务管理、流程及系统工具；③落实系统运营管理小组管理要求。

3）成立共享运营服务小组，负责质量管理和持续优化共享运营

共享运营服务小组按财务人员150：1的比例，设6名管理人员。该小组的职责为：①负责终端用户问题响应、分类分流；②解答业务政策类、业务流程类、系统操作类问题；③负责各模块业务知识管理；④负责业务运营报告出具，优化运营方案跟进。

4）成立系统服务小组，响应功能优化需求和保障系统运行

系统服务小组按财务人员 100∶1 的比例，设 9 名管理人员。该小组的职责为：①负责系统功能异常问题响应及解决；②负责功能优化需求技术方案评估及实施；③负责基础运维常见问题长效解决方案设计；④负责涉及第三方厂商资源协调及工作落实。

5）成立业务专家小组，负责政策解答、方案评审和持续流程优化

业务专家小组按共享运营服务人员 5∶1 的比例，设 2 名人员。该小组的职责为：①负责复杂政策问题响应及解答；②负责政策管理优化方案设计及实施；③参与功能优化需求方案设计及评审；④负责涉及对外机构资源协调及工作落实。

以财务能力中台化，赋能企业经营

一、财务共享升级及财务能力应用场景

重药集团的财务共享升级项目涵盖了集团核心业务场景：订单到收款、采购到付款、投资到资产、费用管理、薪酬管理、资金管理、总账到报表、共享运营管理，链接业务系统、HR 系统、发票管理系统等，实现业财协同和全流程管控，以数据支撑管理决策。

1. 统一建设数电票服务能力

重药集团"数电发票销项平台"由集团总部统一建立，集团总部税号建设接入，各分子公司直接接入使用；平台建设强调用户界面友好性、易用性、可操作性、松耦合性，以及平台的先进性、稳定性、安全性、易维护性、兼容性及扩展性。通过数电票平台对接主营业务系统和其他业务系统，运用规则引擎、机器学习等智能化技术，实现集团业务的直连开票，包括销售业务、物流服务收入、利息收入、租赁收入、金融服务收入、

会议咨询服务收入等业务(见图10-4)。

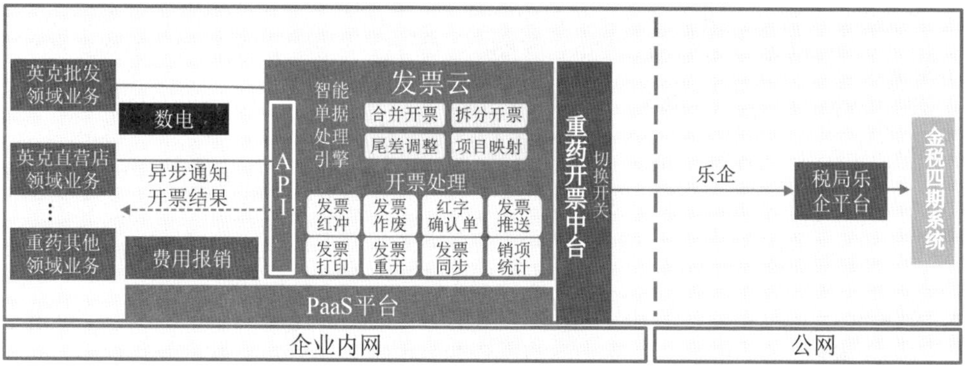

图 10-4　数电票流程

以批发板块业务为例,数电发票开票业务流程如下:

(1) 业务系统进行开票申请:在英克业务系统、零售系统、财务系统,选择需开票的原始业务数据,自动生成开票申请。

(2) 系统自动生成待开票数据:开票申请自动下推至发票系统,形成待开发票数据,系统支持对待开发票进行拆分、合并、编辑等操作。

(3) 触发一键开票:开票人员在发票系统选择对应开票申请,触发开票流程;发票系统将开票信息通过乐企平台传送至税局系统,并完成发票开具。

(4) 开票结果回传业务系统:发票系统自动将已开票数据、版式文件回传至英克业务系统,包含原始流水号、发票号、开票数量、开票金额等内容。

(5) 发票自动交付至客户:已开发票自动通过短信邮件方式发送至客户,同时支持发票打印传递。

(6) 自动生成应收单:已开发自动链接至开票申请,自动生成应收单。

(7) 开票统计:发票销项系统将自动汇总数据生成汇总统计表。

数电发票平台建设是以发票电子化链接业财系统,实现业、财、税、票一体化协同,提升重药集团开票效率和标准化、规范化管理开票业务,强化企业数字资产价值,对全集团、全组织进销项数据实时查询和异常监控。

重药集团年开票张数达千万级,随着数电发票平台上线,在销项发票的开票、分票、打印、盖章、传递等环节实现自动,预计全年人员成本节约30%,开票效率提升60%。

2. 以中台技术提升服务效率

重药集团在销售、供应链、人力、财务、管理、运营等业务的信息化系统中,积极探索场景化的财务服务能力沉淀与组装应用,通过销售到收款、采购到付款等全业务进行梳理,对流程节点进行了重构与智能化改造,通过流程自动化和OCR,实现更高的效率。重药集团各项财务能力在相关场景中的应用情况如图10-5所示。

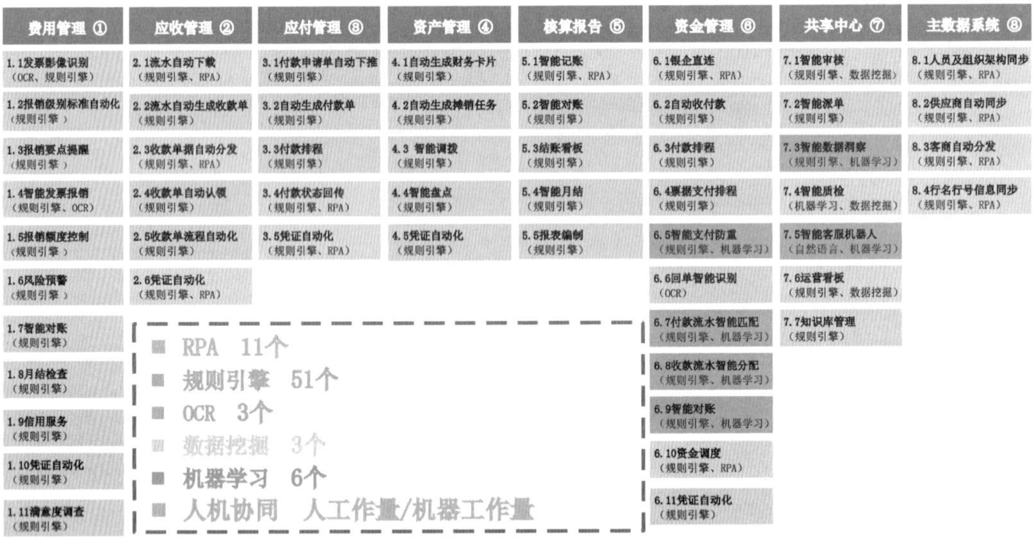

图 10-5 财务能力服务场景

3. 费用报销智能化,管控与服务并重

重药集团的费用报销平台,覆盖全集团除主营购销业务外的所有主动支付业务场景,包括费用报销、资产报账、其收其付等业务。重药

第十章 重药集团:财务共享升级下的财务能力中台化探索

集团通过将制度与系统设计深度融合,把集团制度解析为一条条系统规则,进行系统逻辑管控,形成系统制度标准底层嵌套;通过全流程线上化管控,支持业务流转全周期系统检测、管控,系统规则校验自动预警提示、纠偏计算、错误拦截、单据、票据自动查重、验真,实现报账全生命周期可视、可控、可追踪。

以费用报销流程为例,重药集团的费用报销流程涉及人力资源管理系统、费报系统、主数据平台、商旅平台、共享平台、资金系统、银企直连等多个业财系统,包含差旅申请、商旅预定结算、费用报销、费用预算、履职判断、标准匹配、流程审批、付款排程、共享支付、凭证生成、电子回单回传等多个分子流程。并初步应用了可复用的财务管理服务和数据服务能力,例如,在扫描环节,使用了数据采集服务;在制单环节,使用了数据洞察服务;在审核环节,使用了单据审核助手;在数据分析环节,使用了数据分析服务等。费用报销流程如图 10-6 所示。

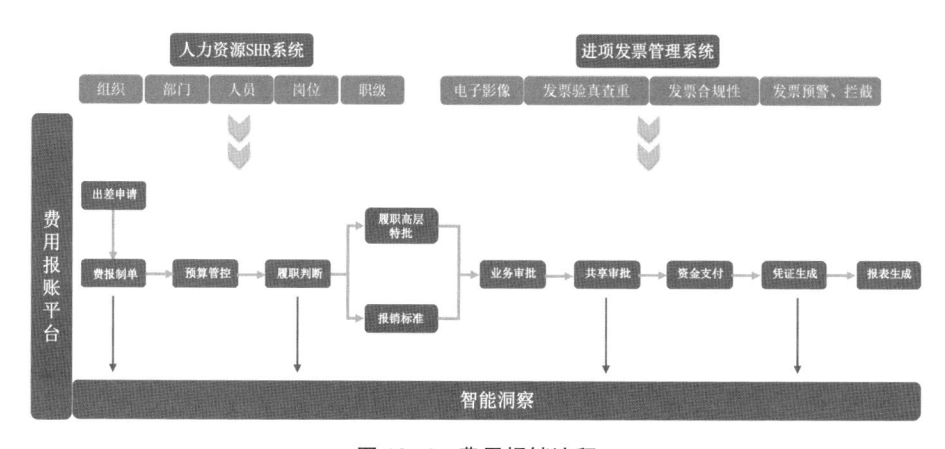

图 10-6 费用报销流程

(1)发起出差申请:在费报平台发起出差申请,经审批,同步至商旅平台。

(2)商旅平台自助订票:商旅平台预制出差标准,提供符合申请人差标、起止地等条件的订票、订酒店服务。

（3）差旅行程同步考勤：出差申请单自动推送至SHR系统，支持异地考勤打卡。

（4）推送生成报销：在商旅平台完成出行、住宿流程后，智能填单助手辅助申请人填写差旅报销单，包括报销单填写、是否冲销借款、报销标准、报销风险提示、附件要求和校验单据逻辑。

（5）费用预算管控：单据提交时，按单位、部门、费用类型、项目等多维度检测、占用预算。

（6）企业负责人履职业务判断：重药集团按照国资委要求，对企业负责人履职费用严格管控，报账平台响应集团管控需求，系统自动判断企业负责人履职业务，对企业负责人履职业务执行定制化的费用报销标准和审批流程，满足企业负责人履职规则，单据流程增加高层特殊签批节点。

（7）业务审批：费用报账单据在业务审批节点，采用审单助手，提示单据审核要点、预警提醒、预算执行情况、报销人未还款金额等，辅助业务高效审核。

（8）共享审批：采用审单助手、规则引擎、OCR识别等技术，支持自定义检测规则设计，自动检验单据、发票、收款信息等勾稽逻辑，展示单据检测异常问题，展示各单位单据通用及特殊人工审核要点，辅助共享高质量审核。

（9）资金支付及凭证自动出具：根据不同付款条件，完成共享支付或付款排程支付，自动出具标准费用凭证，应集团管理要求，企业负责人履职费用单独计算和列示。

（10）企业负责人履职业务分析：企业负责人履职费用报表，详细展示履职费用情况，帮助管理层统计分析、规范企业负责人履职业务开支。

除上述企业负责人履职业务外，重药集团的费报平台通过轻分析，提供实时的、定制化的多维度统计分析报表，如个人借还款类报表，展示员工借支及还款情况,帮助报销人统计借款情况及管理层监控、催收;单位、部门、费用类型等多维度费用统计报表,为集团各层级角色、各需求视角提供标准口径数据分析,精细化管控颗粒度,以数据智能洞察,赋能人人。

4. 全面资金管理平台,利用中台服务加强管控

重药集团共梳理38个资金业务流程,涵盖账户管理、融资管理、资金计划、资金划拨、票证管理、收款认领、付款结算、资金监控等,通过对资金管理系统升级和智能化技术的应用,实现资金业务场景全覆盖、业务流程全面线上管理、流程无断点,高效利用集团资金,服务企业经营,加强资金管理和监控。

以资金支付流程为例,重药集团的资金支付流程涉及采购系统、费报系统、资金系统、共享平台、银企直连等多个业财系统,包含付款申请、付款排程、共享支付、银企对账、交易回单、付款配单、凭证生成等多个子业务流程。重药集团在上述的多个业务场景中,运用了智能化技术,例如,在智能排款、智能排票机器人场景中,按场景不断优化和迭代排票排款引擎;在支付防重、智能收付款场景中,生成并优化资金结算能力;在电子回单匹配场景中,不断优化对账引擎等。资金支付流程如图10-7所示。

重药集团在智能收款认领和智能付款自动配单流程方面,也分别嵌入了可复用的收款认领能力和付款配单能力,并结合银企直连(已开通银企账号)和网银机器人,收款自动认领率达到95%,付款自动配单率98%。

以收款认领为例,其主要的业务流程如下:

(1) 银行流水下载:通过银企直连/RPA下载银行流水。

(2) 生成待认领收款单据:系统根据银行流水,自动生成待认领收款单。

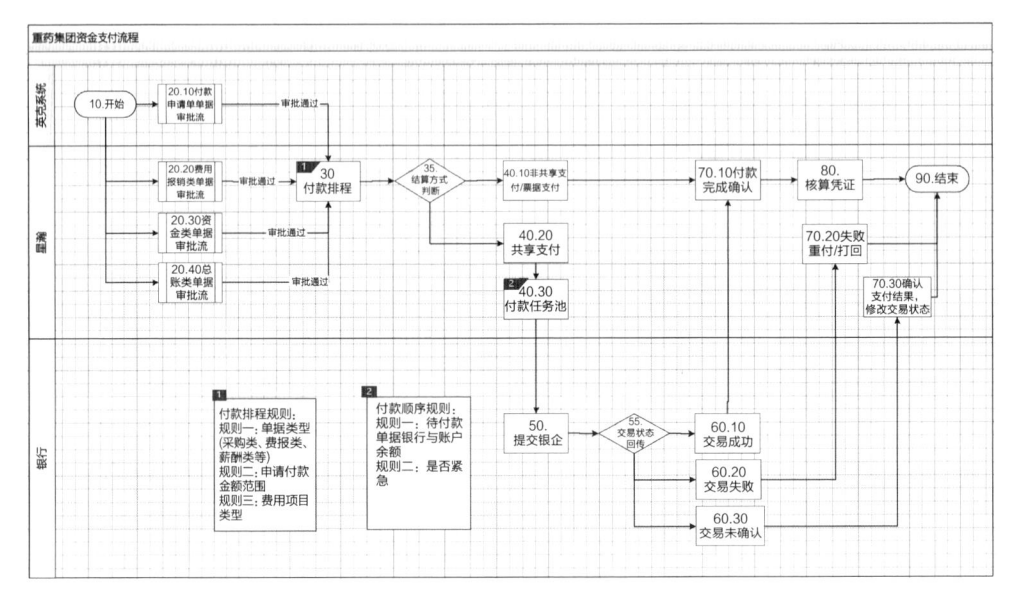

图 10-7 资金支付流程

（3）收款单分拣：根据系统规则，将收款单预分拣为销售回款类、保证金类、贷款类、利息类、银行手续费类、政府补贴类等。

（4）收款单一次裂变：根据系统预置规则，可实现一笔收款单裂变为多笔收款单，分发至不同的业务板块进行处理，解决原一笔回款中包含多个业务板块的回款，而导致的无法自动分发和线上认领的问题。

（5）收款认领：系统根据定时任务，自动将收款单据分发到"两个板块""三个出口"，由相应责任人进行认领和确认，并自动生成凭证。

（6）收款认领二次裂变：对已认领的收款单，如需修正，可在原收款单上进行裂变，再次进行收款认领。

除上述付款结算业务流程外，重药集团的资金管理系统在担保管理、内部融资等业务流程中，也采用了审核服务和相关的计息算法、资金风控模型，并与收付款业务流程联动。

5. 其他业务往来平台，内部管理全协同

重药集团共梳理31个内部其他应收、应付业务场景，涵盖内部关联采购、房屋租赁、物业、水电气费、仓储、配送、内部借款利息、SPD[①]使用费、担保费、延期支付利息等。其中，关联方主营业务，通过主营业务系统进行线上管理；关联方非主营业务，通过构建其他业务往来平台升级，进行内部协同和业务流程线上管理。其他业务往来平台上线后，重药集团实现其他应收和其他应付业务场景全覆盖、业务流程全面线上管理，内部关联公司同时完成账务处理、服务企业经营、加强其他应收应付往来管理和监控。重药集团的其他业务往来流程如图10-8所示。

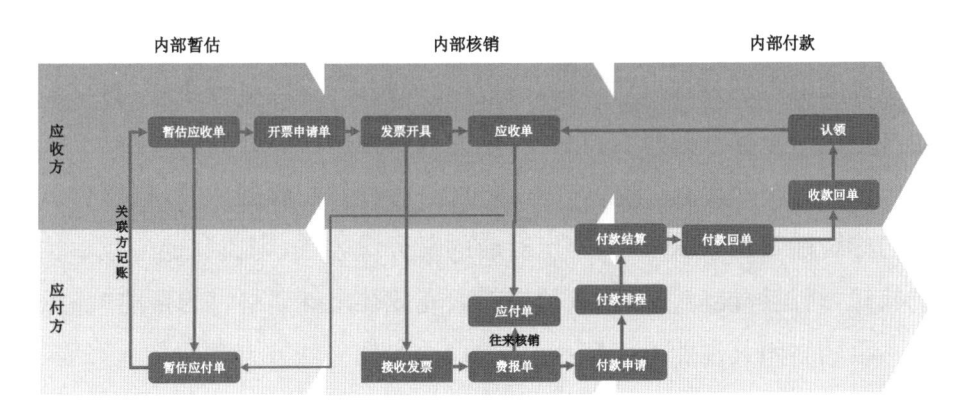

图10-8 其他业务往来流程

重药集团的其他业务往来流程，涉及其他业务往来、费报系统、共享平台、银企直连等多个业财系统，包含新增应收单、应付单关联生成、费用报销单关联财务应付单、其他应收回款认领等多个子业务流程。重药集团在上述的多个业务场景中运用了中台技术，例如，在智能生成凭证场景中，使用会计引擎；在应收应付账款核销场景中，采用了对账

---

① Supply 供应、Processing 分拆加工、Distribution 配送三个环节英文首字母的缩写，代表药品供应链管理的主要流程。

引擎和往来核销引擎。

智能其他业务往来系统的业务执行流程如下：

（1）其他应收方发起其他应收单据：通过其他应收系统新增其他应收暂估单。

（2）其他应付方（限内部）确认暂估应付单：通过其他业务往来系统自动生成暂估应付单，人工确认并完善财务信息。

（3）其他应收方关联开具发票：将经其他应付方确认后的暂估单据，下推开票申请单，完成销项发票的开具。

（4）其他应收、其他应付单及凭证生成：通过规则引擎、凭证生成子系统，对应生成应收和应付双方的单据及凭证，完成记账工作。

（5）其他应付方发起支付：通过费报系统发起支付申请，发票云系统通过图像识别技术自动识别发票并完成发票的验真、查重后，自动绑定其他应付单据。共享支付后，自动完成其他应付单据核销。

（6）应收方其他应收单核销：应收方通过智能收款认领，根据付款方名称智能筛选收款单据，绑定对应的财务应收单，完成其他应收单据的核销，通过智能应付账款核销机器人完成往来挂账科目的自动核销。

重药集团其他业务往来系统上线后，实现关联方自动暂估入账、关联收付款协同，实现集团关联业务全线上管理，提升关联方业务处理效率和凭证自动化率，克服因关联方入账时间差异产生的关联方对账差异。

6. 智能月结驾驶舱，财务结账自动化

为解决传统手工月结步骤多、耗时长、易出错以及共享财务与业务财务反复沟通的痛点，重药集团基于财务中台的结账驾驶舱能力，打造智能月结驾驶舱，实现财务共享月结"自动运行、自动校验和自动监控"。重药集团的智能月结驾驶舱应用主要有三个特点：首先，将月结流程节点和管控点，进行规则化和集团统一；其次，通过与业财系统对接,将月结步骤固化成系统流程,并定时启动月结流程和自动执行月结操作;最后,将共享财务和业务财务的相关操作统一在同一界面,方便实时监控和协同完成月结工作。智能月结驾驶舱的流程如图10-9所示。

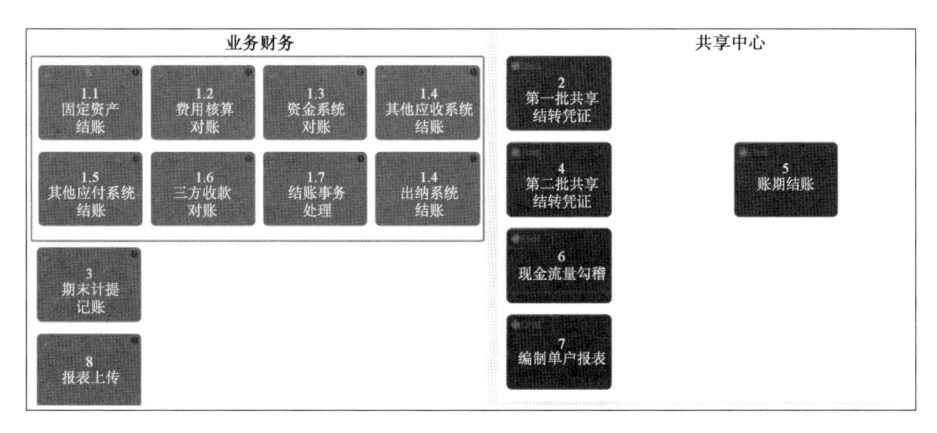

图10-9 智能月结驾驶舱流程

智能月结的主要流程如下:

(1)总账统一规划:共享总账统一发布月结计划,分配结账任务,启动智能月结。

(2)月结操作自动运行:月结的七大主体流程,由业务财务和共享财务协同完成。从现金流勾稽到生成财务报表,基本实现了系统自动化;一个业务流程执行完成后,自动生成下一步骤的任务。

(3)月结操作自动校验:系统自动进行逻辑校验检查,并进行差异提醒;执行差异调整后,系统自动检查作业结果。

(4)月结操作自动监控:任务发布时,模块的状态为"待处理";本模块完成后,状态自动变成"已完成"。

(5)统一的月结看板:实时监控各成员单位的关账进度,自动出具财务报表,保证关账时效性,实现结账过程可视化,账账勾稽,校验强管控。

二、依托财务数字化,探索赋能业务

重药集团财务共享建设以来,在技术和管理的双轮驱动下,通过财务共享升级项目,逐步搭建和完善了集团整体数字化框架和财务数字化应用架构蓝图,强调业财数据底座和 AI 能力服务平台,通过应用最前沿的智能化技术,更加高效地解决财务管理中的实务问题。

近年来,根据国务院国资委《关于加快建设世界一流财务管理体系的指导意见》,重药集团在强化财务管控的同时,拓展财务数字化建设的边界,持续赋能企业经营。

1. 收款通零售,完善用户画像

重药集团作为一家商品流通企业,拥有多种收款渠道,包括传统渠道、商业保险、外卖平台、电商业务、互联网医院等。财务管控升级项目,通过整合上述多方收款渠道,实现业务对账、ERP 核销以及财务记账的自动化。

在完成财务核算管理的同时,通过汇总终端收款数据,提取其中的结算方式、结算频率等结算数据,结合前端业务系统形成用户画像,进一步补充价值特征,形成了包含财务特征的用户画像。

通过分析用户画像,产生业务价值、商业价值和社会价值:

在业务价值上,分析目标消费者需求和购物行为特征,对目标消费者进行针对性的产品和服务信息宣传,提高营销的精准度和有效性。精准的用户服务和产品推荐有助于提升市场占有率,提高消费者忠诚度和企业核心竞争能力。在商业价值上,以服务为核心产生价值,建立健康产业渠道,打造健康解决方案的平台,提供个性化健康管理,建设健康驿站,提升品牌形象。在社会价值上,开展健康宣教,建立户外劳动者港湾,为健康中国做出应有的贡献。

2. 运用数电发票，响应票货同行要求

因行业的特殊性和应监管要求，重药集团的销售开发票业务在流程上和开票规则上，具有诸多要求。

2016年，国务院医改办牵头推行"两票制"改革。"两票制"简单来说就是药品从生产企业到流通企业开一次发票，从流通企业到医疗机构开一次发票。实际操作中，不少医院在货物入库时，同步查验发票，即票货同行。

按客户要求和业务场景，涉及几十种开票要求，如是否纳入集采、是否毒麻精放、是否冷链运输等。

重药集团财务管控升级项目中，为提升开票信息准确率，梳理了与开票相关的35种特征数据，如客户类型、订单类型、集采标识、一类精神药品、麻醉药品、厂牌、电商平台、承运方式等；通过特征数据组合，形成600多种开票组合，结合业务实际，最终在系统中形成了100多种常用开票业务场景。

在财务管控升级项目建设过程中，随着数电发票时代到来和重药集团成为数电票试点单位，除了应用基本的开票接口、电子交付、档案管理等数字化技术外，还结合前期梳理的开票业务场景，再次梳理订单到开票的业务流程和系统流程，优化后的业财流程为：

在ERP平台接收和汇总多渠道订单，传到物流和仓管系统进行拣货、包装、出库、车辆监控，客户通过移动端进行签收，同时，在客户签收后的3分钟内，自动发送PDF发票到客户邮箱或短信，真正意义上实现票货同行。

重药集团商品物流约10万单/日，财务管控升级之前，由于品规众多，限额管控，开票量大，退票业务时有发生。各企业需设置专职"开票员"，人工开票，逐一分拣，不同联次送达客户、财务及仓库等，每个环节还要签收确认，形成较大的工作量。新上线的"订单到开票"流程，能够

极大地降低业务人员组票难度,提高开票准确性,同时提升经营合规性,支撑集团千万级开票量,人力利用率和服务能力双增强。

3. 技能共享,输出专业人才

如何高效分单,实现能力与单据的匹配,保证审单效率与质量,一直是重药集团财务共享运营过程中的一个难题。

共享初期,以审单效率为主,无差别分单;随着共享项目的推进,共享中心根据前期收集的数据和积累的经验,实行按审单人员能力经验与单据难易程度匹配分单;现在阶段,重药集团已逐步探索通过人机协同及智能技术,实现了业务事项与所需技能匹配的分单方式。

1) 财务共享智能派单规则

基于规则的任务引擎,支持多样任务管理要求,结合提单人信用分、任务优先级、共享中心人员能力值、工作日历、每天/月处理任务数、共享中心人员在手任务量等多种因素,应用规则引擎、机器学习、大数据等智能化技术,进行公平且有效率的动态任务分派。重药集团对任务池单据,执行两级智能派单规则,共享智能派单流程如图 10-10 所示。

在一级智能派单规则中,入池单据按照单据类型与共享中心组别定义匹配,将基础单据任务分派至对应的共享业务组。

在二级智能派单规则中,系统预置规则引擎:①驳回后重新提交类单据派单规则,系统自动将单据推送至原审核人员或上一次审核人员;②新入池单据派单规则,按照费用类型、报账单位、附件数量等规则进行单据难度系数赋值,匹配共享人员能力等级、工作重心分布值等规则进行智能派单;③在手单据量和超时回收规则,系统根据共享人员在手工作量,进行循环派单,以及超时未审单据自动收回至共享任务池。

2) 共享人员能力评级循环收集规则

将单据上涉及的业务事项细分,一张单据拆分多人审核,设置处理

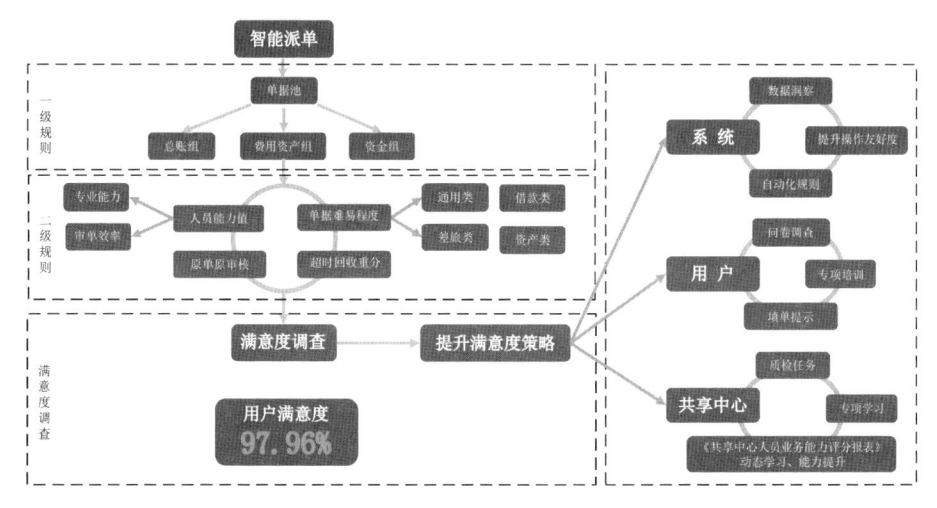

图 10-10　智能派单流程

该业务事项需具备的能力。审单人员每处理一次业务事项,就会按照既定的技能评价指标如细致耐心能力、积极向上能力、合规能力、税务知识能力等,获得对应能力的得分。兼任多个岗位的人员,可按不同岗位的业务事项获得不同技能得分,实现"一人多岗,一专多能"。

通过大量单据审核数据,系统获得了财务人员全面的能力值情况,可用于共享运营中更精准地匹配分单,还可用于分析人员最突出的几项能力,规划其未来发展方向。结合共享中心人员能力和业财岗位要求,共享中心可精准地向送集团推荐人才。两年时间里,财务共享中心向集团输出财务总监 13 人,培养流程设计专家 5 人,资深审单员 25 人,培训讲师 7 人。

4. 经营管理看板,数据可视化

重药集团财务云平台上线后,财务成为天然的数据中心,重药集团在财务数字化建设过程中,使用数字化工具,积极挖掘数据的价值,为管理决策、共享运营提供数据支撑。

(1)财务共享运营类看板,主要包括财务共享中心主看板和费报平台运营看板及多个共享运营子板块。

图 10-11 以财务共享中心主看板为例,展示重药集团财务共享中心的共享服务覆盖情况、共享任务池的实时任务展示,从共享员工和服务单位的角度展示单据审核的情况以及相应的排名等财务共享中心实时运行情况。

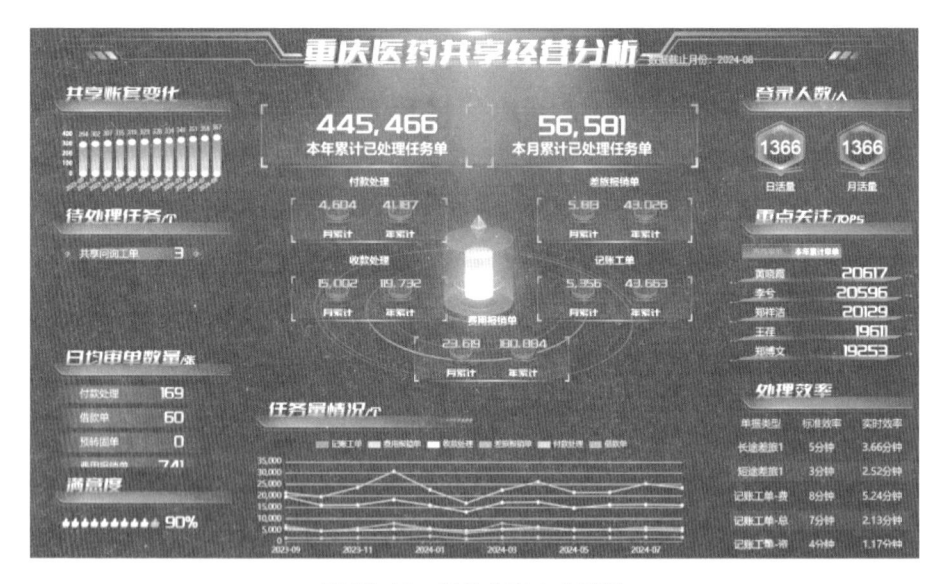

图 10-11　财务共享中心看板

（2）经营管理类看板,主要包括经营监控看板、资金支付看板等。

图 10-12 以经营板块为例,展示重药集团全国各板块的营收、利润、毛利率、应收账款周转率的经营数据和同期对比数据,以及重药集团整体年度营收达成率、各公司应收、利润总额排名等。

三、沉淀智能化服务能力

重药集团运用财务 RPA 机器人、人工智能、自然语言处理、机器学习、大数据、规则引擎、数据挖掘等技术,极大地提高了效率,提升了用户体验,并逐步向财务数字员工应用拓展。其中典型的机器有以下

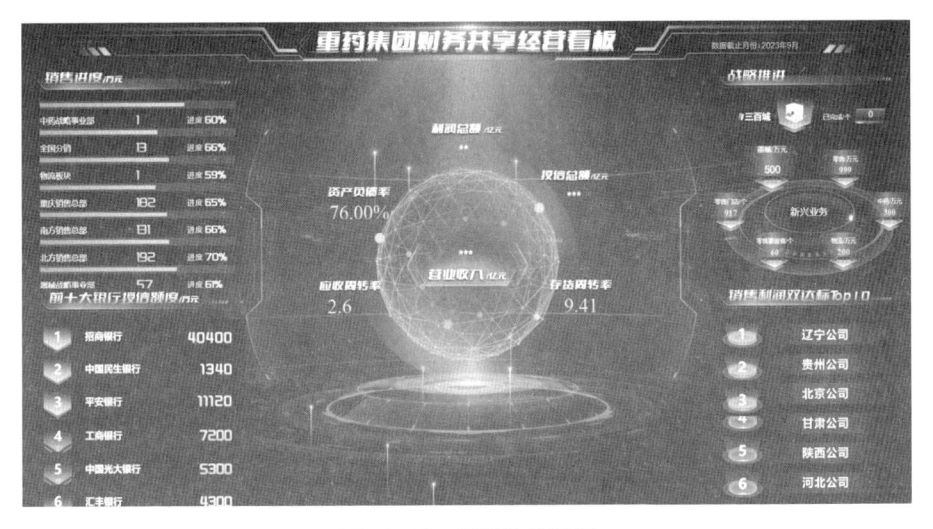

图 10-12　经营监控看板

几种。

（1）共享运营客服机器人：采用人工智能、自然语言处理、机器学习技术。通过自然语言识别，检索匹配答案并推荐给问询人；通过机器学习，不断积累知识和答案，形成共享中心知识库，持续提升客服机器人解决业务的能力。

（2）收付款认领机器人：采用规则引擎技术。银企账户自动获取银行流水，识别对方单位名称、摘要等信息，通过系统预置的分发规则进行认领识别；非银企账户根据梳理规则进行认领识别，提高入账效率，减少工作量。

（3）支付防重机器人：采用规则引擎技术、机器人学习。通过智能识别交易流水的数据进行支付业务防重控制，智能对比规则范围内上划单、下拨单、付款单与交易明细，疑似防重提醒，强制防重支付，保障资金支付的安全性。

（4）核算机器人：采用规则引擎、RPA 技术。梳理全流程凭证规则，通过核算机器人，实现业务凭证 100% 自动化，自动审核、自动复核、自动过账。

（5）排款排票机器人：采用规则引擎技术。通过前端业务系统，对接费用类、应付类和资金类等资金支付业务场景，系统根据业务类型，自动匹配单据入池规则、自动排程规则、修改规则、支付限额规则，形成更加准确、完整的资金支付计划。

（6）票据智能机器人：采用规则引擎技术。应付票据到期自动兑付；应收票据到期后自动生成托收单；应收票据内部背书到期自动生成被背书人的应收台账。

财务共享升级成效

重药集团财务共享升级实践成效如图10-13所示。

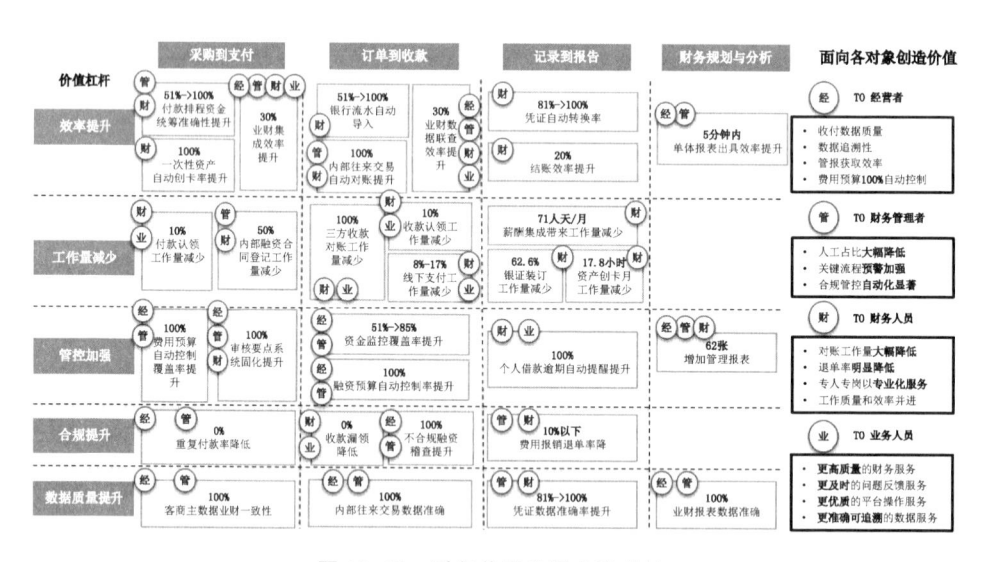

图 10-13 财务共享升级实践成效

1. 增强用户黏性和提升满意度

升级后的财务共享平台用户使用量近1.4万人，涵盖集团用户日常操作的费用报销、付款申请、收款认领、分析报表等业务需求。用户使用频繁，已深度绑定用户各类工作，据2023年第一季度统计，财务中台系统日活量约6 800人，共享中心日均收到业务咨询约1 000人次，共享中心月均单据处理量约14.15万单，用户信息化建设参与度大幅提升、系统化思维模式逐渐加固。

2. 财务管理服务能力大幅提升

核算自动化，凭证自动化率达到95%；单户报表自动化，智能结账和标准化结账流程，月结效率提升20%；报告模板化，结账自动触发报表生成，单体报告平均5分钟内完成，报表正确率提升至100%；费用预算控制自动化率达到100%；费用报销退单率同比降低了约10.2%；收款认领自动化率达到100%，付款自动配单率达到98%。

3. 建设一流财务管理体系

财务共享升级帮助重药集团构建了战略财务、共享财务、业务财务三位一体的财务管理体系，各岗位分工明确、各司其职、高效运转，大幅提升财务人员工作能效，人均效能由1∶0.6亿元提升至1∶0.74亿元，提升约23.33%。

4. 实现业财深度融合

重药集团实现业务系统、其他外围异构系统与财务系统的深度融合，形成集团化智能生态，把控最末级业务场景对应标准流程、标准财务嵌套，实现集团层级对业务末梢可控、可视。

5. 赋能业务经营

重药集团规范各类业务标准流程共计104个，基本实现系统全流程全组织全覆盖，以标准化流程驱动、构造业财一体化智能服务平台，统一流程、统一核算标准，支持业财系统和集团管控制度在新并入单位的快速接入，约束并购单位业务运行规范，执行集团化标准强管控，支撑并购扩张，做好投后管理。

财务中台化展望

未来,重药集团将充分挖掘和发挥数据中心价值,进而辅助经营,为管理层提供更智能、更精确的决策支持。

1. 成立数据治理组织

重药集团成立数据治理组织,统筹数据治理工作与数据文化意识建设。制定数据治理标准,建立定性或定量的数据管控、评价考核指标。

2. 建设财务数据服务能力中心

重药集团设计符合集团业务需求的数据主题域与主题,并明确数据概念实体与数据分布模型的设计方法,形成重药集团数据资源地图,满足数据管理的需求。建设具备"数据管控""数据采集""数据存储""数据交付""数据应用"五大核心能力的数据平台,进一步实现业财融合并赋能业务,利用数据智能,支撑产品全面化战略,对产品线的投入产出分析;利用数据智能,支撑线下门店选址、业务定位决策,包括社区药房、DTP药房、诊所、中医诊疗等。

3. 构建财务数据服务应用

重药集团构建服务于集团高层领导的管控分析需求和决策支持需求的多视角管理驾驶舱,构建服务于业务部门领导及成员单位管理层的基础统计指标体系,反映关键业务驱动要素。定量分析包括但不限于进销存动态分析、重点客户销售分析、重点供应商采购分析、产品毛利对比分析、运营资金分析、应收账款账龄分析、应收账款风险预警分析、分区域分业态经营分析、绩效考核分析、带息负债分析、融资结构分析、资金预算使用分析等;定性分析包括不限于费用风险指标预警分析报表、各级满意度报表、系统操作异常报表等。

第十一章

金地集团：基于业财中台建设财务能力中心

金地集团在1988年年初创于中国深圳，历经三十余年的探索和实践，现已发展成为一家以房地产开发为主营业务、相关多元业务全面发展的综合型上市公司。其业务涵盖房地产开发、商用地产及产业园区开发运营、房地产金融、物业服务、体育产业运营、家装产业、代建产业、教育产业等，覆盖全国300余座大中城市。截至2022年年底，金地集团总资产约4 194亿元人民币。

金地集团以"科学筑家"为使命，秉持"科学筑家，智美精工"的产品理念，为中国近百万户家庭提供标准化、系列化的住宅与社区商业产品。基于多年来对客户价值观和生活方式的研究，金地集团推出了六大系列标准化产品，以及一系列通用标准化研发成果，高度契合客户的生活形态，满足不同消费价值观、不同家庭情况的客户需求。

数字化转型的挑战和需求

近年来，随着人海战术的发展红利逐渐消失，房地产行业已从"白银时代"步入"黑铁时代"。市场竞争逻辑发生了显著变化，从高杠杆、粗放式的扩张转向低负债的精耕细作，从追求市场、产品和资本效益转变为注重管理效益和科技效率。在这个背景下,地产行业的集中度不断提升,同时"三条红线"政策的实施也加剧了行业竞争,使得行业利润回归正常水平。因此,向经营管理要效益成了房企的共识。

金地集团在投资布局方面采取了深耕广拓的发展战略,随着业务规模的不断扩张,企业经营管理面临着新的挑战。为了适应当前的发展规模,金地集团在精细化管理方面进行了深入思考。在多层级组织架构下,需要有效地进行财务和资金管控,实现集团集中管理。多年来,金地集团积累了丰富的经营分析管理优势,如何通过数字化手段实现经营分析和预测管理是一个重要课题。

然而,当前的集团信息化建设无法完全满足企业快速发展的需求。系统间数据口径存在部分差异、板块间数据标准存在部分差异,系统整合程度不高,存在信息孤岛现象。为了解决这些问题,需要搭建数字化管理基座,为迎接管理红利时代的挑战奠定基础,这是金地集团持续发展的关键诉求。

数字化转型的目标和举措

及时准确的经营分析是管理的有效抓手,是应对市场环境变化调整企业战略的有效支撑手段。金地集团提出以业财一体化模式实现业务全周期闭环管控:以规范数据基础为前提,通过标准化数据应用、核心流程梳理及关键业务整合,实现从业务执行到财务核算再到资金收支的全生命周期一体化业财协同,杜绝业财隔离,促进业务合规提效,沉淀准确实时的企业级数据资产,推动企业实现从业务中沉淀数据,从数据中索取价值。最终实现用计划贯彻战略、用分析掌控经营、用流程拉通业务、用数据沉淀能力提升企业核心竞争力的终极目标(见图11-1)。

第十一章　金地集团：基于业财中台建设财务能力中心

图 11-1　转型目标

为了实现集团业财协同的信息化建设目标，金地集团将规范数据基础作为前提，通过提高基础数据标准程度，保持数据颗粒度一致和口径统一。在横向方面，梳理核心业务流程，明确流程关键要素，如数据、规则、岗位等，进而明确系统定位，梳理系统流程和集成关系；在纵向方面，通过项目整合业务，实现跨系统、跨部门、跨业务流程的全面整合。最终，借助业财一体化平台建设，管理规则前置，打通前端到后端专业系统，实现业务执行到财务核算再到资金收支的全周期一体化业财协同闭环，形成数字化体系，促进业务合规提效，数据准确及时（见图 11-2）。

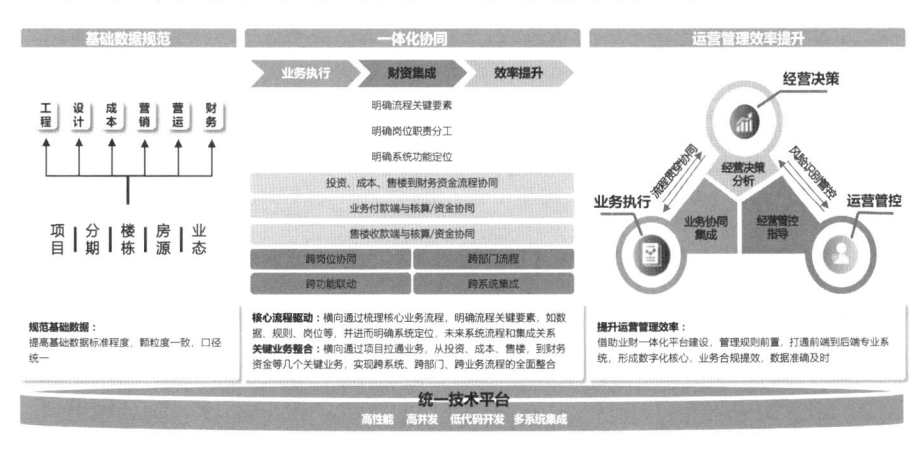

图 11-2　转型举措

业财中台解决方案：业财一体、价值创造

一、总体应用架构

为了更全面了解业务财务情况，及时为业务前端提供流程服务能力和数据服务能力，需要对业务系统与财务系统的数据进行全面采集与统一处理，构建业财中台是核心。

金地集团业财中台总体架构是通过建立集团级通用型的业财底座，推动流程标准化、自动化，以高效运营支撑数据精细化，实现集团业财一体化。同时，建立财务共享平台，实现集约、高效的财务核算处理，加强集团财务风险管控，实现集团级的业财数据中心，为经营决策提供数据支撑。总体应用架构如图11-3所示。

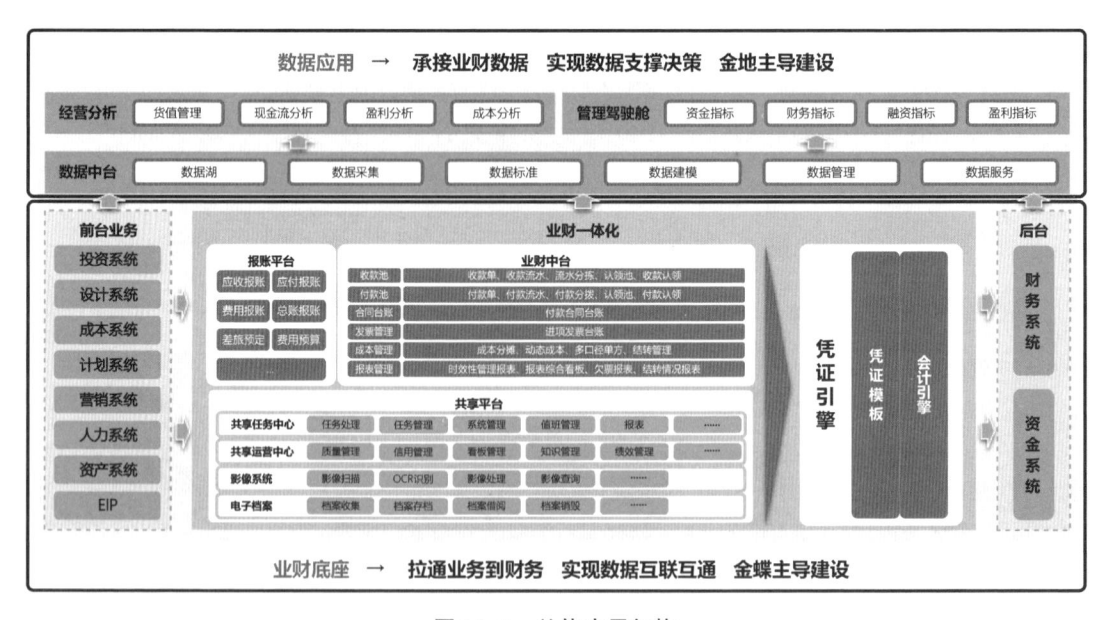

图 11-3　总体应用架构

二、整体建设思路

1. 会计科目优化改造及平滑切换

会计科目优化改造及平滑切换是企业在信息化升级过程中必须经历的重要环节。通过对现有会计科目的梳理、核算办法的明确、会计报表取数的调整、系统的改造、单据转换规则的调整以及新旧科目的平滑切换等方面进行全面规划，企业可以实现对会计科目体系的优化和升级，提高财务管理效率和准确性。

1）会计科目整理优化

通过对现有会计科目的梳理，了解各下级组织的需求，建设符合外部监管和内部管理的科目体系，为后续的优化改造奠定基础。

2）明确科目核算办法

根据新的科目表，编写详细的科目使用说明，规范科目的核算使用办法，确保所有相关人员对科目的理解和使用保持一致，提高财务数据的准确性和可靠性。

3）会计报表取数调整

企业需要确定新的报表项目与科目的对应关系，调整报表的格式样式、取数公式和计算方法，确保报表数据的准确性和完整性，满足新的科目体系和核算办法的要求。

4）系统改造落实

针对涉及核算或科目使用的系统，需要进行相应的改造和调整，包括对系统功能、流程、界面、数据结构、数据库等的调整，同时也要充分考虑系统的可用性、可维护性和可扩展性，确保系统长期稳定运行并且满足新的科目体系和核算办法的要求。

5）单据转换规则调整

基于新的科目表，需要对各表单与记账核算的转换规则和系统参数进行确认和修改,确保表单数据的准确性,确保转换规则的合理性和有效性,满足新科目体系和核算办法的要求。

6) 新旧平滑切换

明确新旧会计科目的对照关系和调账规则,制定详细的切换计划和应急预案,确保新旧会计科目顺利平滑切换,并尽可能降低切换的风险。切换完成后,还需要对系统进行全面的测试和验证,确保系统的稳定性和可靠性。

2. 凭证集成

凭证集成方案是一种将中台生成的凭证与 EAS 核算系统进行集成的方案。该方案旨在提高凭证生成的效率和准确性,同时确保凭证与总账凭证结构保持一致,包括现金流量等信息。通过定时或实时同步机制,中台生成的凭证可以快速同步到后端核算系统,生成凭证保存到凭证中心(见图 11-4)。

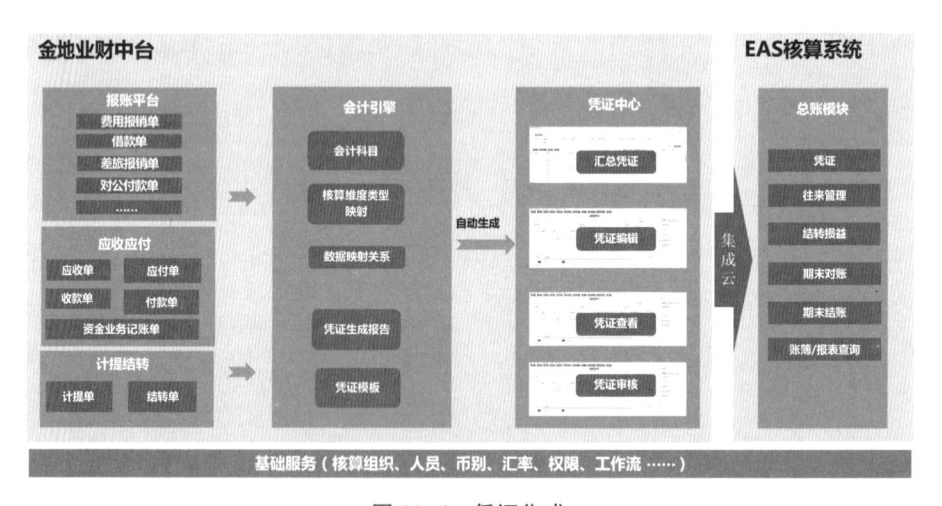

图 11-4 凭证集成

凭证集成方案总结如下:

(1) 中台生成凭证:除折旧摊销及损益结转、期末调汇等业务外,其他业务在中台完成并生成凭证。

（2）集成 EAS 核算系统：中台生成的凭证通过集成服务云定时或实时同步到后端核算系统，生成凭证保存到凭证中心。

（3）凭证结构一致：凭证中心与总账凭证结构保持一致，包含现金流量等信息。

（4）单据列表生成凭证：通过单据列表生成凭证的方式，实现自动化凭证生成。

（5）自动批量生成凭证：利用智能核算或事件订阅功能，自动批量生成凭证。

（6）返回凭证信息：返回对应凭证的 ID、编码、状态和反写信息到业务单据上，方便业务人员了解凭证详情。

3. 现金流量自动化

现金流量自动化方案旨在提高现金流量数据的准确性和生成效率。通过配置现金流量凭证模板，建立现金流量项目与费用类型、会计科目的映射方式，在实现对报账、应收、应付、资金管理业务的自动化处理的基础上，进而实现所对应的现金流量项目的自动生成。

三、业务解决方案

地产业务是一个涉及多部门、多业务交互与协作的复杂过程，从设计投资到施工建造，再到销售回款，每个环节都需要精细的管控和协作。在此背景下，建设一个高效、灵活的业财中台至关重要，该平台将围绕收入和支出两条主线进行业务梳理与流程规划（见图 11-5）。

1. 收入业务

收入业务范围包括为取得收入而发生的以收款业务为主及伴随其中的退款、转款业务（见图 11-6）。

1）收款业务解决方案

在营销业务开展过程中，发生收到客户缴纳的各类款项，包括意向

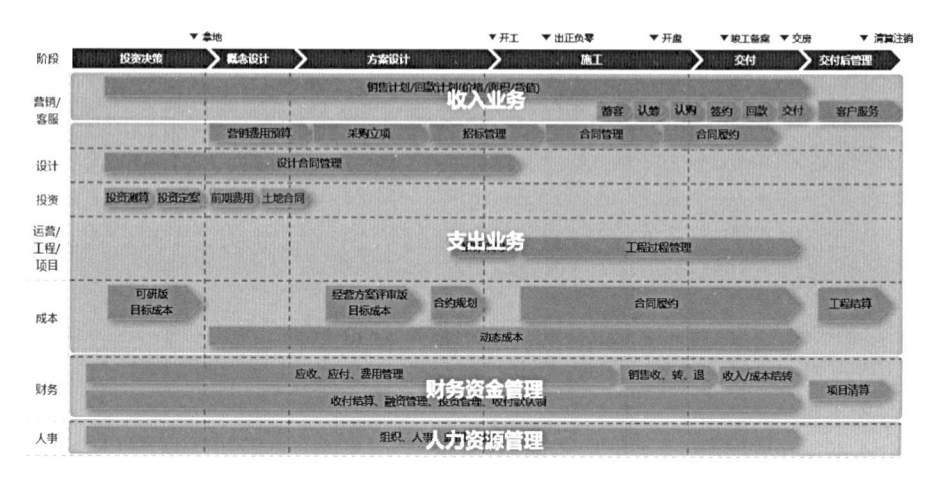

图 11-5　总体业务架构

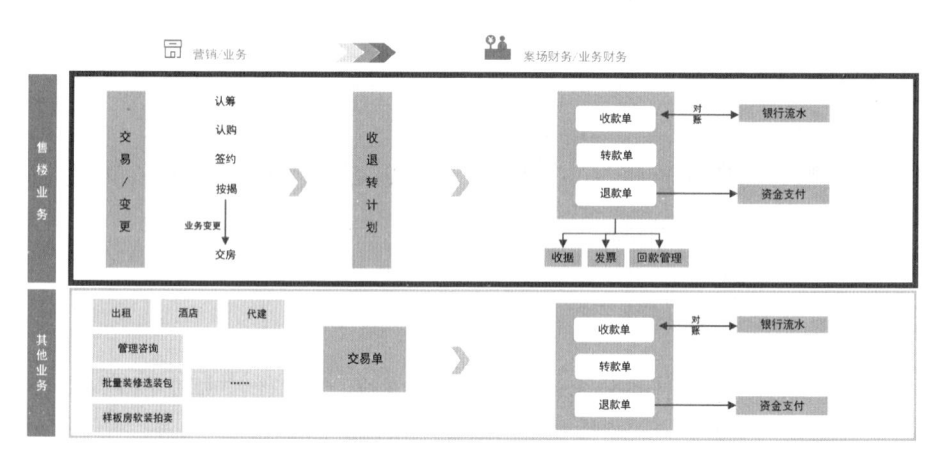

图 11-6　收入业务架构

金、定金、首期款、按揭款、面积差、代收款项等；同时收取款的方式多样，包括POS机收款、客户银行划账以及银行按揭放款等。

原来收款业务的核心痛点包括业财数据未实现线上化的全生命周期管理（静态基础数据在系统之间未实现有效联通，动态业务数据在系统之间未实现有效相互制约，系统之间无法有效相互数据联动）、流水认领缺少线上管理工具、POS机手续费处理繁琐等。

现在收款业务通过自动清分与认领、分类与自动匹配、明确手续费规则与自动拆分以及统一业务流程处理与实时回写等措施,旨在提高收入业务的处理效率、准确性和一致性,实现全流程的规范化管理和闭环控制。收款业务解决方案如图11-7所示。

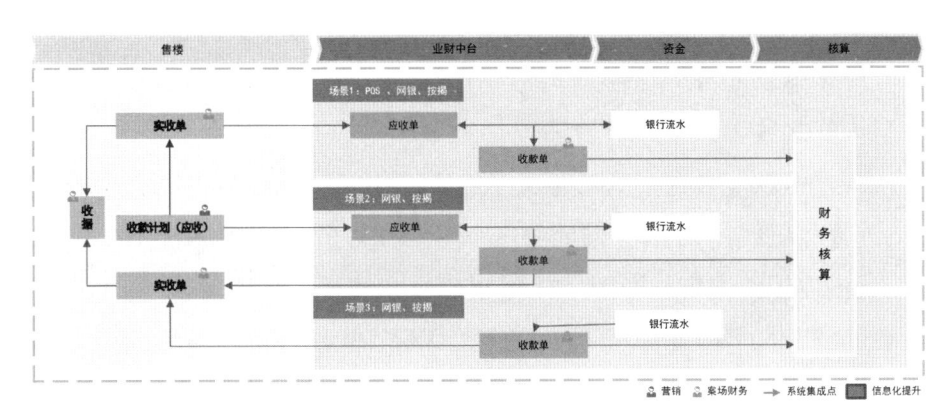

图 11-7 收款业务

（1）自动清分与认领：支持资金流水进入中台后自动清分,并与前端业务系统传来的业务单据进行认领,自动生成收款单。这样可以提高业务处理的效率,减少人工操作,并确保数据的准确性和一致性。

（2）收款流程分类与自动匹配：根据到账日期、到账金额规则、匹配规则以及凭证规则的不同,将收款类型分为网银、按揭和POS机多种,分别梳理不同的流程进行售楼业务实收单和收款流水自动匹配。

（3）明确手续费规则与自动拆分：在业务系统中明确手续费规则,设置售楼业务单据中的"手续费"和"容差比"字段为必填,计算出手续费的上下限以及实收净额的上下限。以此为基础,实现流水在实收净额上下区间内则自动进行匹配,以信息化工具实现一定程度的自动化处理。在生成凭证时,根据售楼业务单据录入的收款金额与流水实际到账的金额,自动计算手续费并进行拆分。

（4）统一业务流程与实时回写：统一业务流程,规范化操作,确保销售数据及时推送形成业务数据。实现收款状态和凭证状态的实时回写业务系统,确保全流程业务闭环。

2) 退款业务解决方案

在营销业务开展过程中,当发生客户取消购房意向、退房、换房、价格变更、更名、退面积差等场景时,存在需要向客户退款的业务。

原来退款业务的核心痛点包括退房与退款线上处理未联动、退款信息未实现线上单据归口管理等。

现在退款业务通过售楼系统发起退款申请、退款单集成到中台并形成应付单、线上付款并实时更新付款状态、付款和凭证状态实时回写,从而实现全流程的业财一体化闭环控制和规范化管理,提高了退款业务的处理效率、准确性和一致性。退款业务解决方案如图11-8所示。

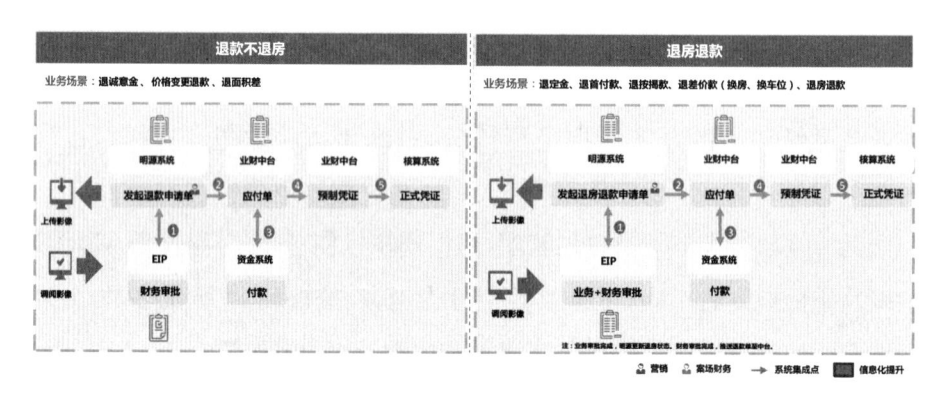

图 11-8 退款业务

(1)售楼系统统一发起退款申请:退款申请在售楼系统发起,选择退款类型(退款不退房或退房退款),流程环环相扣,确保业务真实性与数据一致性。

(2)退款单集成到中台并形成应付单:审批通过的退款单集成到中台,形成应付单,下推付款单至资金系统进行线上付款。

（3）线上付款并实时更新付款状态：完成支付并流水认领后，自动回传付款状态至中台及售楼系统。实时更新付款状态，确保业务数据的一致性和准确性。

（4）付款和凭证状态实时回写：付款和凭证状态实时回写给前端的业财中台、售楼系统、企业信息门户（Enterprise Information Portal，EIP）系统，实现全流程业务闭环。

3）转款业务解决方案

在售楼过程中，当发生筹转定的场景，会存在将同一房间下的筹金转至定金的情况；当存在换房时，需要将原房间的款项转至新房间，在此过程中，需要对已收款项进行转款操作。

原来转款业务的核心痛点包括售楼业务系统与财务系统未完全集成、转款信息未实现线上单据归口管理等。

现在转款业务通过售楼系统发起转款操作并生成单据，然后通过系统集成实现数据的传递与关联，最终实现所有数据源头可查和结果可视。这样可以提高转款流程的效率和准确性，减少操作错误和遗漏，增加流程的透明度，便于管理和监控。转款业务解决方案如图11-9所示。

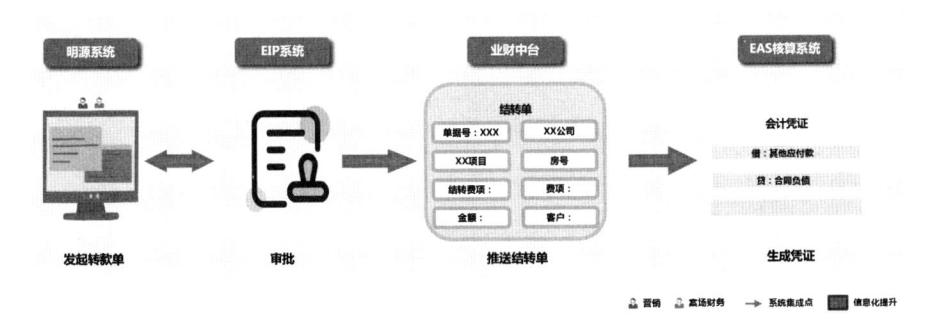

图 11-9 转款业务

（1）在售楼业务系统中发起转款操作并生成单据：通过售楼系统

便捷发起转款操作并生成相应的单据,在 EIP 中完成审批后,单据被自动推送至业财中台。同时加强转款操作的流程管理和培训,确保相关人员熟悉并遵循转款操作流程,减少错误和遗漏。

(2)通过系统集成实现数据的传递与关联:业务系统、EIP、业财中台和核算系统通过系统集成实现数据的传递与关联,实现业务数据与财务操作的实时联动和数据共享,提高凭证入账的时效性和准确性,方便管理者对转款流程进行决策和调整。

2. 支出业务

支出业务范围包括投资业务付款、设计/工程/成本业务付款、营销费用业务付款、资金管理业务付款、费用报账业务等(见图11-10)。

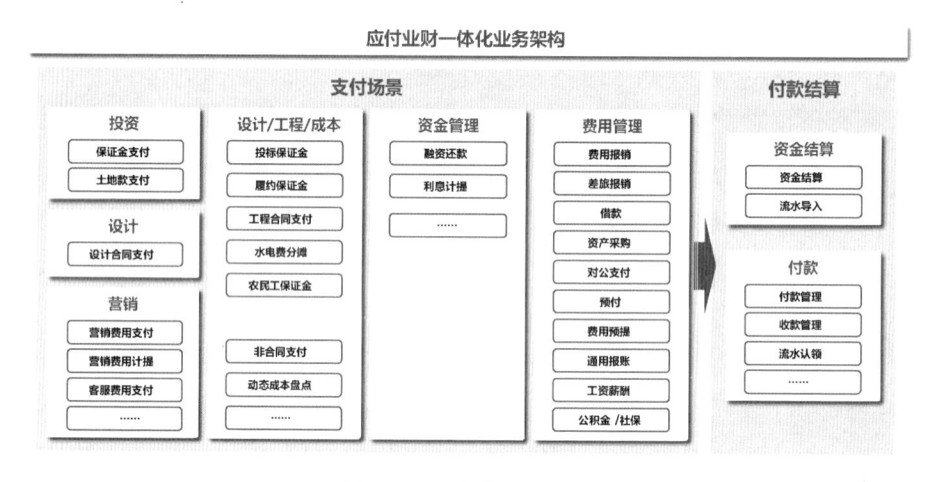

图 11-10 支出业务架构

1)投资业务

原来投资部分付款业务缺乏结构化数据支撑,缺乏系统化管理,不便于追溯与后续管理。

现在投资支付业务以地块为中心,实现地块端到端闭环,支持多维度数据查询,使决策更高效透明。通过统一投资业务入口,实现投资业务全生命周期管理,提高业务处理效率和准确性。实时反馈资金收付款状态,让业务人员及时了解收付进度,提高资金利用效率。实现跨公司之间的业财联动,不同公司财务之间自动对账,减少人工操作和错误,提高对账效率和准确性。同时,建立清晰借支及核销的管理机制,规范保证金或缺资料的付款流程,确保资金使用的合规性和透明度。最后,落实跟踪事项及责任,提高业务的可追溯性和管理效率(见图11-11)。

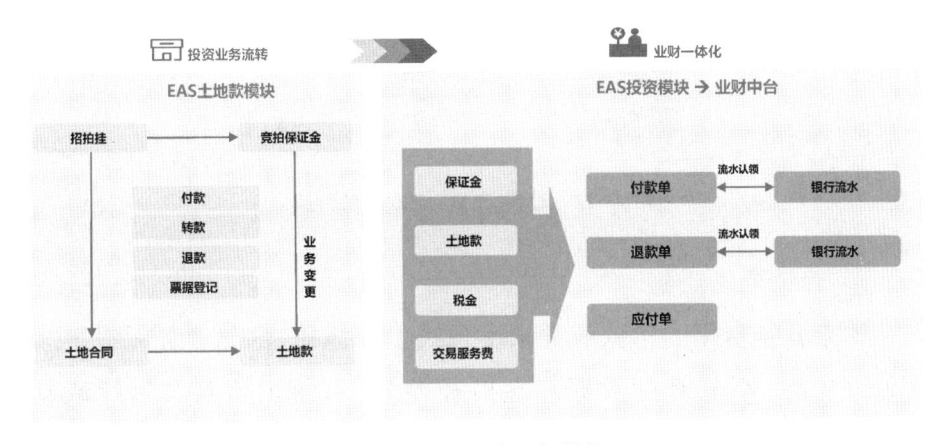

图 11-11　投资业务付款

2) 设计/工程/成本业务

原来设计/工程/成本的付款业务,业务财务未实现线上一体化,包括合同类保证金的收取与退回无前端线上单据支撑;不同主体的保证金,以及项目水电费的缴纳、扣回、收取及退回等无前端线上单据支撑;前端业务人员在收票环节,无法实现系统验真,且无法线上关联对应发票和付款。

现在设计/工程/成本业务可实现前端业务单据线上化管理,保证金、合同付款、非合同付款、凭证实时联动闭环管理;可实现保证金的全生命周期管控,记录投标保证金的收取退回,投标保证金转履约保证金,履约保证金的扣除与进度款关联,确保可追溯;可实现在系统进行不同主体的保证金的缴、扣、收、退及水电费的缴、摊、扣,并实现业务与财务的直接联动;还实现了合同、产值、请款贯通到底,请款源头管控发票,借支核销,明确责任人及时跟进(见图 11-12)。

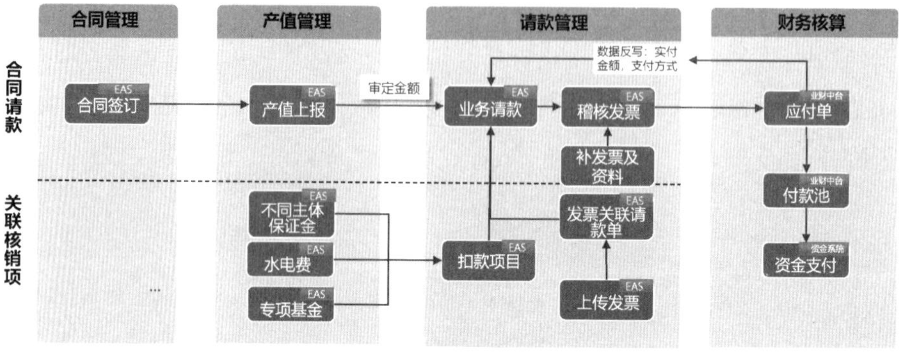

图 11-12 设计/工程/成本业务付款

3) 营销费用业务

原来营销费用的付款业务未实现线上一体化,部分业务无线上单据管理支撑,部分基础数据存在口径差异,不便于追溯与后续联动管理。

现在营销费用业务分为基于合同的请款和无合同的请款。两种请款方式都可用来承担营销费用的无票付款和随票付款以及确认成本费用或者收回的环节。同时拉通在其他系统发起但归属营销费用的合同数据,打通营销人员工资薪酬取数逻辑,打通报账系统营销人员的行政报销费用。统一营销费用计提/冲回线上化,确保计提数据有据可依;统一业务和财务口径,协助解决业务和财务对账难;实现营销费用考核线上取数,营销科目和会计科目双维度呈现,为后续经营分析报表自动输出夯实数据基础(见图 11-13)。

4) 资金管理业务

投资、融资业务与集团财务及项目财务关系密切,在资金系统完成业务审批及付款后,将处理结果同步至业财中台,收付款流水在线匹配,提高财务核算效率(见图 11-14)。

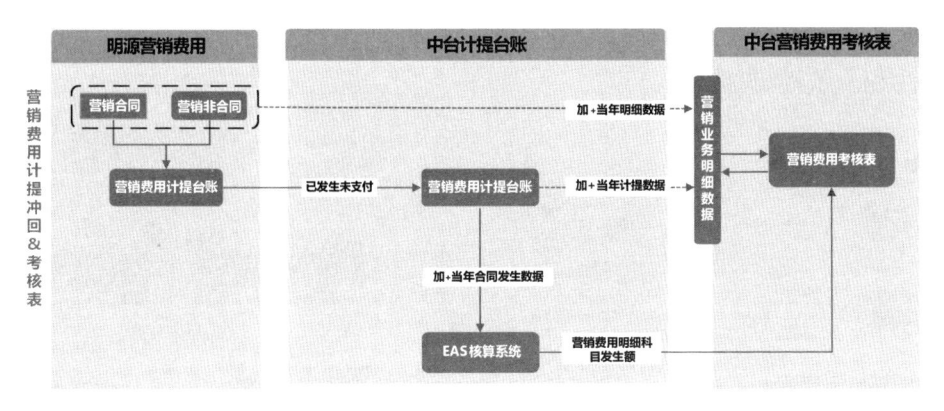

图 11-13　营销费用业务

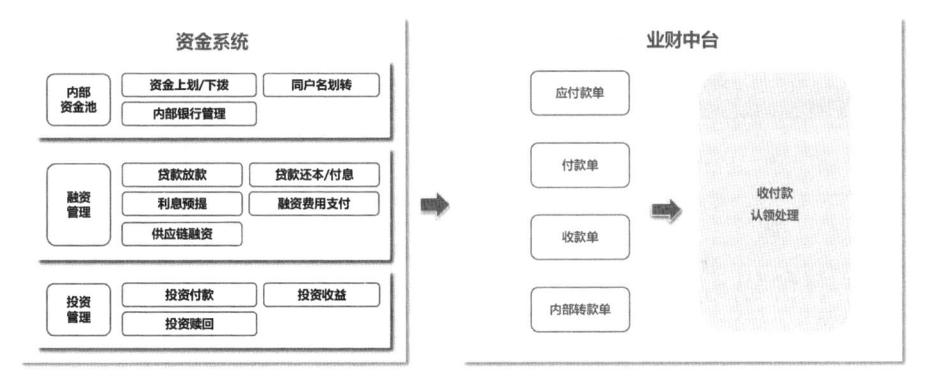

图 11-14　资金管理业务

5）费用报账业务

费用报账业务解决方案涵盖了预算、发票处理、合同管理、报账流程和系统集成等方面，旨在提高费用报账效率和准确性。预算占用环节前置，在费用申请环节占用预算，费用付款完成扣减预算，实现了预算的线上分析。发票导入前自动校验，并可实现根据发票与费用类型的关系自动填单，简化了发票处理流程。费用合同线上化管理，提高了合同管理的效率和准确性。报账流程及管控模式标准统一，流程优化，从而使用户体验度提升，提高了报账的效率和准确性。打通业务系统与财务系统的接口,实现业财集成协同,凭证及支付数据自动化,提高了数据的准确性和一致性(见图11-15)。

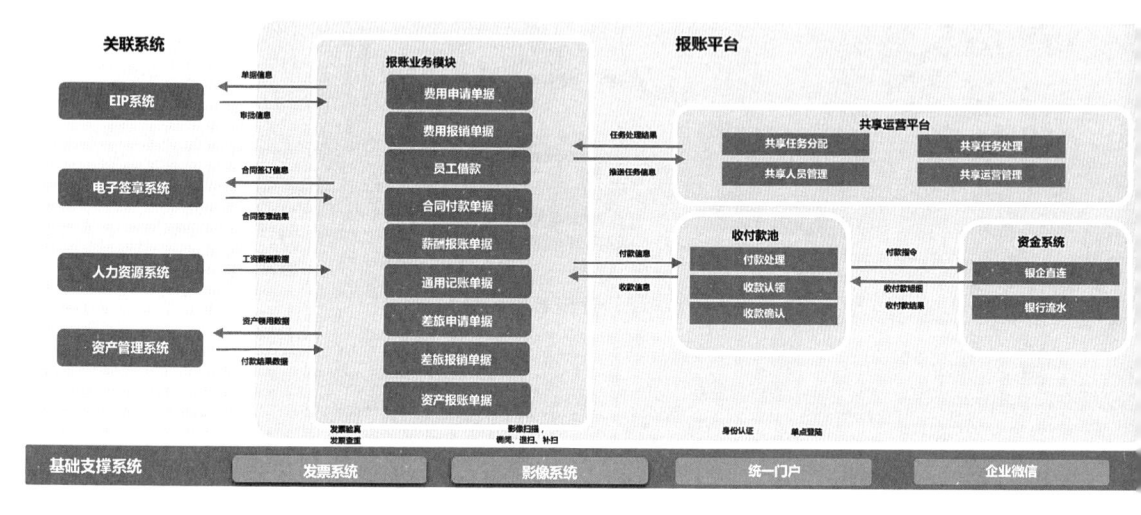

图 11-15　费用报账业务

业财中台建设价值

金地集团业财中台核心建设价值主要体现在以下四个方面。

1) 业财融合

构建业财中台,整合了 15 个关联系统,梳理了 75 条业务流程,拉通了端到端流程,实现全面采集业务系统的数据,使财务人员能够全面了解业务财务情况;同时打通了系统间数据壁垒,可为业务前端提供流程服务能力和数据服务能力。

2) 高效协同

实现招标协同在线化、目标合约一体化。通过业财一体化平台,搭建凭证引擎,实现全业务场景凭证自动化,凭证自动化率从 30% 提升到 85%,极大提升一线财务人员核算效率。

3) 精细化管理

基于清单的业务闭环,基于楼栋及户型的成本测算,使得产品单位数据更精准。业财中台共开发20余张业财报表,从以前线下Excel填报到线上自动出数,提升财务报表编制效率,助力数据驱动的精细化管理。

4) 赋能经营

金地集团业财中台从三个方面赋能经营,帮助经营管理提质增效。

(1) 赋能经营决策：实现业务流、资金流、财务流的有机融合,有效提升集团利润与现金流的管控能力。基于数据中台,为管理分析及经营决策提供基础。业务、财务、票据、结算一体化,收付款数据尽在掌握,为经营分析提供数据支持。管理费用合同和业务合同形成结构化台账,助力财务人员快捷完整查询,辅助决策。项目全成本数据和收入结转数据沉淀,可为销售定价提供数据依据。

(2) 赋能风险管控：前中后端打通,业务和财务数据互联互通,合同、产值、发票、请款贯通到底,提升数据及时性及数据质量。业务管控前置,规避多付、超付风险,全面提升风险管控能力。收退管控规则嵌入系统(如先收后退、先退房后退款),规范借支核销机制,落实跟踪事项及责任。

(3) 赋能业务提效：移动报销、智能填单及进项发票自动查重验真、付款进度实时可查,大大缩短报销时间和提升用户体验。以单据为载体实现业财联动,全面提升业务执行效率,通过全成本分摊提升结转效率,统一合同台账提升合同统计效率,智能核算提升凭证自动化率,收付款自动认领提升资金对账效率。

金地集团在智慧地产的改革进程中,坚持运用科学的工具、方法和手段打造数字化、智能化为核心的发展模式,将创新智能科技与自身业务深度融合并快速落地,构建起的标准化管理体系及精细化管控模式,已成为千亿房企数字化转型的典范。

第十二章

Z集团:"资源共享＋数据服务"模式

国务院印发的《"十四五"现代综合交通运输体系发展规划》中指出,交通运输是构建新发展格局的重要支撑和服务人民美好生活、促进共同富裕的坚实保障。Z集团作为浙江省综合交通投融资主平台和综合交通建设主力军,统筹承担全省高速公路、铁路、重要的跨区域轨道交通和综合交通枢纽等交通基础设施的投融资、建设、运营及管理职责,并积极参与市县主导的综合交通基础设施项目,承担着带动经济发展,提升基础设施水平,为未来发展打基础的重大社会责任。多年来,Z集团依托交通基础设施业务优势,打造出较为完整的综合交通产业链,贯穿投融资、研发、设计、施工、商贸物流、资源开发、运营养护、装备制造八大产业链环节,形成以交通基础设施业务为"主体",交通关联业务和产业金融为"两翼"的"一体两翼"业务布局。

2022年,Z集团实现营业收入3000多亿元、利润总额100多亿元,位列《财富》杂志世界500强。截至2022年年底,集团控股各级企业近400家,控股上市公司5家,员工总数4万余人,资产总额8000多亿元,净资产近3000亿元,集团获评省级高质量发展领军企业。

数字化转型框架

交通行业的发展方向在数字化时代下不断演进，新技术在基础设施建设、交通运营及智慧交通中发挥越来越大的作用，AI人工智能、大数据、物联网、VR/AR、云计算等技术推进了交通要素的变化、生产关系的变化以及服务功能的变化。综合交通、智慧交通、绿色交通、平安交通将会是未来交通运输业发展的方向。

Z集团由省级国资委企业下属的三家企业集团整合而成，多业态、多层级的组织特征，对集团管理提出了巨大的挑战。比如自下而上的数据传递往往存在重复报送、无序报送等问题，不仅大量消耗从业务层到管理层的时间精力、降低工作效率，更影响数据价值的发挥。在复杂多变的市场环境下，要保持企业的竞争力，提升企业可持续发展能力，综合集团自身发展、数字化时代变迁、行业总体趋势，建立平台型组织，进行数字化转型成为必选项。

2017年，Z集团管理层聚焦集团"三个能力的提升"，提出Z集团战略，拉开了全面数字化转型的帷幕（见图12-1）。

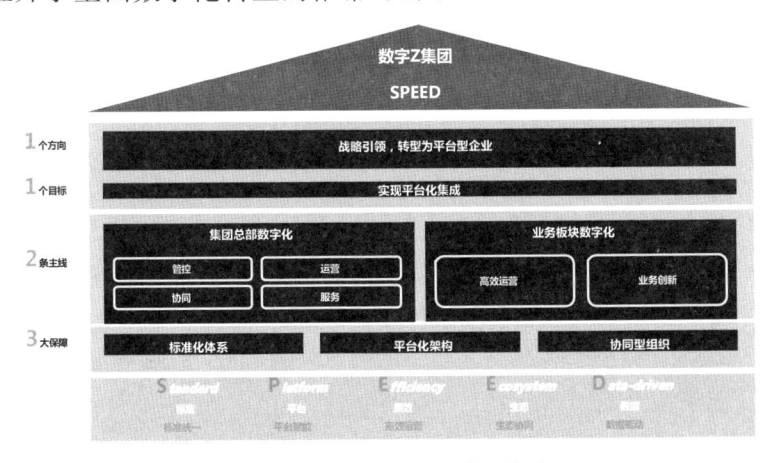

图12-1　Z集团数字化转型框架

Z集团数字化转型是集团总部到业务板块的全面转型：集团总部的数字化转型紧抓管控、运营、协同、服务四大方面，各业务板块公司则围绕高效运营和业务创新展开。两条主线齐头并进，打造了主数据、合同管理、招投标管理、人力资源管理等通用系统，以及养护管理、设备管理、工程项目管理等具备行业特色的业务系统。而多个系统同步建设面临的挑战也是巨大的，下属单位建设的系统之间，与集团之间的数据该如何统一及优化，下属企业建设的系统到底质量如何判断，Z集团的价值如何发挥，仍需要进一步探索、优化。

财税数字化转型

随着集团业务复杂度提升、经营地域不断扩张，集团下属各公司之间标准化程度不高、信息化基础参差的现状逐步导致经营成本增加、管控效率不高等问题凸显，财务管理数字化转型迫在眉睫。在此基础上，集团提出财税数字化转型的总体目标：借助新技术力量，通过业务数字化、财务标准化、流程模块化等基础工程，改造观念、组织、流程，建立一个集"赋能、管控、协同、服务"职能于一体的新型财务组织，逐步完成"降低财务处理成本、提高服务质量效率、加强集团风险管控、促进财务职能转型、提升财务价值支撑"的战略目标，推进Z集团战略落地，最终完成集团数字化转型。

财务共享场景是Z集团战略下的"排头兵"，承担着驱动集团管理体系变革重塑、赋能企业高质量发展的重要使命。在组织层面，集团建设了财务共享中心，但职能不局限于财务核算的集约化管理，而是融合了全集团统一财务核算中心、智能型财务数据中心、新型财务人才培养中心、管理决策支撑中心四位一体的非传统的财务共享中心，形成标准化、数字化的管理支撑平台，也就是"财务中台"组织。

在系统建设层面,共享中心在Z集团的框架下,勾勒出集团财务共享服务全景图,包括一个共享平台、三大基础服务、N个数字化场景以及两大管控提升抓手,前接经营管理,扎根业务前沿,汇集业财内外大数据,后承管理决策,构建数字化分析场景,支撑管理决策、引领企业发展。如果从前中后台的系统架构视角来看,这次系统建设是完成财务中台和部分管理后台构建的重大数字化转型实践(见图12-2)。

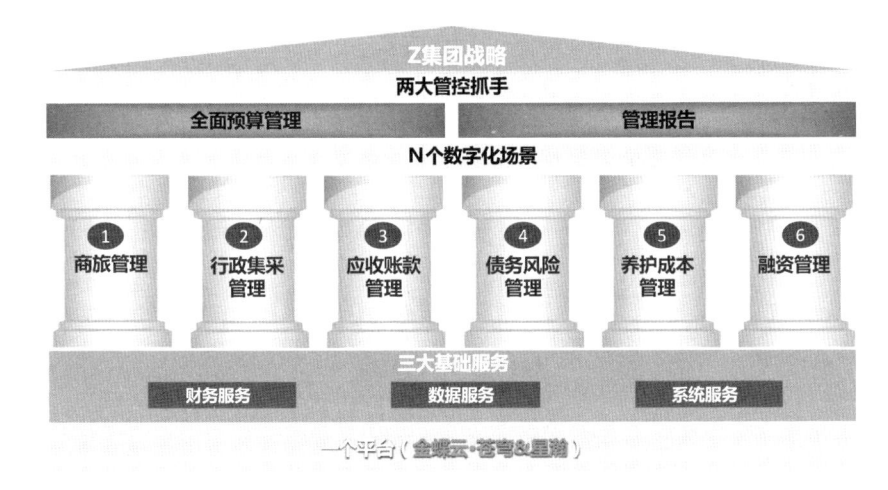

图12-2 Z集团财务转型框架

"财务共享"到"财务中台"的进化之路

企业数字化建设中的帕累托法则是"业务：技术＝8：2"。要理解业务、解构业务、分析业务,才能跳出技术陷阱、体现真实的个性化需求、打造切实可用的应用系统。所以,企业数字化成败在于企业自身,从顶层设计出发的数字化转型规划要落地,管理者不能想着一蹴而就,要有万丈高楼平地起的意识和坚实走好每一步的决心与信心。

Z集团"财务中台"的建设,沿着"打基础、建平台、强管理、促转型"的思路分条线开展。基于Z集团各单位的现实情况,需要完善信息化基础,并建立良好的运营体系环境,"打基础,建平台"成为项目伊始的重中之重(见图12-3)。

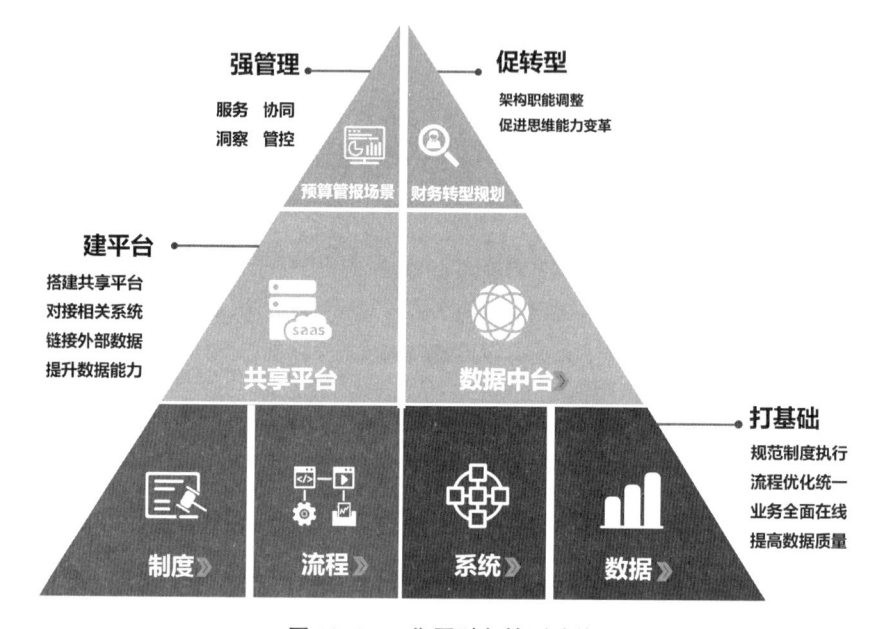

图12-3　Z集团财务转型路线

一、夯实"制度、流程、标准、数据"四大基础

打基础的首要工作是会计标准化,这是一切后续财务管理数据采集及精准输出的前提。早在财务共享平台系统建设之前,Z集团就开始了会计标准化相关的推进工作,共梳理4大业务板块,97个业务节点,绘制核算概览图62张,内容总篇幅达610页,总字数达28.91万字,将标准化前共计3万余个的会计科目整合减并至约5 000个,为后续规则梳理与自动化核算提供了基础条件。其次是围绕流程、制度、数据、系统4个维度优化运营体系环境,具体包括:流程优化,删除冗余、非增值环节,划分各审批人审核要点;制度优化,固化规范流程要求,明确中心员工职责分工;数据提质,深度配合集团主数据系统建设,完成历史数据清洗;系统协

同,结合财务标准化要求,配合推进相关业务系统建设优化。

二、搭建集团统一的财务共享与财务大数据分析平台

1. 财务共享核心平台

Z集团财务共享平台的建设,从"申请—消费—报销—支付—入账—分析"的全业务链条,实现全业务流程的标准化和连贯性,融合各类智能化技术,打造高度自动化的智能报账闭环,提升报销体验,通过系统规则加强业务流程合规与风险控制,通过与预算系统集成,实现费用从预算编制—执行控制—预算执行分析的闭环管理。合同全生命周期跟踪加强合同履约风险防控,提升工作效率,通过规则实现系统自动控制,加强了合同管理,避免合同超支等风险,推进业财融合,奠定设备资产全生命周期管理基础。财务共享真正实现了打通集采平台从采购到结算、开票、记账的线上自动化流程,从收入确认、收款认领到自动结算,可实现业财流程端到端的自动化处理,大额资金监控预警平台—交易信息互联互通,确保数据"可靠性"(见图12-4)。

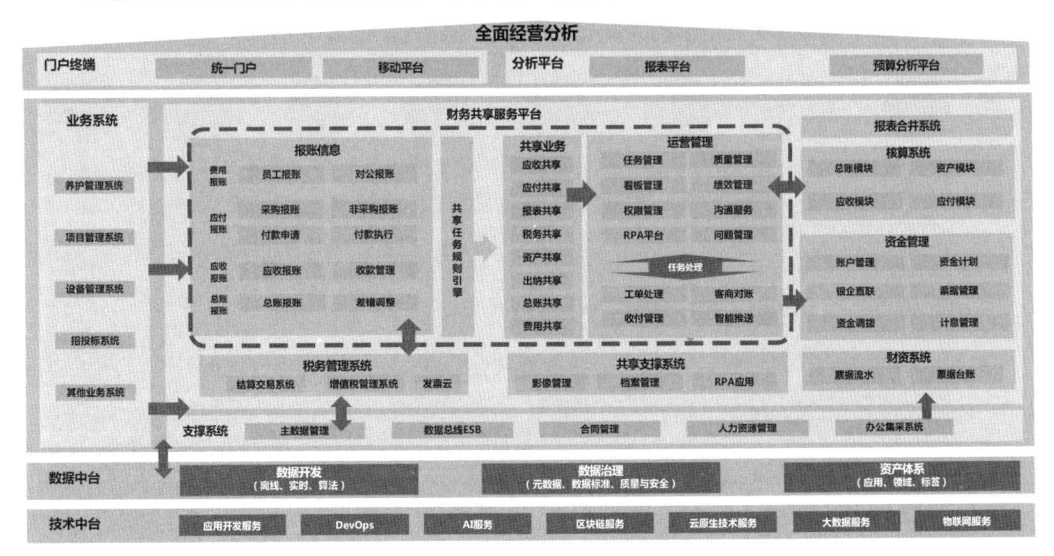

图12-4 Z集团财务共享核心平台

2. 搭建数据中台

Z集团在建设财务共享平台的同时,也搭建了财务数据中台。

1) 数据存储的"活地图"

财务数据中台将数据分为贴源层、基础加工层、标签层、应用层4层,对数据分门别类,定时获取按需推送。梳理出一套"数据字典",厘清了共享平台数据血缘与逻辑脉络;现已囊括2万多条的元数据及相关数据血缘信息,形成2000余张数据资产明细。

2) 数据资产的"加工厂"

财务数据中台上线了5个数据监控任务,实时保障数据资产的质量与安全,夯实了数据运营技术平台基础。组合加工形成100余个数据宽表模型,支持上线单位数字报表查找、数据大屏应用,为集团总看板提供财务专题看板数据。

3) 指标体系的"组装线"

随着共享的全面覆盖,构建以经营评价为基础的动态指标评价体系。评价体系拆分形成集团层面和业务单位层面,打碎颗粒度。通过数据中台封装各级指标,再按需套模型组装满足评价条件(见图12-5)。

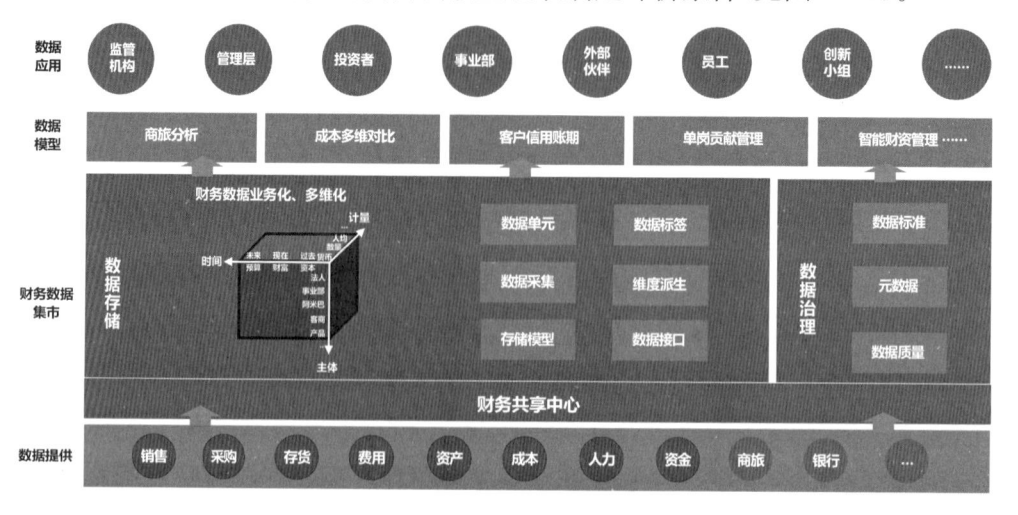

图 12-5 Z集团数据平台

互联互通的"财务中台"落成,为全域端到端业财共享流程上线提供了可能。全域财务共享的本质是让所有业务按既定规则运行,而财务中台则能够在此基础上,按既定规则层层汇总数据,并通过报表展现业务全貌,真实反映业务,并能够从整体穿透至局部,迅速找到问题所在,这是管理的关键一步。

经集团ESB总线串联,各板块业务系统与财务共享平台可形成数字共生圈,通过10多个系统的30多个数据接口,实现集团端到端业务流程的规范、高效、透明,并相互促进业财跨界延伸,形成多个业财融合场景的想法,再借助数据中台对多源异构数据的整合加工、服务封装能力来落地实现,为业务运营从"流程驱动"向"数据驱动"转变奠定了基础(见图12-6)。

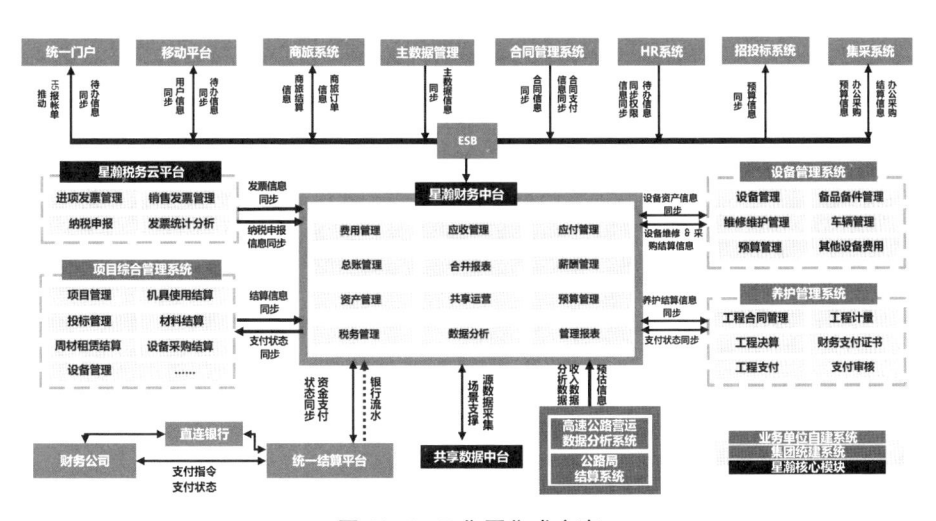

图12-6 Z集团集成方案

3. 赋能业务,数据共用

根据业务流程特性及规则逻辑相关性,端到端共享上线工作分域:费用域,将费用制度置入了系统规则,强化了制度执行;应付域,理清了各类采购预付、应付、暂估数据源,完善了应付依据;资产域,为资产的精细化、全生命周期管理奠定了基础；资金域，确保了业务流、资金流、财务信息流的一致性，降低了资金风险；应收域，逐笔记录应收来源，精细化管理应收账龄，提高对账效率，及时减少挂账。其他还有税务、成本、总账等各域的报账功能，拉通了业务组织与财务组织的流程对接，让以往不易管控的细节实现数据留痕，并提升了财税管控运营效率。

1）平台化业务服务

通过协同推进集团统一商旅平台，实现出差一站式线上化服务。利用规模效应，积聚内外部商旅资源，为集团全体员工提供更为便捷、经济的服务，让员工出差报销免垫资、免填单、免取票、免贴票，简化报销流程，缩短报销时间。

2）智能化业务风控

在报销标准限制上，住宿费、伙食费、公杂费必须在制度规定金额内报销；在敏感词识别上，自动辨别发票货物或应税劳务、服务等敏感词语会有审核提醒；在审批流校验上，在财务付款时自动校验审批流是否完成、供应商是否有尚未核销的预付款等；在欠款提醒上，在员工费用报销申请时对有尚未核销借款的员工进行提醒。

3）线上化业务闭环

打通高速设备系统与财务系统，实现设备管理闭环，实现业财资产分类基本统一，推进高速资产盘点核对，解决历史数据不一致问题。打通合同系统，业务流程实现全面线上闭环。

实现集采业务自动化。赋能集采平台从订单、发货到结算、开票、记账的线上自动化流程；打通通行费数据，实现单据自动化填报，主业收入数据细化（精确至日），赋能业务端实时精细化分析；在共享试点行政资产全生命周期管理，具备流程贯通、高效盘点、多维可视的优点。

4）精细化业务分析

加强费用预算线上管理，在高速运营和装备制造板块试点成本费用项目线上分类控制及提示,推进行政经费管理向事前事中控制方向突破;通过内部保险分析看板,助力集团保险业务内部协同;完成高速公路养护成本分析的可视化报表体系搭建;利用数字化看板对商旅、集采业务进行多维细致分析;利用数据报表自动高效形成内部成员企业信用评价;协助完成集团所有板块 140 张个性化管理报表配置,探索管理多维分析。

5) 优化业务流程

减少板块差异,推进相同业务流程及审批差异趋同。优化管理流程,明确流程节点,去除冗余环节。每月监测流程时效,向各板块提出优化建议。

4. 赋能财务,建立新型财务能力

通过顶层设计、人才队伍建设、依托信息化技术建设高质量、高水平、强管控的集团财务管控体系和平台,逐步形成共享财务、战略财务、业务财务的新型财务组织体系,引导财务人员的思维能力变革,支撑和推动集团战略落地、实现价值创造、提升财务内控力。

数字化转型创新及成果

通过以上系统建设,Z 集团财务管控信息化基础实现了跨越式提升,也使得全面预算与管理报告两大管理抓手有了广阔的发展空间,数字化场景可以有效落地。

在全面预算领域,打通了预算与执行的数据链条,实现了自动预实比对与费用控制,强化了预算执行监控,丰富了预实对比维度、加强了对比分析精度,使分析结论更扎实,改善建议更精准有效。

在管理报告领域,围绕集团主价值链,设置了目标执行、财务风险、行业对标、成本费用、资金管理等多个主题分析域,分域设计指标、开发报表、采集数据,并转化开发为可视化看板,动态展现分析内容、及时传达关键信息,为经营管理决策提供支撑。

此外,集团从主业务价值链核心领域寻找小切口切入,打造了多个数字化场景。

(1)行政物资集采场景:通过构建一体化平台,整合集团内行政物资需求与优质供应渠道资源,建立供应商准入、评价和淘汰机制,并沉淀量、价、时、人、地等多维度信息,开展热门采购品类、服务流程时效、费用变动趋势等多主题分析,为集团制定集中采购目录推动采购成本下行、定位流程阻塞节点提升平台运营效率、锁定重点单位强化成本管控等举措提供数据支撑。

(2)科学养护管理场景:专注于提升交通集团主业最核心的运营成本——养护成本的管理效率与质量。通过数据分析和建模,总结养护支出和养护成效之间的逻辑关系,为高速公路运营公司测算养护成本、审核养护预算、评价养护决策提供支持。

(3)税务管理场景:秉承业财资税一体化的理念,在费用报销、应付等流程中贯穿发票采集、校验及价税数据处理,将税务风险管控点及数据采集点前置到业务端,有效控制了后续税务风险,同时自动算税、一键报税等功能也使得税务作业流程更加高效。

(4)商旅一站式平台、人人资产管理等场景:为各成员单位提供全方位的运营管理支持。后续集团还将统筹系统群建设进度,将以上小切口场景不断深化、外链、连点成线、连线成面,构筑多元化场景,为集团经营管理全面赋能。

总之,在央国企对标世界一流的大背景下,Z集团制定了《争当"四个标杆"加快向世界一流企业迈进行动方案》,其中明确了要"以数字化改革为牵引,推动各领域组织重构、流程再造、系统重塑",从而"争当国企改革标杆"。数字化改革并非简单的"线下搬线上",其核心在于对业务运营模式、管理运行机制的自我革命与创新,依赖于集团从上至下对价值目标和业务相关性的认知提升。在各类新兴数字技术的加持下,集团的财税数字化转型已取得一定成效,但还需进一步加强业务剖析和需求挖掘,促进业务与技术的相互理解、深度融合,方能行稳致远。

结语和展望

财务中台的内核是企业级财务能力共享平台,模式上仍然继承了财务共享服务的框架。我们也相信财务中台能更好地承载数字时代下财务管理助力企业可持续发展的新使命,并更好地兼容继续存在并不断发展的统一会计和管理活动使命。在国资委建设世界一流财务管理体系的"1455"框架中,财务中台也必将成为构建财务数智化体系的基石。

当然,我们也认识到在财务中台的系统实现和建设实践的过程中,还有不少地方具有很大的发展空间,例如,如何完整地构建企业级财务能力的体系?是否需要将企业的经济事项甚至作业事项在社会层面进行标准化并纳入统一会计的范畴?如何构建企业级财务能力和不同行业业务系统的快速融合机制?如何保障企业级财务能力能更敏捷地响应企业前端业务的快速变化并更好地发挥前后台之间的"变速器"作用?如何将财务中台建设和企业财务管理体系的完善全面结合起来?财务中台和智能财务、业务前中后台如何更好地发展协同?为了更好地实现基于生成式人工智能技术的人类财务专业增强,并解决社会技术网络化的复杂性问题,未来的财务中台架构会在什么时候变革为新的架构(如社会生态架构)?未来的财务中台会不会推动财务管理从分领域的事务性工作中释放出更多的资源,围绕资本、劳动力、土地、技术、数据等生产要素，从专业中台进化为从计量到分析、规划、执行闭环的管理中台，等等。

上述这些问题也成为我们对财务中台建设的展望和继续探索的动力，我们期待和更多的专家、同仁携手，通过财务中台，共商、共享、共建企业的财务管理新世界。

主要参考文献

[1] 刘勤,杨寅.改革开放40年的中国会计信息化:回顾与展望[J].会计研究,2019(2):26-34.

[2] 陈春花,徐少春,等.数字化加速度[M].北京:机械工业出版社,2021.

[3] 国资委.关于中央企业加快建设世界一流财务管理体系的指导意见[R].2022.

[4] 中国财政科学研究院.2022年中国企业财务数字化转型洞察报告[R].2022.

[5] 尤瓦尔·赫拉利.人类简史:从动物到上帝[M].林俊宏,译.北京:中信出版社,2014.

[6] 斯图尔特·克雷纳.管理百年[M].闾佳,译.北京:中国人民大学出版社,2013.

[7] 珍贵的早期录像,流水线生产始祖福特ModelT生产车间实录[G/OL].易车网,2021-8-21[2023-09-27].https://vc.yiche.com/vplay/2376722.html.

[8] 马克斯·韦伯.经济与社会[M].阎克文,译.上海:上海人民出版社,2010.

[9] 切斯特·巴纳德.经理人员的职能[M].孙耀君,译.北京:中国社会科学出版社,1997.

[10] 艾尔弗雷德·P.斯隆.我在通用汽车的岁月[M].孙伟,译.北京:机械工业出版社,2021.

[11] 埃尔顿·梅奥.工业文明的人类问题[M].陆小斌,译.北京:电子工业出版社,2013.

[12] 郭道扬.20世纪会计大事评说[R/OL].中国会计视野网,2004-09-28[2023-03-16].https://news.esnai.com/2004/0928/14178.shtml.

[13] 麦迪森.世界经济千年史[M].伍晓鹰,译.北京:北京大学出版社,2003.

[14] 威廉·怀特.组织人[M].徐彬,等,译.北京:北京大学出版社,2020.

[15] 道格拉斯·麦格雷戈.企业的人性方面[M].韩卉,译.北京:中国人民大学出版社,2008.

[16] 埃德加·沙因.沙因组织心理学[M].3版.马红宇,等,译.北京:中国人民大学出版社,2009.

[17] H.伊戈尔·安索夫.战略管理[M].邵冲,译.北京:机械工业出版社,2022.

[18] 雷格·瑞文斯.行动学习的本质[M].郝君帅,等,译.北京:机械工业出版社,2016.

[19] E.F.舒马赫.小的是美好的[M].李华夏,译.南京:译林出版社,2007.

[20] 威廉·大内. Z理论:美国企业界怎样迎接日本的挑战[M]. 孙耀君,等,译. 北京:中国社会科学出版社,1984.

[21] 汤姆·彼得斯,罗伯特·沃特曼. 追求卓越[M]. 胡玮珊,译. 北京:中信出版集团,2020.

[22] 沃伦·本尼斯,伯特·纳努斯. 领导者[M]. 赵岑,等,译. 杭州:浙江人民出版社,2016.

[23] 迈克尔·波特. 竞争战略[M]. 陈丽芳,译. 北京:中信出版集团,2018.

[24] 詹姆斯·钱皮,迈克尔·哈默. 企业再造[M]. 王珊珊,译. 上海:上海译文出版社,2007.

[25] 乔治·H. 索特. 基本会计理论的事项法(An "Events" Approach to Basic Accounting Theory)[J]. 美国《会计评论》(the Accounting Review)1969(1):12-19.

[26] 井尻雄士. 三式簿记与收益动量[M]. 娄尔行,译. 上海:上海人民出版社,1984.

[27] 阿里·德赫斯. 长寿公司:商业"竞争风暴"中的生存方式[M]. 王晓霞,刘昊,译. 北京:经济日报出版社,1998.

[28] James Dale Davidson,Lord William Rees-Mogg. The sovereign individual:Mastering the transition of the information age[M]. UK:Touchstone,1999.

[29] 加里·哈默,比尔·布林. 管理大未来[M]. 陈劲,译. 北京:中信出版社,2008.

[30] 杰奥夫雷·G. 帕克,马歇尔·W. 范·埃尔斯泰恩,桑基特·保罗·邱达利. 平台革命:改变世界的商业模式[M]. 志鹏,译. 北京:机械工业出版社,2017.

[31] 丹娜·左哈尔. 量子领导者[M]. 杨壮,施诺,译. 北京:机械工业出版社,2016.

[32] 陈春花. 共生:未来企业组织进化路径[M]. 北京:中信出版集团,2018.

[33] 曹仰锋. 第四次管理革命[M]. 北京:中信出版社,2019.

[34] 张瑞敏. 于VUCA时代创造引领商业模式——人单合一[R/OL]. (2020-09-22)[2023-08-10]. https://www.haier.com/about-haier/founder/speech/20200924_148734.shtml

[35] 黄世忠,叶丰滢,陈朝琳. 新商业新模式新会计[M]. 北京:中国财政经济出版社,2020.

[36] 致同会计师事务所. 国际可持续准则理事会IFRSS1和IFRSS2准则解读[R/OL]. (2023-09-07)[2024-02-16]. https://baijiahao.baidu.com/s?id=1776343610875567982&wfr=spider&for=pc

[37] 张庆龙,潘丽靖,张羽瑶. 财务转型始于财务共享服务[M]. 北京:中国财政经济出版社,2020.

[38] 刘勤,尚惠红,等. 智能财务:打造数字时代财务管理新世界[M]. 北京:中国财政经济出版社,2021.

[39] 方正证券. 从"组织架构"视角出发,回顾四大商业巨头的战略变迁[R/OL]. (2019-07-08)[2022-12-01]. http://www.100ec.cn/detail—6516623.html.

[40] 黄心怡. 阿里新设两大数字商业板块,蒋凡转战海外意味着什么?[N/OL]. 科创板日报,2021-12-7[2023-08-10]. https://baijiahao.baidu.com/s?id=171844957987

4708490&wfr=spider&for=pc

[41] 赛普咨询研究院. 万科组织发展研究报告[R]. 2020.

[42] 证券时报e公司. 万科全面加速"开发经营服务并重"转型[R/OL]. 东方财富网,2021-6-23[2023-09-25]. https://finance.eastmoney.com/a/202106231971399977.html.

[43] 顾倩妮,张强. 王传福:技术制造[M]. 北京:企业管理出版社,2020.

[44] 王传福. 精准转型,开启新能源汽车竞争新格局[R/OL]. 商业新知网,2021-8-18[2023-06-18]. https://www.shangyexinzhi.com/article/4125539.html.

[45] 罗华刚. 详解美的四次战略转型及升级路径[R/OL]. 华夏基石e洞察,2021-12-24[2023-06-18]. http://www.chnstone.com.cn/a/media/Edongcha/2021/2021/1224/4866.html.

[46] 沈怡然. 雷军内部信公开:启动小米成立以来最大组织架构变革[N/OL]. 经济观察报,2018-09-13[2023-09-16]. https://baijiahao.baidu.com/s?id=1611490015739942644&wfr=spider&for=pc

[47] 华为大学. 熵减:华为活力之源[M]. 北京:中信出版社,2019.

[48] 曾昭灶,刘星宇. 财务共享文献综述[J]. 全国流通经济,2018(32):140-141.

[49] 陈虎. 财务共享服务是一场财务的工业革命[J]. 航空财会,2020(1):13-15.

[50] 王韵,等. 共享服务转型趋势前瞻——共享效益战:从精益到AI[R/OL]. 搜狐,2019-7-2[2023-10-23]. https://www.sohu.com/a/324403455_676545

[51] 韩向东,余红燕. 财务共享新时代:重塑三大边界成为四大中心[J]. 财务与会计,2021(19):83-85.

[52] 张庆龙. 财务共享服务数字化转型的动因与技术影响[J]. 财会月刊,2020(15):12-16.

[53] 孙彦丛,郭奕,扶冰清. 数字化时代的财务中台[M]. 北京:中国财政经济出版社,2021.

[54] 钟华. 企业IT架构转型之道(中台战略思想与架构实战)[M]. 北京:机械工业出版社,2017.

[55] 何修峰. 滴滴业务中台构建实践[R/OL]. (2019-10-27)[2023-08-10]. https://www.docin.com/p-2293258444.html.

[56] 王健. 阿里带火的中台到底是什么?白话中台战略[R/OL]. 网易,2019-06-09[2023-09-21]. https://www.163.com/dy/article/EH7UQVO30511K58A.html

[57] The Open Group. TOGAF系列指南:商业模式[R]. 2019.

[58] 弗雷德蒙德·马利克. 转变:应对复杂新世界的思维方式[M]. 黄延峰,译. 北京:机械工业出版社,2017.

[59] 刘勤. 智能财务中的知识管理与人机协同[J]. 财会月刊,2021(24):15-19.

[60] 周小铃. 八年一轮回,阿里巴巴的"大中台"为何建了又拆[R/OL]. 南方周末,2023-6-2[2024-02-06]. https://view.inews.qq.com/k/20230602A053QA00?no-redirect=1&web_channel=wap&openApp=false

[61] 陈虎,郭奕. 财务数字基建赋能企业转型[J]. 财会月刊,2020(13):15-21.

［62］张庆龙.以数字中台驱动财务共享服务数字化转型（系列之八）[J].财会月刊,2020(19):32-38.

［63］张敏.企业财务智能化要素·路径·阶段[J].财会月刊,2020(17):7-11.

［64］嵇建功.事项会计理论的事项概念与会计信息演进研究[J].会计研究,2013(2):33-37.

［65］CheryllDunn,WilliamEMcCarthy. The REA Accounting Model:Intellectual Heritage and Prospects for Progress[J]. Journal of Information Systems,1997(Spring):31-51.

［66］金蝶集团战略发展部.2021年EBC白皮书[R].金蝶软件（中国）有限公司,2021.

［67］赵燕锡,刘勤,等.财务数字员工白皮书[R].金蝶软件（中国）有限公司,2023.

［68］全国信息安全标准化技术委员会.网络安全标准实践指南——人工智能伦理安全风险防范指引[S].2021.

［69］国家新一代人工智能治理专业委员会.新一代人工智能伦理规范[R].2021.

［70］清华大学,中国信通院,蚂蚁集团.2023可信AI技术和应用进展白皮书[R].2023.

［71］国家网信办,国家发改委,教育部,等.生成式人工智能服务管理暂行办法[R].2023.

［72］全国人民代表大会常务委员会.中华人民共和国个人信息保护法[R].2021.